AS LETRAS

VOLUME 2

MÚSICA   CULTURA POP   ESTILO DE VIDA   COMIDA
CRIATIVIDADE & IMPACTO SOCIAL

Paul McCartney
AS LETRAS

1956 ATÉ O PRESENTE

*Introdução e edição textual
de Paul Muldoon*

Tradução: Henrique Guerra

1ª reimpressão/2022

Volume 2

L

Lady Madonna	402
Let 'Em In	406
Let It Be	412
Let Me Roll It	420
Live and Let Die	426
London Town	432
The Long and Winding Road	436
Love Me Do	442
Lovely Rita	446

M

Magneto and Titanium Man	452
Martha My Dear	458
Maxwell's Silver Hammer	462
Maybe I'm Amazed	466
Michelle	474
Mother Nature's Son	478
Mrs. Vandebilt	484
Mull of Kintyre	490
My Love	498
My Valentine	504

N

Nineteen Hundred and Eighty Five	512
No More Lonely Nights	516
The Note You Never Wrote	522
Nothing Too Much Just Out of Sight	528

O

Ob-La-Di, Ob-La-Da	536
Oh Woman, Oh Why	540
Old Siam, Sir	548
On My Way to Work	554
Once Upon a Long Ago	558
Only Mama Knows	564
The Other Me	568

P

Paperback Writer	576
Penny Lane	582
Picasso's Last Words (Drink to Me)	588
Pipes of Peace	594
Please Please Me	600
Pretty Boys	604
Pretty Little Head	610
Put It There	616

R

Rocky Raccoon	624

S

San Ferry Anne	630
Say Say Say	634
Sgt. Pepper's Lonely Hearts Club Band	638
She Came in Through the Bathroom Window	644

She Loves You	650
She's a Woman	654
She's Given Up Talking	658
She's Leaving Home	662
Silly Love Songs	666
Simple as That	672
Single Pigeon	676
Somedays	680
Spirits of Ancient Egypt	686

T

Teddy Boy	694
Tell Me Who He Is	700
Temporary Secretary	704
Things We Said Today	712
Ticket to Ride	716
Too Many People	720
Too Much Rain	726
Tug of War	730
Two of Us	736

U

Uncle Albert/Admiral Halsey	742

V

Venus and Mars/Rock Show/ Venus and Mars - Reprise	752

W

Warm and Beautiful	762
Waterfalls	768
We All Stand Together	774
We Can Work It Out	782
We Got Married	786
When I'm Sixty-Four	790
When Winter Comes	794
Why Don't We Do It in the Road?	800
With a Little Help from My Friends	804
Women and Wives	810
The World Tonight	816
The World You're Coming Into	822

Y

Yellow Submarine	830
Yesterday	836
You Never Give Me Your Money	846
You Tell Me	852
Your Mother Should Know	858

Agradecimentos	865
Créditos	866
Índice remissivo	870

Lady Madonna	402
Let 'Em In	406
Let It Be	412
Let Me Roll It	420
Live and Let Die	426
London Town	432
The Long and Winding Road	436
Love Me Do	442
Lovely Rita	446

Lady Madonna

COMPOSITORES Paul McCartney e John Lennon
ARTISTA The Beatles
GRAVAÇÃO Abbey Road Studios, Londres
LANÇAMENTO Single, 1968

Lady Madonna, children at your feet
Wonder how you manage to make ends meet
Who finds the money when you pay the rent?
Did you think that money was heaven sent?

Friday night arrives without a suitcase
Sunday morning creeping like a nun
Monday's child has learned to tie his bootlace
See how they run

Lady Madonna, baby at your breast
Wonders how you manage to feed the rest

See how they run

Lady Madonna, lying on the bed
Listen to the music playing in your head

Tuesday afternoon is never-ending
Wednesday morning papers didn't come
Thursday night your stockings needed mending
See how they run

Lady Madonna, children at your feet
Wonder how you manage to make ends meet

Nunca superei o fato de minha mãe, Mary, ter morrido quando eu tinha quatorze anos. Uma canção que retrata uma mãe muito presente e carinhosa está impregnada com a influência dessa terrível sensação de perda. A questão sobre como Lady Madonna dá um jeito de alimentar o resto ("*feed the rest*") é bem tocante para mim, e você não precisa ser um psicanalista para descobrir que eu mesmo fiz parte desse "resto". Eu devo ter me sentido meio deixado de lado. Sem dúvida, é um tributo à figura materna, um tributo às mulheres.

O meu aspecto predileto da canção é o verso repetido "*See how they run*". Vem da cantiga infantil "Three Blind Mice" ("Três ratos cegos"), com aquela nem-um-pouco-carinhosa mulher do fazendeiro que corta as caudas dos ratinhos com a faca de trinchar. Essa referência confere à canção um ar ligeiramente sombrio. Seja como for, a palavra "*run*" ("correm") também tem a ver com as meias-calças. Uma de minhas lembranças duradouras na infância era que, além de outros problemas mais relevantes que as mulheres enfrentavam, de vez em quando aparecia uma meia-calça desfiada ou rasgada que precisava de remendo - "*Thursday night, your stockings needed mending*".

Essa repetição, como em "*See how they run*", é um dos componentes mais poderosos ao compor uma canção. O termo técnico para essa expressão repetida é "*refrain*" ("refrão"). Em "Hey Jude", outra canção desse mesmo período, brincamos com o duplo sentido da palavra "*refrain*", que também significa "refrear": "*And anytime you feel the pain/ Hey Jude, refrain*".

Com os Beatles, estávamos sempre operando no limite entre estarmos cientes de como o "refrão" contribuía com a canção e basicamente não termos nem ideia do que estávamos fazendo. Sempre pensei que o segredo dos Beatles tinha a ver com a nossa música ser autodidata. Nunca pensávamos conscientemente no que estávamos fazendo. Fazíamos tudo meio ao natural. Uma mudança de acorde de tirar o fôlego não acontecia porque sabíamos como esse acorde se relacionava com outro acorde. Não éramos capazes de ler partituras nem de escrevê-las, então apenas inventávamos. Meu pai fazia exatamente assim. E quando as coisas surgem ao natural, elas trazem uma certa alegria. É como se você não tentasse fazer acontecer e acontecesse por si mesmo. Isso tem uma certa magia. Muito do que fizemos veio de um profundo senso de fascinação, em vez de estudo. Realmente não estudamos música.

À direita e abaixo: Do álbum de família, com a mãe, Mary, e o irmão, Mike.

Let 'Em In

COMPOSITORES	Paul McCartney e Linda McCartney
ARTISTA	Wings
GRAVAÇÃO	Abbey Road Studios, Londres
LANÇAMENTO	*At the Speed of Sound*, 1976
	Single, 1976

Someone's knocking at the door
Somebody's ringing the bell
Someone's knocking at the door
Somebody's ringing the bell
Do me a favour
Open the door and let 'em in
Let 'em in

Sister Suzy, Brother John
Martin Luther, Phil and Don
Brother Michael, Auntie Jin
Open the door and let 'em in
Oh yeah

Sister Suzy, Brother John
Martin Luther, Phil and Don
Uncle Ernie, Auntie Jin
Open the door and let 'em in
Oh yeah, yeah

Someone knocking at the door
Somebody ringing the bell
Someone's knocking at the door
Somebody's ringing the bell
Do me a favour
Open the door and let 'em in
Oh yeah, yeah, let 'em in now

Sister Suzy, Brother John
Martin Luther, Phil and Don
Uncle Ernie, Uncle Ian
Open the door and let 'em in
Yeah, yeah

Someone's knocking at the door
Somebody's ringing the bell
Someone's knocking at the door
Somebody's ringing the bell
Do me a favour
Open the door and let 'em in
Yeah, yeah, yeah, yeah, yeah

Acima: Com Mary e Linda. Jamaica, 1972

UM PRESENTINHO DE NATAL, DAQUELES DE COLOCAR DENTRO das meias natalinas. É assim que eu encaro algumas canções. É uma lembrancinha divertida, mas não é o seu principal presente de Natal. Se me bate um certo perfeccionismo e eu me pego a pensar: "Esta não é uma de minhas grandes canções", isso muitas vezes me deixa um pouquinho decepcionado com ela. Eu me lembro de que fiquei bem deprimido com uma canção chamada "Bip Bop" e pensei: "Meu Deus, como é que eu consegui ser tão banal?". Até que uma vez comentei isso com o produtor Trevor Horn, que produziu gente como Frankie Goes to Hollywood, Grace Jones e muitos artistas legais, e ele me disse: "Esta é uma de minhas favoritas de sua autoria!". E assim consegui enxergar o que ele viu nela, que é o que eu vi quando a escrevi e quis gravá-la, então ele me fez sentir melhor em relação a isso.

"*Someone's knocking at the door/ Somebody's ringing the bell*" - na minha imaginação isso está acontecendo em Liverpool. Algum tipo de festa. Quando estávamos na Jamaica, todos os jamaicanos chamavam Linda, só porque ela era loira: "Ei, Suzy, Suzy!". Para eles, uma mulher loira e branca era "Suzy". Então, Linda formou um grupo e se autodenominou Suzy and the Red Stripes, o nome da marca de cerveja. Então, "Sister Suzy" é a Linda. "Brother John" pode ser o irmão dela, John Eastman, ou John Lennon. "Martin Luther" é Martin Luther King Jr., "Phil e Don" são os Everly Brothers; e daí você tem "Brother Michael", então esse é meu irmão, ou talvez Michael Jackson - no ano anterior, tínhamos convidado The Jackson 5 para a festa do álbum *Venus and Mars* no *Queen Mary*. E então "Auntie Jin", que se escreve com J em vez de G porque o nome da minha tia era Jane. Mas em Liverpool isso soava muito formal, então ela dizia: "Pode me chamar de Jinny". Em seguida temos o "Uncle Ernie" - na verdade, o nome de meu primo era Ian, mas o pessoal o chamava de Ern. E a essa altura não estou

407

muito preocupado. Estou só brincando com as palavras. "Uncle Ian"? Ah, qual é, pessoal, vocês nem estão prestando atenção direito. Não importa. Não existe um Tio Ian... e com certeza ele não era casado com a Tia Jin.

E a bizarrice das bizarrices: avance um milhão de anos e eu me caso com Nancy Shevell, cuja irmã se chama Susie e cujo irmão se chama Jon. Então, de repente, é sobre a família de Nancy que estou cantando: "Sister Suzy, Brother John". É uma coincidência e tanto.

Foi sugerido que o "Martin Luther" ("Martinho Lutero") da letra está associado a bater à porta, pregar os artigos de fé numa porta. Eu não estava ciente disso quando compus a canção, mas em termos de inconsciente coletivo talvez seja possível. Sem dúvida, as canções brotam mesmo de algum lugar misterioso. Na maioria das vezes, se você tiver sorte, as palavras e a música vêm juntas. Você só se senta ali e começa. Vai esboçando coisas com vários sons até que, por fim, ouve um breve fraseado que começa a funcionar. E basta se embrenhar nessa trilha. Como artistas, meio que sabemos instintivamente: se estivermos abertos a isso e se brincarmos o suficiente com esse conjunto de palavras ou notas, isso vai dar resultado. Algo vai chegar. Sem que você nem ao menos tenha de convidar.

Acima: Com Susie Shevell, Nancy e Merissa Simon, 2011

À direita: Sessão fotográfica para o lançamento do single "Seaside Woman", do Suzy and the Red Stripes, 1977

À esquerda: Com Trevor Horn. Music Mill, Londres, 1987

Abaixo: Com o primo Ian Harris. Liverpool, 1982

À direita: Arte da partitura de "Let 'Em In"

Sem dúvida, as canções brotam mesmo de algum lugar misterioso. Na maioria das vezes, se você tiver sorte, as palavras e a música vêm juntas. Você só se senta ali e começa. Vai esboçando coisas com vários sons até que, por fim, ouve um breve fraseado que começa a funcionar.

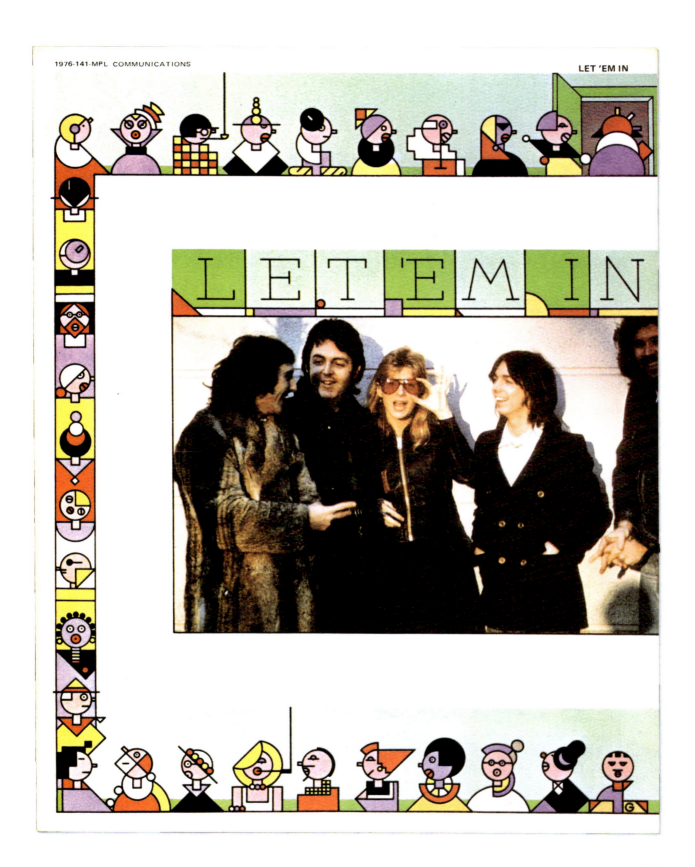

Let It Be

COMPOSITORES	Paul McCartney e John Lennon
ARTISTA	The Beatles
GRAVAÇÃO	Apple Studio, Londres
LANÇAMENTO	Single, 1970
	Let It Be, 1970

When I find myself in times of trouble
Mother Mary comes to me
Speaking words of wisdom
Let it be
And in my hour of darkness
She is standing right in front of me
Speaking words of wisdom
Let it be

Let it be, let it be
Let it be, let it be
Whisper words of wisdom
Let it be

And when the broken-hearted people
Living in the world agree
There will be an answer
Let it be
For though they may be parted
There is still a chance that they will see
There will be an answer
Let it be

Let it be, let it be
Let it be, let it be
There will be an answer
Let it be
Let it be, let it be
Let it be, let it be
Whisper words of wisdom
Let it be

Let it be, let it be
Let it be, let it be
Whisper words of wisdom
Let it be

And when the night is cloudy
There is still a light that shines on me
Shine until tomorrow
Let it be
I wake up to the sound of music
Mother Mary comes to me
Speaking words of wisdom
Let it be

Let it be, let it be
Let it be, let it be
There will be an answer
Let it be
Let it be, let it be
Let it be, let it be
There will be an answer
Let it be
Let it be, let it be
Let it be, let it be
Whisper words of wisdom
Let it be

EU ESTAVA DECIDINDO O QUE EU IA CANTAR NO LIVE AID, E STING ME disse que "Let It Be" não era uma boa escolha. Ele achava que deveríamos explicitar que ações eram necessárias e, por isso, "deixe estar" não seria uma mensagem apropriada. Na visão dele, o Live Aid pressupunha um forte apelo à ação. Mas "Let It Be" não tem a ver com ser complacente ou cúmplice. Tem a ver com obter uma noção panorâmica e render-se à visão global.

A canção foi composta num contexto de estresse. O momento era difícil porque estávamos nos encaminhando para a separação dos Beatles. Esse período de mudança aconteceu em parte porque John e Yoko se conheceram, e isso afetou a dinâmica do grupo. Yoko ficava literalmente no meio das sessões de gravação, e isso era desafiador. Mas também era algo com que precisávamos lidar. A menos que houvesse um problema muito sério - a menos que um de nós dissesse: "Não consigo cantar com ela ali" -, só tinha um jeito: deixe estar. O nosso estilo era evitar conflitos, então simplesmente reprimimos e seguimos em frente. Éramos garotos do Norte, e isso fazia parte da nossa cultura. Abra um sorriso e aguente firme.

Uma coisa interessante sobre "Let It Be" da qual me lembrei só recentemente é que, quando estudei literatura inglesa no Liverpool Institute High School for Boys com meu professor favorito, Alan Durband, eu li *Hamlet*. Naquela época, você tinha que decorar as falas, porque era preciso ser capaz de recordá-las e citá-las na prova. No ato final da peça temos a seguinte fala:

O, I could tell you -
But let it be. - Horatio, I am dead

Suspeito que esses versos se plantaram subconscientemente em minha memória. Quando eu estava compondo "Let It Be", eu fazia muita coisa ao mesmo tempo, estava muito exausto e tudo isso estava cobrando seu preço. A banda, eu - todos nós estávamos passando, como diz a canção, por períodos turbulentos ("*times of trouble*"), e não se enxergava uma luz no fim do túnel daquela confusão. Um dia, exausto, eu caí no sono e tive um sonho em que minha mãe (que havia morrido pouco mais de dez anos antes), de fato, apareceu para mim. Quando em seu sonho aparece uma pessoa que você perdeu, mesmo que às vezes seja por breves segundos, você tem a impressão de que ela está ali com você, e é como se ela sempre tivesse estado ali. Acho que todo mundo que sofreu com a perda de alguém próximo entende isso, especialmente no período logo após a morte do ente querido. Até hoje eu tenho sonhos com John e George e converso com eles. Mas nesse sonho foi muito reconfortante enxergar o rosto lindo e gentil da minha mãe e estar com ela em um lugar tranquilo. De imediato, eu me senti à vontade, amado e protegido. A minha mãe era muito tranquilizadora, como tantas mulheres costumam ser; também era ela quem mantinha a nossa família em andamento. Ela mantinha o nosso ânimo. Ela pareceu notar que eu andava preocupado com o que se passava em minha vida e com o que poderia acontecer e me falou: "Vai ficar tudo bem. Deixe estar".

Acordei pensando que esse seria um ótimo tema para uma canção. Resolvi começar com as circunstâncias no meu entorno - o "problema no trabalho".

Na época em que gravamos "Let It Be", eu estava pressionando a banda para voltarmos a tocar em clubes noturnos - voltar ao básico e nos unirmos novamente como banda, terminar a década como a havíamos começado: só tocando pelo prazer de tocar. Com os Beatles não foi possível levar essa ideia a cabo, mas isso influenciou a direção do álbum *Let It Be*. Não queríamos nada de truques de estúdio. Era para ser um álbum honesto, sem overdubs. Não acabou exatamente assim, mas o plano era esse.

A triste constatação é que os Beatles nunca tocaram esta canção num show. Por isso, a apresentação no Live Aid foi, para muitas pessoas, provavelmente a primeira vez que elas viram uma performance desta canção.

Hoje, "Let It Be" já está no show há um bom tempo. Ela sempre foi uma canção comunitária, sobre aceitação, e acho que esses momentos funcionam muito bem com plateias grandes. Vemos muita gente abraçando seus parceiros, amigos ou familiares e cantando junto. Antigamente, milhares de isqueiros também eram erguidos no ar durante a canção. Aí foi proibido fumar nos shows, e as luzes vinham dos celulares do público. A gente sempre percebe quando a canção é menos popular, porque os celulares são guardados. Mas saem dos bolsos para esta.

Alguns anos atrás, estávamos no Japão e tocamos no Budokan, em Tóquio. Tínhamos tocado três noites no Tokyo Dome, um enorme estádio de beisebol de 55 mil lugares. Para contrabalançar, encerramos a turnê com uma noite no Budokan, um local bem intimista em comparação. Ainda não tinham passado cinquenta anos desde que os Beatles tinham tocado lá, mas foi um show especial, em um local com muitas memórias. A minha equipe de turnê gosta de me surpreender e, dessa vez, pulseiras foram distribuídas para o público. E, durante "Let It Be", fui pego desprevenido: o auditório inteiro se iluminou com as mãos balançando. Às vezes, é difícil continuar cantando em momentos assim.

Algumas pessoas disseram que "Let It Be" tem ligeiras conotações religiosas, e de fato ela lembra um pouco uma canção gospel, especialmente o piano e o órgão. Em essência, o termo "Mother Mary" é provavelmente interpretado como uma referência a Maria, a Virgem Mãe de Deus. Como você deve se lembrar, a minha mãe, Mary, era católica, embora meu pai fosse protestante, e meu irmão e eu fomos batizados. Por isso, no que tange à religião, obviamente sou influenciado pelo Cristianismo, mas todas as religiões nos trazem muitos ensinamentos excelentes. No sentido convencional, não sou especialmente religioso, mas acredito na ideia de que existe um tipo de força superior capaz de nos ajudar.

De modo que esta canção se torna uma prece, ou miniprece. Há um anseio em algum lugar do âmago dela. E a própria palavra "amém" significa "assim seja" - ou "deixe estar".

À direita: Anotações e desenho no exemplar escolar de *Hamlet*

Ela sempre foi uma canção comunitária, sobre aceitação, e acho que esses momentos funcionam muito bem com plateias grandes. Vemos muita gente abraçando seus parceiros, amigos ou familiares e cantando junto.

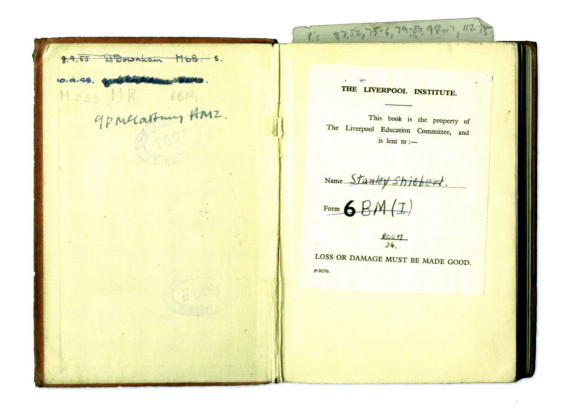

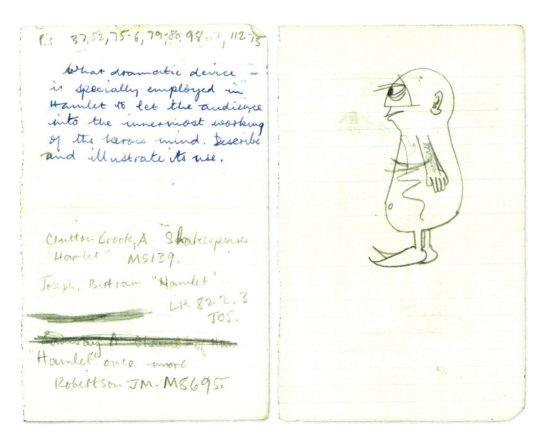

À esquerda: Mãe, Mary McCartney

À direita: Sessões de gravação. Apple Studio, Londres, 1969

Páginas 418-419: Execução de "Let It Be". Turnê *Out There*, Budokan, Tóquio, 28 de abril de 2015

A minha mãe era muito tranquilizadora, como tantas mulheres costumam ser; também era ela quem mantinha a nossa família em andamento. Ela mantinha o nosso ânimo. Ela pareceu notar que eu andava preocupado com o que se passava em minha vida e com o que poderia acontecer e me falou: "Vai ficar tudo bem. Deixe estar".

Let Me Roll It

COMPOSITORES	Paul McCartney e Linda McCartney
ARTISTA	Paul McCartney e Wings
GRAVAÇÃO	EMI Studios, Lagos; e AIR Studios, Londres
LANÇAMENTO	*Band on the Run*, 1973
	Lado B do single de "Jet", 1974

You gave me something
I understand
You gave me loving in the palm of my hand

I can't tell you how I feel
My heart is like a wheel
Let me roll it
Let me roll it to you
Let me roll it
Let me roll it to you

I want to tell you
And now's the time
I want to tell you that
You're going to be mine

I can't tell you how I feel
My heart is like a wheel
Let me roll it
Let me roll it to you
Let me roll it
Let me roll it to you

Eco do lavabo. Sempre o chamávamos de eco do lavabo porque é como o eco de um toalete, que a gente chama de "lavabo". Gritávamos para a sala de controle: "Podemos ter o eco do lavabo, por favor?". Eles indagavam: "Com 7,5 polegadas/segundo ou 15 polegadas/segundo?". Dizíamos: "Não sabemos. Toquem os dois". Na época, o eco era gravado numa fita. Eco do lavabo curto, eco do lavabo longo. Era muito Gene Vincent. Muito Elvis.

John amava esse eco de fita e o usava mais que qualquer outro da banda, então isso se tornou um som característico em seus discos solo. Ao usá-lo aqui, estou reconhecendo isso. Eu me lembro de ter cantado "Let Me Roll It" e pensado: "Sim, é bem ao estilo de uma canção de John". Nem é preciso dizer que ela está na área de vocalização de John, mas a coisa mais lennoniana é o eco.

Só que o elemento mais significativo nesta canção não é o eco. Não é a vocalização. Não é a letra. É o riff de guitarra. A palavra que me vem à mente é "abrasador". É uma coisinha abrasadora. Falar sobre a letra dá muito pano para manga, mas um bom riff é uma beleza rara. Esse é tão explosivo que as pessoas na plateia ficam boquiabertas ao ouvi-lo. Como ele cessa tão abruptamente, parece que tudo se congela. O tempo se congela.

Falando na letra, acho que é justo dizer que "*roll it*" tem a ver com enrolar um baseado. Não creio que isso venha a ser uma surpresa para alguém. Rolava muito fumo de maconha na plateia, na época em que fumar ainda era permitido nos locais de eventos. Hoje, durante os shows, às vezes eu fico me perguntando se o público não é um tanto pudico. Aí eu sinto o cheiro de maconha e penso: "Bem, tudo certo. É um cheiro bom". Mas é provável que isso aconteça mais nos festivais. Talvez seja mais fácil burlar a segurança.

Em seu cerne, "Let Me Roll It" é uma canção de amor. Esse componente é muito forte na canção: o outro e erótico sentido de "*rolling*" é rolar, parte integrante do rock'n'roll. "*My heart is like a wheel*". Se meu coração é como uma roda, "*Let me roll it to you*": essa é uma imagem com a qual todo mundo pode se conectar. Qualquer pessoa entende o quanto nos sentimos expostos ao oferecer o coração ou revelar afeto por outra pessoa. É dificílimo.

A relutância que sentimos nessa situação - de querer dar um passo, mas hesitar em se abrir completamente - torna-se física na formatação do riff, que começa e termina de forma abrupta. O corte constante no embalo da canção mimetiza o tema. Todo mundo se identifica com uma situação dessas. Um ou dois anos atrás, assisti a um musical chamado *Be More Chill*, de Joe Iconis e Joe Tracz, sobre um garoto nerd incapaz de falar que ama alguém. Ele tem um probleminha de fala, uma gagueira nervosa. "Let Me Roll It" é uma espécie de gagueira estendida.

Roll It

① You gave me something
 I understand
 You gave me loving
 in the palm of my hand

② I want to tell you
 And now's the time
 I want to tell you
 That you're going to be mine

Chorus
 I can't tell you how I feel
 My heart is like a wheel
 Let me roll it to you

LET ME ROLL IT.

① You gave me something,
   I understand,
   You gave me loving in the palm of hand

Refrain
   I can't tell you how I feel
   my heart is like a wheel
   LET ME ROLL IT
   Let me roll it to you
   Let me roll it
   Let me roll it to you.

② I want to tell you
   And now's the time,
   I want to tell you that
   you're going to be mine

Refrain.

LET ME ROLL IT

Words & Music by Paul & Linda McCartney

As Recorded by
PAUL McCARTNEY
and
WINGS

MUSIC PUBLISHING COMPANY OF AFRICA (PTY.) LTD
McCARTNEY MUSIC LTD.
Sole Selling Agents for the Republic of South Africa and Rhodesia.
GALLO (AFRICA) LIMITED
P.O. Box 6216, JOHANNESBURG CAPE TOWN: 43 Somerset Road DURBAN: 593 Smith Street.

60c PA 4245

Com o baixo Fender Jazz nas sessões de gravação do *Band on the Run*. Lagos, Nigéria, 1973

Eco do lavabo. Sempre o chamávamos de eco do lavabo porque é como o eco de um toalete, que a gente chama de "lavabo". Gritávamos para a sala de controle: "Podemos ter o eco do lavabo, por favor?". Eles indagavam: "Com 7,5 polegadas/segundo ou 15 polegadas/segundo?". Dizíamos: "Não sabemos. Toquem os dois". Na época, o eco era gravado numa fita. Eco do lavabo curto, eco do lavabo longo. Era muito Gene Vincent. Muito Elvis.

Live and Let Die

COMPOSITORES	Paul McCartney e Linda McCartney
ARTISTA	Paul McCartney e Wings
GRAVAÇÃO	AIR Studios, Londres
LANÇAMENTO	Single, 1973

When you were young
And your heart was an open book
You used to say live and let live
You know you did
You know you did
You know you did
But if this ever-changing world in which we're living
Makes you give in and cry

Say live and let die
Live and let die
Live and let die
Live and let die

What does it matter to ya?
When you got a job to do
You got to do it well
You gotta give the other fellow hell

You used to say live and let live
You know you did
You know you did
You know you did
But if this ever-changing world in which we're living
Makes you give in and cry

Say live and let die
Live and let die
Live and let die
Live and let die

A MAIOR PARTE DAS CANÇÕES É AUTOENCOMENDADA. VOCÊ AS compõe para o seu próprio prazer ou para se livrar dos problemas, mas em alguns casos alguém encomenda uma canção, e isso é legal; é aí que entra a habilidade. De certa forma, eu gostava de me ver como um compositor que trabalhava por empreitada. Sou o tipo de cara que, se a família precisasse de uma mesa, eu dizia: "Bem, vou construir uma", e isso me dava semanas, meses de prazer – o processo de desenhá-la e descobrir como é que eu a fabricaria.

No caso de "Live and Let Die", tudo começou com o chefe da Apple Records na época, Ron Kass, de quem eu gostava muito e com quem eu me dava muito bem. Ele conhecia alguém ligado à franquia dos filmes de James Bond. Um dia, em outubro de 1972, ele me telefonou e no meio da conversa ele disse: "Você não teria interesse em fazer a música-tema para um filme de Bond, não é?". Eu disse: "Sim, talvez eu tenha interesse" – sabe como é, tentando não demonstrar excesso de entusiasmo.

Escrever uma canção para a franquia de James Bond é uma honra e tanto, e eu sempre tive a ambição de fazê-lo. Ron me contou que o título do filme era *Live and Let Die (Com 007 viva e deixe morrer)*. O roteiro não estava pronto, então peguei o livro de Ian Fleming e li numa só sentada. Eu tinha passado a tarde imerso no livro, então, quando me sentei para compor a canção, eu sabia como abordá-la. Eu não queria que a canção fosse: "Você tem uma arma. Agora vá matar pessoas. Viva e deixe morrer". Não faz meu estilo. Eu queria que fosse: "Deixa pra lá. Não se preocupe com isso. Se tiver problemas, apenas viva e deixe morrer". Assim que mentalizei esse pensamento, a canção quase se compôs sozinha. Acho que eu li o livro num sábado, sentei-me ao piano na sala de estar e passei o domingo juntando as peças, com Linda ajudando no trecho do reggae. Tudo ganhou forma com muita rapidez.

Em seguida, conversei com George Martin, que estava fazendo a trilha sonora para o filme. Mostrei a ele os acordes, a estrutura da canção e o riff central. Explosões seriam bem-vindas, mas deixei os arranjos bondianos totalmente a cargo dele. Desde os Beatles, praticamente não tínhamos trabalhado mais juntos, e foi uma alegria. A trilha sonora que ele compôs era puro George – grandiosa, mas equilibrada, sem cometer exageros. Fiquei muito contente com isso.

Naquela época, você fazia um acetato, um disquinho prensado, e George foi ao Caribe, onde já estavam filmando. Levou uma vitrola para tocar a canção a Cubby Broccoli, um dos produtores do filme, que ouviu e disse: "Isso é bom, George. É uma boa demo. Quando vai ter a gravação acabada?". George respondeu: "Você acabou de ouvi-la". Pensaram que eu a havia composto para outra pessoa cantar.

Não fiquei comparando a canção com outros temas de Bond que vieram antes, como aqueles de *Moscou contra 007* ou *Goldfinger*, que são *pra lá* de bondianos. Eu não tinha certeza se a minha combinaria com esses clássicos, mas muita gente a colocou em sua lista das melhores canções de Bond. Assim, quando foi lançada, tornou-se o tema de Bond de maior sucesso até então, inclusive sendo indicada ao Oscar de Melhor Canção Original – "*When you got a job to do/ You got to do it well*".

No começo dos anos 1990, o Guns N' Roses fez uma cover dela, e o interessante é que meus filhos foram à escola e disseram: "Meu pai compôs esta

À esquerda: Single de "Live and Let Die", 1973

À direita: Partitura manuscrita de George Martin para "Live and Let Die", 1972

Páginas 430-431: Execução de "Live and Let Die", 2016-19

canção". E os colegas responderam: "Não compôs, não. É do Guns N' Roses". Ninguém acreditou neles. Mas fiquei muito feliz com a regravação do Guns. Na verdade, achei que ficou muito bom. Fiquei surpreso com a iniciativa - uma jovem banda dos EUA. Eu sempre gosto quando outras pessoas revisitam as minhas canções. É um elogio e tanto.

Hoje esta canção continua sendo ótima para os shows. Temos pirotecnia, e acho que a coisa que eu mais gosto nela é que sabemos que a explosão está prestes a acontecer, aquela primeira e grande explosão. Muitas vezes, eu olho para as pessoas, principalmente na primeira fila, que estão alegremente entoando: "*Live and let...*" E, de repente: BUUM! É ótimo ficar assistindo e ver o espanto no semblante delas.

Uma noite, havia uma senhorinha bem idosa na primeira fila e pensei: "Ah, que droga, ela vai morrer de susto". Mas o show não pode parar, eu não tinha como parar tudo e dizer: "Tampe os ouvidos, meu amor!". Então, quando chegou aquele verso, eu só desviei o olhar. "*Live and let...*" BUUM! E olhei para ela, e no fim das contas ela não tinha morrido. Ela estava sorrindo de orelha a orelha e adorando tudo.

WINGS SESSION THURSDAY OCTOBER
7pm No 1 STUDIO AIR.

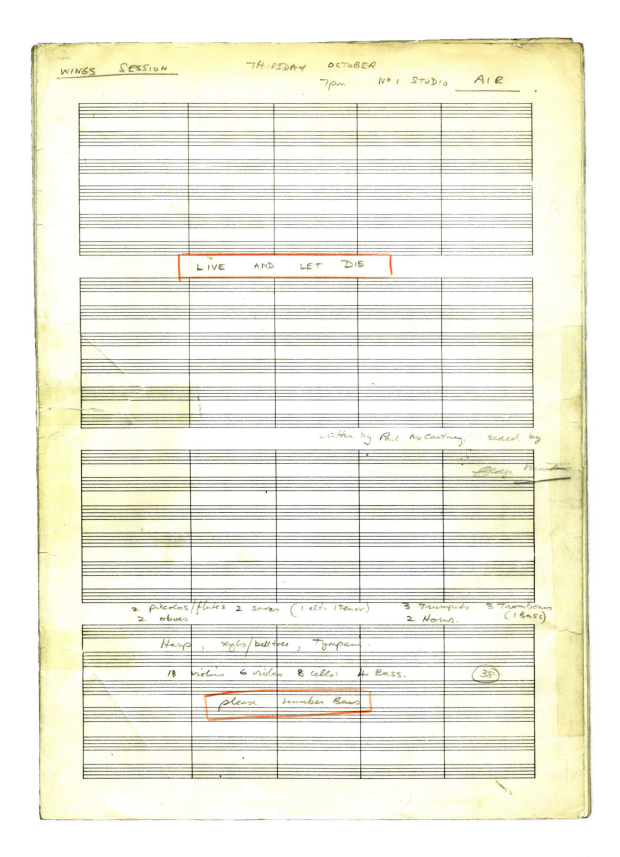

LIVE AND LET DIE

written by Paul McCartney, scored by
George Martin

2 piccolos/flutes 2 saxes (1 alto 1 Tenor) 3 Trumpets 3 Trombones
2 oboes   2 Horns.   (1 Bass)

Harp, xylo/belltree, Tympani.

18 violins 6 violas 8 cellos 4 Bass.   (38)

please number Bars

London Town

COMPOSITORES	Paul McCartney e Denny Laine
ARTISTA	Wings
GRAVAÇÃO	Abbey Road Studios, Londres
LANÇAMENTO	*London Town*, 1978
	Single, 1978

Walking down the sidewalk on a purple afternoon
I was accosted by a barker playing a simple tune
Upon his flute
Toot toot toot toot

Silver rain was falling down
Upon the dirty ground of
London Town

People pass me by on my imaginary street
Ordinary people it's impossible to meet
Holding conversations that are always incomplete
Well I don't know

Oh where are there places to go?
Someone somewhere has to know
I don't know

Out of work again the actor entertains his wife
With the same old stories of his ordinary life
Maybe he exaggerates the trouble and the strife
Well I don't know

Oh where are there places to go?
Someone somewhere has to know

Crawling down the pavement on a
    Sunday afternoon
I was arrested by a rozzer wearing a pink balloon
About his foot
Toot toot toot toot

Silver rain was falling down
Upon the dirty ground of
London Town

Someone somewhere has to know
Silver rain was falling down
Upon the dirty ground of
London Town

Acima: Londres, 1978

COMO ACONTECE MUITO EM MINHAS CANÇÕES, SOU UM PINtor de aquarelas. Só estou pintando uma cena: ali estou eu andando pela calçada na púrpura tardinha ("*walking down the sidewalk on a purple afternoon*"), quando sou abordado por um pregoeiro que toca uma singela melodia em sua flauta ("*accosted by a barker playing a simple tune/ Upon his flute*") – "*Toot toot toot toot*". Dou asas à imaginação e me pergunto: "Certo, e agora, o que é que vamos fazer?".

"*Sidewalk*" ("calçada") é um uso americano, eu sei disso. Quando eu olho para essa palavra agora, penso: "Por que é que eu não escolhi '*pavement*', como se diz no Reino Unido?". Mas eu curto a palavra "*sidewalk*". Os EUA aparecem bastante em todos os meus pensamentos, musicalmente; na época, eu era casado com uma americana e hoje sou casado com uma americana. E vou seguido a Nova York. Obviamente, sei que tenho que escolher entre "*pavement*" ou "*sidewalk*", mas "*sidewalk*" simplesmente me apareceu e pensei: "Sim, isso basta".

"*Ordinary people it's impossible to meet*" tem duplo significado. É quase impossível encontrar alguém. É impossível conhecer gente nova. Você também pode dizer que é impossível se encontrar com gente que você conhece. "*The dirty ground of London Town*" – isso é uma coisa bem blues e folk também. Agora temos as pessoas passando por mim, e então se torna quase filosófico, a percepção de que na vida só estamos passando um pelo outro, barcos à noite. "*Oh where are there places to go?/ Someone somewhere has to know*" – esse é um desdobramento daquela coisinha filosófica sobre as pessoas, e então, com "*Out of work again*", o enredo vai ganhando novos contornos. O ator conta à esposa histórias de sua vida corriqueira, e isso lhe dói quase como uma alfinetada: ele está desempregado; ele entretém a esposa em vez de entreter o povo.

Linhas paralelas percorrem uma canção. Você estabelece um padrão e não precisa segui-lo à risca, mas tem um lado legal nisso. Em "Here, There and Everywhere", por exemplo, o padrão já é informado no título. Essas três palavras vêm nessa ordem em certos pontos da canção e impulsionam a história adiante. Voltando a "London

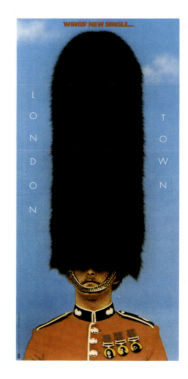

Town", antes eu caminhava na calçada, e agora estou fazendo uma variação disso: estou rastejando passeio abaixo ("*crawling down the pavement*"), dessa vez numa tarde dominical ("*on a Sunday afternoon*"). É o mesmo padrão de rima, só que agora a história meio que avança um pouquinho. Parece que fiquei bêbado e depois fui preso por um policial com um balão cor-de-rosa amarrado no pé, e isso não faz sentido, mas você também pode ler nas entrelinhas que "rosa" pode ter uma certa conotação gay. "*Rozzer*" é apenas outra palavra para um policial, ou "tira", mas "*Toot toot toot toot*" é uma referência à cocaína. E a liberdade do Wings era esta: eu podia simplesmente adicionar versos surreais porque eu gosto de surrealismo na pintura, de artistas como Magritte, que exerce uma grande influência em mim desde que descobri o trabalho dele nos anos 1960. Aprecio a liberdade de poder incluir esses elementos numa canção sem motivo aparente.

Sempre que você faz referência a drogas, está se conectando com um grupo de pessoas; meio que está dizendo que sabe o que elas estão fazendo, e isso não quer dizer que você está fazendo também, ou que defenda isso, mas está se conectando com um grupinho secreto, uma pequena e secreta multidão. Quando John e eu escrevemos "*I'd love to turn you on*" (em "A Day in the Life"), sabíamos que era uma frase perfeitamente inofensiva, mas também sabíamos que ela iria atrair os seguidores do guru psicodélico Timothy Leary. Há algo de travesso nisso, um lance de colegial. Algumas canções antigas fazem menção a isso – "I Get a Kick Out of You", de Cole Porter, ou a canção "Cocaine Blues", regravada por Johnny Cash e Bob Dylan – e é uma indireta, porque você está usando uma palavra perfeitamente inofensiva ao falar que o flautista faz "*Toot toot toot toot*" – é isso que as flautas fazem –, mas também está sendo um pouco travesso.

Acima, à esquerda: Letra de "London Town" manuscrita por Linda, ao lado do pôster do single

À direita: Nancy. Nova York, 2019

The Long and Winding Road

COMPOSITORES	Paul McCartney e John Lennon
ARTISTA	The Beatles
GRAVAÇÃO	Apple Studio, Londres; e Abbey Road Studios, Londres
LANÇAMENTO	*Let It Be*, 1970
	Single nos EUA, 1970

The long and winding road that leads to your door
Will never disappear, I've seen that road before
It always leads me here, lead me to your door

The wild and windy night that the rain washed away
Has left a pool of tears crying for the day
Why leave me standing here?
Let me know the way

Many times I've been alone and many times I've cried
Anyway you'll never know the many ways I've tried
But still they lead me back to the long winding road
You left me standing here a long, long time ago
Don't keep me waiting here, lead me to your door

DA JANELA DO MEU QUARTO NA CASA DE CAMPO NA REGIÃO DO Mull of Kintyre (Penhasco de Kintyre), em Argyllshire, eu avistava uma estrada serpeante rumo à rodovia. Era por ali que íamos à cidade. Campbeltown, para ser mais exato.

Comprei a Fazenda High Park em 1966. Um refúgio bem remoto, e a casa da fazenda estava praticamente abandonada e era provável que assim permanecesse caso Linda não tivesse dito que deveríamos reformar o lugar. Só uns dois anos mais tarde a imagem dessa estrada longínqua e sinuosa se desenvolveu para se tornar uma canção em sua plenitude. Ela foi lançada em 1970, tornando-se o vigésimo número um dos Beatles nos Estados Unidos. E foi também o nosso último número um.

Um dos aspectos fascinantes desta canção é que ela parece ressoar de modos muito poderosos. Para quem estava lá na época, parece haver uma dupla associação de terrível tristeza e também de esperança, em especial na afirmação de que a estrada que leva à sua porta nunca irá sumir ("*Leads to your door/ Will never disappear*").

Muitas vezes, quando componho uma canção, eu faço um pequeno truque de desaparecer. Por exemplo, eu imagino que ela já foi gravada por outra pessoa - nesse caso, Ray Charles. Como sempre, a última coisa que eu quero compor é uma canção de Paul McCartney. Essa estratégia mantém o frescor das coisas.

Tive uma experiência semelhante quando me embrenhei na pintura. Durante muitos e muitos anos, eu simplesmente não consegui pintar, embora eu gostasse de desenhar e tivesse um pouco de talento. Na escola inclusive recebi um pequeno prêmio de arte. Mas a ideia dessa tela em branco era tão assustadora que eu nunca me arriscava. Então, tive a oportunidade de me encontrar com Willem de Kooning no estúdio dele. Ele nos deu um pequeno quadro, e eu reuni toda a minha coragem e disse: "Bill, o que é isto?". Suponho que esse não seja o tipo de pergunta que você faz a um expressionista abstrato! Mas ele era um sujeito muito paciente e disse: "Ah, não sei. Parece um sofá". E eu me dei conta de que todas essas preocupações sobre o significado de uma pintura não eram uma prioridade.

Então saí e comprei um montão de telas, pincéis, tintas e tudo mais e tratei de pintar cerca de quinhentos quadros. Imaginei que um amigo, dono de restaurante, tinha me pedido para pintar um quadro para a alcova dele. Então eu pensava que estava fazendo esse quadro para a alcova de Luigi - o que diminui a pressão. Ou senão, enquanto eu fazia o "blend" das cores, eu me transformava num certo "Sr. Blendini". Era um truque após o outro.

Na composição, eu aplico truques semelhantes. Nos primórdios, fingíamos ser Buddy Holly. Em seguida, compúnhamos outra ao estilo Motown Records. Depois, como Bob Dylan.

Sempre tem alguém que você pode invocar. Basta colocar uma máscara e uma capa quando está compondo, e isso alivia boa parte da ansiedade. Meio que nos liberta. E, quando você chega ao fim, descobre que ela não era uma canção de Ray Charles coisa nenhuma: era sua. A canção assume seu próprio caráter. A estrada não leva a Campbeltown, mas a outro lugar que você nem espera.

Escócia, 1968

À direita: Com Willem de Kooning. East Hampton, 1983

Muitas vezes, quando componho uma canção, eu faço um pequeno truque de desaparecer. Por exemplo, eu imagino que ela já foi gravada por outra pessoa – nesse caso, Ray Charles. Como sempre, a última coisa que eu quero compor é uma canção de Paul McCartney. Essa estratégia mantém o frescor das coisas.

Love Me Do

COMPOSITORES	Paul McCartney e John Lennon
ARTISTA	The Beatles
GRAVAÇÃO	Abbey Road Studios, Londres
LANÇAMENTO	Single no Reino Unido, 1962
	Please Please Me, 1963
	Introducing... The Beatles, 1964
	Single nos EUA, 1964

Love, love me do
You know I love you
I'll always be true
So please
Love me do
Whoa love me do

Love, love me do
You know I love you
I'll always be true
So please
Love me do
Whoa love me do

Someone to love
Somebody new
Someone to love
Someone like you

Love, love me do
You know I love you
I'll always be true
So please
Love me do
Oh love me do

Love, love me do
You know I love you
I'll always be true
So please
Love me do
Whoa love me do
Yeah love me do
Whoa love me do

A MAIOR INFLUÊNCIA QUE JOHN E EU RECEBEMOS FOI A DOS Everly Brothers. Até hoje, eu os considero os melhores. E eles eram diferenciados. Você ouvia quartetos de barbearia, ouvia The Beverley Sisters - um trio de garotas -, você ouvia tudo isso. Mas só dois caras, dois caras bonitos? Por isso, nós os idolatrávamos. Queríamos ser como eles.

Em seguida, surgiu Buddy Holly, quando tínhamos quinze, dezesseis anos. Buddy usava óculos, e John se identificou com ele. Agora, John tinha o motivo perfeito para tirar os óculos do bolso e colocá-los. Buddy Holly também era compositor, guitarrista e cantor. Elvis não era compositor, nem guitarrista solo; ele só cantava. Duane Eddy tocava guitarra, mas não era cantor. Mas Buddy tinha tudo. E a banda dele: The Crickets. Que nome! Também queríamos algo com duplo significado.

A verdadeira origem do nome "The Beatles" está envolta em mistério, mas eu me lembro de que estávamos nos esforçando para encontrar algo parecido com The Crickets, que tem duplo significado: pode se referir ao esporte críquete e também aos grilos. E se encontrássemos outro inseto que também tivesse duplo significado? Quando você pega o nome "Beatles" fora do contexto e o imagina só como o inseto, não nos atrai imediatamente. Mas agora que já existe há um tempo, você o aceita completamente e nem pensa nas criaturinhas rastejantes.

"Love Me Do" foi composta numa de nossas sessões na 20 Forthlin Road, subindo o pequeno caminho ajardinado, passando pela sebe de alfazemas do meu pai, até chegar na porta da frente, onde ele plantou a árvore mítica dos celtas: a tramazeira, sua árvore favorita. Pela porta da frente, você entrava num pequeno vestíbulo à esquerda, de onde acessava a sala de estar e, mais adiante, a sala de jantar, que era onde fazíamos a maior parte de nossas composições quando éramos adolescentes.

Acima: Os Beatles.
Liverpool, 1962

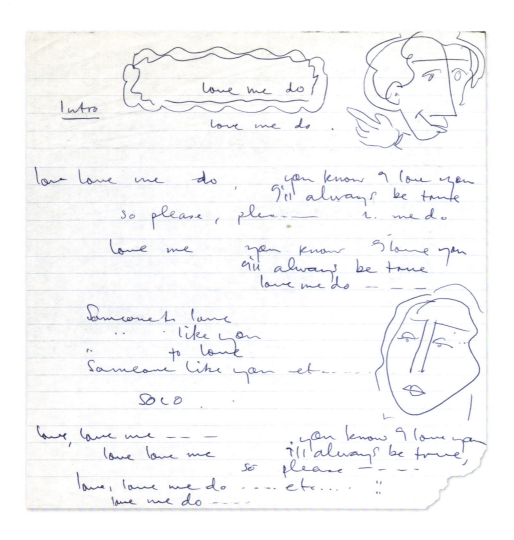

Essa imagem não me sai da retina. John veio com esse riff, o pequeno riff de harmônica. É simples como só ele. Não tem nada de muito especial; é uma canção de fogo-fátuo. Mas a ponte transmite uma sensação incrível de saudade que, combinada com aquela gaita de boca, toca a alma de alguma forma.

Acho que o maior poder que tínhamos era a nossa imagem e a nossa energia como os quatro Beatles. "Love Me Do" não foi um grande sucesso; meio que se infiltrou aos poucos nas paradas. Desde o verão de 1960, estávamos em turnê pelo país, por isso tínhamos muitos fãs na Grã-Bretanha. O nosso som era muito original; esse é o tipo de coisa que as pessoas notam. E tínhamos uma imagem muito original.

Ninguém se parecia conosco. Em pouco tempo, é claro, *todo mundo* se parecia conosco.

Buddy Holly! one of my heroes.
(FOR WAR CHILD.)

"BUDDY AT 60"
by Jeff Cummins
Commissioned by Paul McCartney

Paul McCartney '96

Lovely Rita

COMPOSITORES	Paul McCartney e John Lennon
ARTISTA	The Beatles
GRAVAÇÃO	Abbey Road Studios, Londres
LANÇAMENTO	*Sgt. Pepper's Lonely Hearts Club Band,* 1967

Lovely Rita, meter maid
Lovely Rita, meter maid

Lovely Rita, meter maid
Nothing can come between us
When it gets dark I tow your heart away

Standing by a parking meter
When I caught a glimpse of Rita
Filling in a ticket in her little white book
In a cap she looked much older
And the bag across her shoulder
Made her look a little like a military man

Lovely Rita, meter maid
May I enquire discreetly
When are you free to take some tea with me, Rita?

Took her out and tried to win her
Had a laugh and over dinner
Told her I would really like to see her again
Got the bill and Rita paid it
Took her home I nearly made it
Sitting on the sofa with a sister or two

Lovely Rita, meter maid
Where would I be without you?
Give us a wink and make me think of you

Lovely Rita, meter maid
Lovely Rita, meter maid

Acima: No Abbey Road Studios, Londres

NINGUÉM CURTIA AS FISCAIS DE ESTACIONAMENTO, OU GUAR-das de trânsito ("*meter maids*"), como elas eram conhecidas naquela época incivilizada. Assim, compor uma canção sobre estar apaixonado por uma guarda de trânsito - alguém de quem ninguém mais gostava - era, por si só, divertido. Na rua Portland Place, havia uma guarda de trânsito específica que me inspirou Rita. A aparência dela era ligeiramente militar. Sei que é uma coisa péssima de se dizer, mas aquelas guardas de trânsito nunca eram bonitas. Você nunca ouvia alguém dizer: "Meu Deus, que fiscal de estacionamento deslumbrante".

O fato é que vislumbrei Rita de relance, defronte à embaixada chinesa na Portland Place. De quepe e bolsinha a tiracolo, ela estava lavrando uma multa em seu bloquinho branco. É observação pura, como pintar *en plen air*. Já falei isso antes e vou repetir: o segredo de uma composição de sucesso é a capacidade de pintar um quadro.

Nessa imagem, um dos fatores complicadores é o quão impressionado o eu lírico está com Rita. Você deve se lembrar que o pretendente recebeu a conta, mas quem pagou foi Rita ("*Rita paid it*"). Na época, permitir que uma dama fizesse isso seria considerado pouco cavalheiresco. Em contraponto a isso vem a ideia de que o herói parece levemente irritado com o fato de que ele e Rita acabam no sofá com uma ou duas irmãs ("*with a sister or two*"). Esse verso insinua que ele gostaria muito de ter ficado a sós com Rita, em vez de ter uma ou duas irmãs segurando vela. Claro, outra implicação é a possibilidade de transar ("*making it*") não só com Rita, mas com uma ou duas irmãs a reboque. Já me diverti com essa ideia no verso "*When it gets dark I tow your heart away*".

No frigir dos ovos, eu não consigo abafar o meu fraco pela brejeirice. Por exemplo, "*Give us a wink*" pode invocar a ideia de "para bom entendedor, só uma piscadinha basta", mas também é um eufemismo, eu admito. Sempre gostamos de inserir ambiguidades como "*finger pie*", que você encontra em "Penny Lane". A gente sabia que o pessoal ia nos entender. E a BBC não iria proibir uma canção como essa, porque eles não podiam afirmar com certeza o que você quis dizer com "*Give us a wink and make me think of you*". E me diverte pensar que a BBC, esse bastião da respeitabilidade, também ficava na Portland Place, não muito longe da embaixada chinesa onde eu vi Rita pela primeira vez em pessoa.

À direita: Letra de "Lovely Rita" manuscrita por John Lennon, com notas adicionais de Paul. Escrita no verso de um convite para a Million Volt Light and Sound Rave, realizada no Roundhouse, Londres, 1967

g to grey
the veils

night
ing tales

② Standing by a parking meter
when I caught a glimpse of Rita
filling in a ticket in her
little white book.

① Lovely Rita, meter maid
Nothing can come between us
when it gets dark ~~night~~ I'll
~~take~~ your heart away.

③ in a cap she looked much older
~~with~~ a bag across her shoulder
made her look a little like a military
man.

④ Lovely Rita meter maid
May I inquire discreetly
when ~~are you~~ free to take some tea with me
what would I do without you

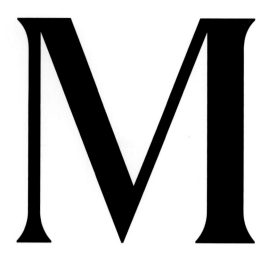

Magneto and Titanium Man	452
Martha My Dear	458
Maxwell's Silver Hammer	462
Maybe I'm Amazed	466
Michelle	474
Mother Nature's Son	478
Mrs. Vandebilt	484
Mull of Kintyre	490
My Love	498
My Valentine	504

Magneto and Titanium Man

COMPOSITORES	Paul McCartney e Linda McCartney
ARTISTA	Wings
GRAVAÇÃO	Sea-Saint Recording Studio, Nova Orleans
LANÇAMENTO	*Venus and Mars*, 1975
	Lado B do single "Venus and Mars"/ "Rock Show", 1975

Well I was talking last night
Magneto and Titanium Man
We were talking about you, babe
They said

You was involved in a robbery
That was due to happen
At a quarter to three
In the main street

I didn't believe them
Magneto and Titanium Man
But when the Crimson Dynamo
Finally assured me, well I knew

You was involved in a robbery
That was due to happen
At a quarter to three
In the main street

So we went out
Magneto and Titanium Man
And the Crimson Dynamo
Came along for the ride

We went to town with the library
And we swung all over that
Long tall bank
In the main street

Well there she were
And to my despair
She's a five-star criminal
Breaking the code

Magneto said, now the time has come
To gather our forces and run
Oh no
This can't be so

And then it occurred to me
You couldn't be bad
Magneto was mad
Titanium too
And the Crimson Dynamo
Just couldn't cut it no more
You were the law

Acima: Com Peter e Chrissy Blake. Londres, 1985

Em 1975, na mesma época em que eu compus "Magneto and Titanium Man", eu lia e acompanhava diversos gibis e, para o meu gosto, aquilo era arte de verdade. Era necessária uma certa habilidade – sem mencionar perspectiva e imaginação – para fazer aquelas ilustrações. Por isso, decidi que seria bom inserir esses dois personagens dos quadrinhos numa canção. Magneto é o arqui-inimigo dos X-Men. Nos filmes recentes da Marvel, quem o interpreta é Michael Fassbender. O Homem de Titânio é um dos rivais do Homem de Ferro. Outro que aparece é o Dínamo Escarlate; ele também é um vilão. Com esses três vilões, inventei uma história que poderia estar num desses gibis.

Os meados dos anos 1970 também marcaram a ascensão do glam rock – artistas como David Bowie e T. Rex. Em vez de a banda só ficar no palco e tocar seus instrumentos, entramos num período em que os shows passaram a utilizar iluminação teatral e vários efeitos de palco. Bandas como Pink Floyd faziam shows grandiosos e espetaculares. Então, quando esta canção era tocada por nós no palco, grandes desenhos dos personagens de quadrinhos Magneto e Homem de Titânio apareciam nos telões atrás de nós.

Para mim, esses personagens dos quadrinhos são muito bem desenhados. E sempre achei que a arte pop e a arte das histórias em quadrinhos estão à beira da loucura. Estudei John Dryden na escola, pois naquela época os alunos ainda liam poetas como Dryden e se impressionavam com estes versos:

Uma grande inteligência é quase aliada da loucura,
Separam-nas uma parede de fina espessura.

O auge da *pop art* foi atingido na década de 1960. Roy Lichtenstein literalmente criava personagens de quadrinhos, Peter Blake pintava seus lutadores, e os Beatles contribuíram com o álbum *Sgt. Pepper*. Rolava muita coisa nessa linha – e isso realmente faz parte dessa mesma conversa, na qual o povo está tendo o que você poderia chamar de prazeres da classe trabalhadora, temas da classe operária, latas de sopa, criando um lugar para eles na galeria de arte e no museu.

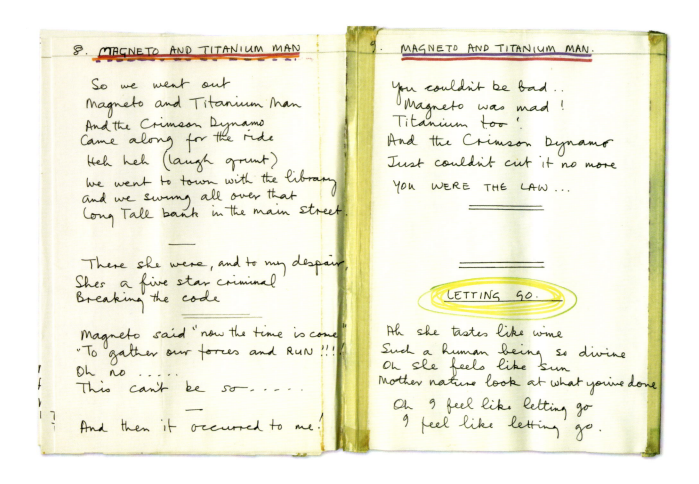

Para mim, esse foi um período fascinante, pois tive a oportunidade de conhecer alguns desses artistas e ver sua obra, até mesmo trabalhar com alguns deles. Na escola em Liverpool ganhei um pequeno prêmio de redação, acho que eu tinha uns dez ou onze anos. O prêmio foi um livro, um adorável livro de arte moderna. Aquilo me deixou fascinado. Mais tarde, quando ganhei um pouco de dinheiro e fui morar em Londres, eu frequentava galerias de arte e comprava pequenos itens artísticos. Em 1966, conheci Robert Fraser, dono de uma galeria, e ele se tornou uma importante influência na minha formação artística. Acabamos criando uma espécie de colaboração mútua. Um tempinho depois, ele nos ajudou muito no *Sgt. Pepper*, me colocando em contato com gente como Peter Blake e Richard Hamilton, e simplesmente saíamos com eles ou íamos a clubes.

Por intermédio de Robert, fui conhecer Andy Warhol nessa mesma época, e ele costumava vir a Londres e íamos jantar ocasionalmente num lugar chamado Baghdad House, que tinha bons *curries*, e uma noite voltamos para minha casa no norte de Londres. Deixamos tudo acertado para que Andy exibisse um filme dele, chamado *Empire*, que ele tinha feito uns anos antes. Consistia numa tomada única do Empire State Building, ao longo de oito horas. Todos nós o assistimos. Foi meio que um entra e sai, mas eu assisti ao lado de Andy. Ele não era de falar muito, não era lá muito fácil de conhecê-lo e, como não havia muito o que falar sobre o filme, não foi exatamente a mais animada das noites.

Portanto, nesta canção eu faço essa alusão ao fato de que os quadrinhos são arte erudita.

Com Robert Fraser.
Londres, 1981

Em 1966, conheci Robert Fraser, dono de uma galeria, e ele se tornou uma importante influência na minha formação artística. Acabamos criando uma espécie de colaboração mútua. Um tempinho depois, ele nos ajudou muito no *Sgt. Pepper*, me colocando em contato com gente como Peter Blake e Richard Hamilton, e simplesmente saíamos com eles ou íamos a clubes.

Acima: "Magneto and Titanium Man" foi lançado como o lado B do single de "Venus and Mars"/ "Rock Show", em 1975.
O personagem Dínamo Escarlate também aparece na capa e na letra

À direita: Turnê *Wings Over the World*. Detroit, 1976

Martha My Dear

COMPOSITORES	Paul McCartney e John Lennon
ARTISTA	The Beatles
GRAVAÇÃO	Trident Studios, Londres
LANÇAMENTO	*The Beatles*, 1968

Martha my dear
Though I spend my days in conversation
Please remember me
Martha my love
Don't forget me
Martha my dear

Hold your head up, you silly girl
Look what you've done
When you find yourself in the thick of it
Help yourself to a bit of what is all around you, silly girl

Take a good look around you
Take a good look, you're bound to see
That you and me were meant to be
For each other, silly girl

Hold your hand out, you silly girl
See what you've done
When you find yourself in the thick of it
Help yourself to a bit of what is all around you, silly girl

Martha my dear
You have always been my inspiration
Please be good to me
Martha my love
Don't forget me
Martha my dear

MEUS PAIS TRABALHAVAM FORA O DIA TODO, E O MEU IRMÃO Mike e eu íamos à escola. Por isso, não ficava ninguém em casa para cuidar de um cachorro. Eu me lembro de que uma vez ouvimos falar que filhotes estavam sendo doados numa rua ali perto, então dobramos a esquina e, pode apostar, lá estava uma bonita ninhada de cachorrinhos. Levamos um filhote muito fofo para casa, mas a minha mãe nos disse que não poderíamos ficar com ele. Ficamos cabisbaixos. Totalmente arrasados.

Quando cresci e estava nos Beatles, adquiri uma casa própria em Londres. Além disso, contratei uma governanta para cuidar da casa. Estava mais que na hora de comprar um cachorro. Sempre gostei da aparência dos antigos cães pastores ingleses, então visitei um canil em Milton Keynes, cerca de uma hora ao norte de Londres, e escolhi essa cadelinha. Dei a ela o nome de Martha.

Tenho quase certeza de que me apaixonei por essa raça, o antigo cão pastor inglês, de tanto ver aqueles anúncios de televisão das tintas Dulux. A Dulux começou a usar um antigo cão pastor inglês como mascote da marca em 1961. É uma coisa terrível de se admitir, mas sou um fã de campanhas publicitárias. O ovelheiro da Dulux parecia tão adorável. Não foi a única escolha que já fiz influenciado pelo que podemos chamar de colocação de produto. Por exemplo, comprei o meu Aston Martin, sobre o qual já falei antes, porque assisti aos primeiros filmes de James Bond e me impressionei muito com o carro.

O fato é que fiquei com a Martha, e ela era uma cachorrinha adorável. Eu simplesmente a adorava. Um dos improváveis efeitos colaterais foi que John se mostrou muito solidário comigo. Quando ele aparecia e me via brincando com Martha, eu percebia que ele gostava dela. John era uma pessoa muito resguardada, e em parte era daí que vinha toda a sua perspicácia. A infância dele foi muito difícil, com o pai saindo de casa, a morte do tio e a perda da mãe, que morreu atropelada. Na época que eu o conheci, ele podia ser muito sarcástico. Não que eu também não pudesse ser. Suponho que lidei com a morte de minha mãe à minha maneira. Nós dois apreciávamos esse tipo de crítica espirituosa. Mas me vendo com Martha, com a guarda baixa, ele subitamente começou a se afeiçoar mais a mim. E então baixou a guarda também.

O engraçado é que na época quase ninguém que ouvia a canção sabia que Martha era uma cadela de estimação. E, na verdade, à medida que a canção progride, Martha se metamorfoseia numa pessoa. Eis que eu tinha um parente que estava tendo um caso e veio a Londres para me deixar a par do assunto. Talvez para algum apoio. Se você for pensar, em 1968, eu representava um sopro de liberdade. Na época, eu estava um pouco fora do círculo. Esse parente podia confiar em mim de uma forma que talvez não fosse possível com outros membros de uma família mexeriqueira de Liverpool. Sou a única pessoa que sabia desse aspecto, que a canção era sobre alguém tendo um caso. Então a ideia de se encontrar em meio ao perigo contida no verso *"When you find yourself in the thick of it"* ganha uma camada extra de pungência.

À esquerda: Com Martha e Eddie. Londres, 1968

Acima: Com Martha. Londres, 1969

Abaixo: Gravando "Martha My Dear". Trident Studios, Londres, 1968

Maxwell's Silver Hammer

COMPOSITORES	Paul McCartney e John Lennon
ARTISTA	The Beatles
GRAVAÇÃO	Abbey Road Studios, Londres
LANÇAMENTO	*Abbey Road*, 1969

Joan was quizzical, studied pataphysical
Science in the home
Late nights all alone with a test tube
Oh oh oh oh
Maxwell Edison majoring in medicine
Calls her on the phone
Can I take you out to the pictures, Joan?
But as she's getting ready to go
A knock comes on the door

Bang bang Maxwell's silver hammer
Came down upon her head
Clang clang Maxwell's silver hammer
Made sure that she was dead

Back in school again, Maxwell plays the fool again
Teacher gets annoyed
Wishing to avoid an unpleasant scene
She tells Max to stay when the class has gone away
So he waits behind
Writing fifty times I must not be so
Oh oh oh
But when she turns her back on the boy
He creeps up from behind

Bang bang Maxwell's silver hammer
Came down upon her head
Clang clang Maxwell's silver hammer
Made sure that she was dead

PC Thirty-One said, we've caught a dirty one
Maxwell stands alone
Painting testimonial pictures
Oh oh oh oh
Rose and Valerie screaming from the gallery
Say he must go free
The judge does not agree and he tells them so
Oh oh oh
But as the words are leaving his lips
A noise comes from behind

Bang bang Maxwell's silver hammer
Came down upon his head
Clang clang Maxwell's silver hammer
Made sure that he was dead

Silver hammer man

A CELERANDO NA AUTOESTRADA DE LONDRES A LIVERPOOL NO já citado Aston Martin, girei o dial e por acaso sintonizei uma produção da BBC Radio 3 da peça radiofônica *Ubu Cocu*. Foi ao ar pela primeira vez em 21 de dezembro de 1965, com reprise em 10 de janeiro de 1966. Pertence a uma trilogia que inclui a mais conhecida *Ubu Rei*, do dramaturgo francês Alfred Jarry, e tem como subtítulo "uma extravagância patafísica". "Patafísica" é uma palavra sem sentido inventada por Jarry para zombar de acadêmicos de nariz empinado. Por isso, nesta canção fiquei empolgado ao combinar "*pataphysical*" com "*quizzical*". Com que frequência surge uma chance dessas? Agradava-me o fato de que as pessoas não soubessem necessariamente o que era "patafísica", então eu estava sendo um pouco hermético de propósito.

Maxwell é possivelmente um descendente de James Clerk Maxwell, o pioneiro do eletromagnetismo. Edison é obviamente um parente de Thomas Edison. São dois tipos de inventores. Aqui, uma parte da diversão é que Edison está conectado à lâmpada e ao fonógrafo, e ali estávamos nós, fazendo discos para gramofones. Por sinal, as lâmpadas de nossa criatividade não param de acender sobre nossas cabeças quando esses pequenos vislumbres acontecem. "*Edison*" e "*medicine*". "*Valerie*" e "*gallery*".

O caso de Maxwell é que ele é um assassino serial, e ele não tem um martelo doméstico comum, mas eu o visualizo como um daqueles martelinhos que os médicos usam para bater em seu joelho. Só que não é feito de borracha. É de prata.

Eu também invoco o mundo infantil das cantigas de ninar, onde as pessoas sempre estão sendo decapitadas – e, claro, também temos a Rainha de Copas de *Alice no País das Maravilhas*, que sempre diz: "Cortem a cabeça deles!". Ian Brady e Myra Hindley, os "assassinos da charneca", foram condenados à prisão perpétua em 1966 por cometerem assassinatos em série. É bem provável que esse caso estivesse em minha mente, já que foi notícia de primeira página no Reino Unido.

Eu estava muito animado com esta canção, mas demorou um pouco para gravá-la, e o pessoal estava começando a ficar irritado comigo. Esse período de gravação coincidiu com a visita de Robert Moog ao estúdio Abbey Road. O inventor do sintetizador Moog, em pessoa! Fiquei fascinado com o que podia ser feito com esses novos sons. Por essas e outras que a gravação demorou um pouco mais do que nossas canções costumeiras. Nada exagerado se compararmos com os padrões de hoje – foi algo como uns três dias –, mas um bom tempo para os padrões da época. Esta canção também faz uma analogia sobre quando algo dava errado assim, do nada. Nessa época eu começava a descobrir que isso estava acontecendo em nossos negócios. Na hora de gravar, as sessões sempre eram boas. Não importavam os nossos problemas pessoais, não importava o que estava rolando na parte comercial: no minuto em que sentávamos para fazer uma canção, estávamos em boa forma. Até o final sempre foi uma grande alegria trabalharmos juntos no estúdio.

Então lá estávamos nós, gravando uma canção como "Maxwell's Silver Hammer" e sabendo que nunca teríamos a oportunidade de tocá-la ao vivo. Essa possibilidade era nula. A canção levou na cabeça uma daquelas marteladas, como as vítimas de Maxwell. Bang, bang.

À esquerda: Com o sintetizador Minimoog. Lagos, 1973

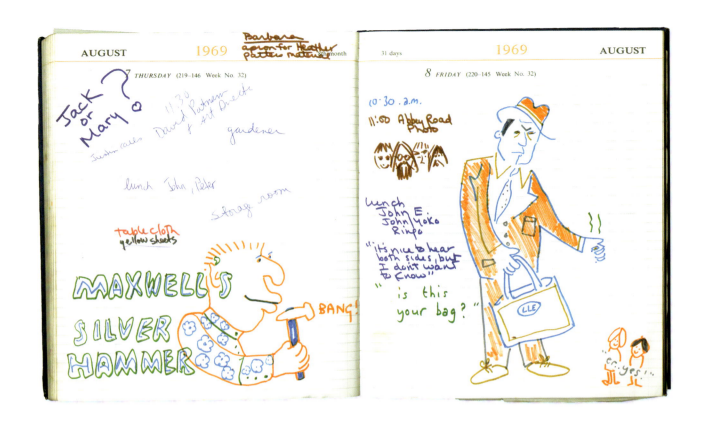

Anotação na agenda incluindo o horário da sessão fotográfica para a capa do álbum *Abbey Road*, agosto de 1969

Então lá estávamos nós, gravando uma canção como "Maxwell's Silver Hammer" e sabendo que nunca teríamos a oportunidade de tocá-la ao vivo. Essa possibilidade era nula. A canção levou na cabeça uma daquelas marteladas, como as vítimas de Maxwell. Bang, bang.

Maybe I'm Amazed

COMPOSITOR	Paul McCartney
ARTISTA	Paul McCartney
GRAVAÇÃO	Abbey Road Studios, Londres
LANÇAMENTO	*McCartney*, 1970

Baby, I'm amazed at the way you love me all the time
And maybe I'm afraid of the way I love you
Maybe I'm amazed at the way you pulled me out of time
You hung me on a line
Maybe I'm amazed at the way I really need you

Baby, I'm a man
Maybe I'm a lonely man who's in the middle of something
That he doesn't really understand
Baby, I'm a man
And maybe you're the only woman who could ever help me
Baby, won't you help me to understand

Maybe I'm amazed at the way you're with me all the time
Maybe I'm afraid of the way I leave you
Maybe I'm amazed at the way you help me sing my song
You right me when I'm wrong
And maybe I'm amazed at the way I really need you

DAS MINHAS CANÇÕES, ESTA É SUPOSTAMENTE A FAVORITA DE Liza Minnelli. Eu esperava que ela fosse escolher algo mais próximo de uma baladinha. Mas ela gosta mesmo é desta. A canção data do período em que, no finzinho dos anos 1960, Linda e eu fomos morar juntos pela primeira vez. Assim como Linda queria fugir da sociedade de Nova York - as constrições de Park Avenue e Scarsdale -, eu queria fugir do que os Beatles haviam se tornado. Eu ansiava por uma rota de fuga, ela também. Por isso, tínhamos a sensação de que puxávamos um ao outro para fora do tempo (*"out of time"*).

Embora a canção tenha sido escrita logo após a separação dos Beatles, não sei como ela acabou incluída na rubrica Lennon-McCartney, à qual ela não pertence. Foi uma de minhas primeiras canções solo, mas, por causa do acordo, acabou sendo capturada pela rede de publicação. Isso foi muito irritante.

Na verdade, Linda e eu provavelmente já éramos casados, porque agora consigo me visualizar sentado ao belo piano Steinway preto que obtivemos após nosso casamento. Eu estava tocando nele um dia, e esta canção me veio - a ideia central é que muitas vezes existe uma divisão entre o interno e o externo. Por exemplo, esta manhã eu estava na academia, olhando as moças na tevê, e pensei: "Ah, meu Deus, na realidade, eu não deveria estar fazendo isso, porque sou casado. Se as pessoas soubessem o que passou pela minha cabeça, eu ficaria arrasado". Você pode pensar em qualquer coisa e, por isso, pensa em qualquer coisa. Cabe à sua consciência verificar e controlar.

Utilizo isso para dar um exemplo extremo do quão intenso é o tipo de conversa interior que está acontecendo na canção. Medo, solidão: esses elementos se destacam. Por si só, *"Maybe I'm afraid of the way I love you"* é uma ideia perturbadora.

É verdade que estou me dirigindo a Linda, mas também é verdade que estou lidando com a ficção. Começando por mim mesmo, os personagens que aparecem em minhas canções são imaginados. Nunca é demais bater nessa tecla. Sei que em alguns setores parece que você não pode escrever sobre gays a menos que seja gay, ou sobre ásio-americanos, a menos que você seja ásio-americano.

Acho isso uma bobagem. É como dizer que, só porque James Joyce não era judeu, ele não deveria ter escrito sobre Leopold Bloom. O conceito principal de ser um escritor é ter a liberdade para escrever sobre qualquer coisa. Na verdade, faz parte do seu trabalho acessar lugares em que outras pessoas talvez não se sintam à vontade.

Seja como for, esta canção é um modo não convencional de apresentar um relacionamento ou de focar algumas das contradições que podem surgir quando estamos apaixonados. Talvez seja por isso que Liza Minnelli goste tanto dela. A canção escancara a fragilidade do amor.

(13) Maybe I'm Amazed.

Baby I'm Amazed at the way you
love me all the time,
and maybe I'm afraid of the way I love you
Maybe I'm amazed at the way you pulled
me out of time, hung me on a line,
and maybe I'm amazed at the way I really
need you.

MIDDLE
Baby I'm a man, maybe I'm a lonely man
whose in the middle of something
that he doesn't really understand
Baby I'm a man maybe you're the
only woman who could ever help me,
Baby won't you help me to understand,

Maybe I'm amazed at the way you're
with me all the time,
& maybe I'm afraid of the way I leave you
maybe I'm amazed at the way you

(13) maybe I'm amazed (cont....)

help me sing my song,
right me when I'm wrong,
and maybe I'm amazed at the way I
really need you.

MIDDLE
Baby I'm a man, (REPEAT,) - - - - -

(14) Kreen-Akrore
— instrumental.

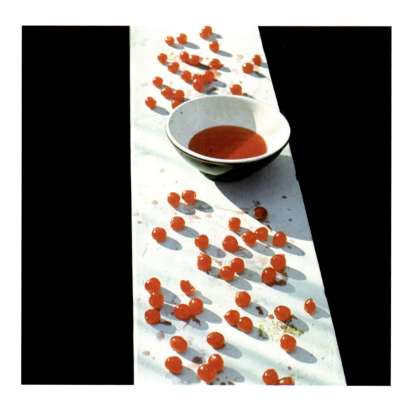

À esquerda: Linda. Antígua, 1969. A foto que ela tirou das cerejas ao lado dela mais tarde foi utilizada na capa de *McCartney*, 1970

À esquerda: Linda. Londres, 1969

À direita: Linda na fazenda. Escócia, 1970

Medo, solidão: esses elementos se destacam. Por si só, *"Maybe I'm afraid of the way I love you"* é uma ideia perturbadora.

Michelle

COMPOSITORES	Paul McCartney e John Lennon
ARTISTA	The Beatles
GRAVAÇÃO	Abbey Road Studios, Londres
LANÇAMENTO	*Rubber Soul*, 1965

Michelle, ma belle
These are words that go together well
My Michelle

Michelle, ma belle
Sont les mots qui vont très bien ensemble
Très bien ensemble

I love you, I love you, I love you
That's all I want to say
Until I find a way
I will say the only words I know that
    you'll understand

Michelle, ma belle
Sont les mots qui vont très bien ensemble
Très bien ensemble

I need to, I need to, I need to
I need to make you see
Oh what you mean to me
Until I do I'm hoping you will know what I mean
I love you

I want you, I want you, I want you
I think you know by now
I'll get to you somehow
Until I do I'm telling you so you'll understand

Michelle, ma belle
Sont les mots qui vont très bien ensemble
Très bien ensemble

And I will say the only words I know that
    you'll understand
My Michelle

JOHN, POR SER MAIS VELHO E CURSAR A FACULDADE DE ARTES, me levava a festas desse meio. Eu me lembro de ter ido a um desses eventos e ter ficado sentado num canto com meu suéter preto de gola polo, tentando parecer interessante para aquele povo mais velho. Levei comigo o violão e comecei a tocar uma canção que parecia francesa e a emitir sons guturais. Eu torcia para que alguém pensasse que eu era francês, quem sabe até um intelectual francês.

Foi aí que tudo começou, com a minha lembrança de ter forjado essa canção francesa que deve ter sido influenciada por "Milord", de Édith Piaf, grande sucesso de 1959. "Milord" era interessante porque era surpreendente e difícil de rotular, enquanto outras canções você sabia de que gênero elas eram. Em "Milord", Piaf adota o velho truque de desacelerar o andamento da canção. Acho que guardei essa lembrança para uso posterior.

Outro elemento é o fato de que George Harrison e eu gostávamos de aprender novos acordes e encontrar um jeitinho de inseri-los nas canções. Conhecíamos um cara chamado Jim Gretty, que trabalhava na Hessy's, loja de instrumentos musicais em Liverpool. Adorávamos entrar nessa loja, embora isso significasse ter que pagar os nossos carnês de crediário, porque, é claro, tínhamos comprado guitarras a prazo. Jim Gretty ficava atrás do balcão da Hessy's, tocando um pouco de guitarra, como esses caras das lojas de música costumam fazer. Admirávamos a destreza dele. Ele era bem mais avançado do que nós. Escutamos ele tocar um acorde especialmente exuberante, e ele se deu ao trabalho de nos mostrar. Era o que conhecíamos como acorde de Fá, uma forma simples de Fá, logo na primeira posição, junto à pestana. Mas Jim usou mais dois dedos para cobrir as duas primeiras cordas na quarta casa, que seriam Lá bemol e Mi bemol, dando um componente extra ao acorde de Fá. O bom era que ele mostrava para nós dois, porque era certo que íamos lembrar. Se George se esquecia, eu me lembrava, e vice-versa. Chamamos esse exuberante acorde Fá de Gretty de "Fá demente".

Nos Beatles, sempre estávamos procurando canções novas, e John uma vez me disse: "Lembra daquela coisa francesa meio besta que você costumava fazer nas festinhas?". Acontece que eu tinha me encontrado com Ivan Vaughan, que provavelmente era meu melhor amigo na escola. Nessa época, ele já estava no University College London para estudar os clássicos. Ele e a esposa dele, Jan, moravam em Islington, e eu costumava visitá-los. Jan ensinava francês, então perguntei se ela poderia pensar numa rima para "Michelle", duas sílabas. Ela disse "*Ma belle*". E como é que se diz em francês "palavras que combinam bem"? E Jan também me deu "*sont les mots qui vont très bien ensemble*". Você deve pronunciar o "b" em "*ensemble*". Eu sempre dizia "*ensemble*" com um "b" mudo.

Além do "Fá demente", cujo nome oficial é algo como "Lá em nona aumentada", inseri um segundo acorde travesso. Mais uma vez, não sei o nome - talvez Ré com diminuta? Eu o pincei do álbum dos Coasters, *Along Came Jones*. Juntei esses dois acordes nessa melodia e fiquei grunhindo como um sujeito francês, e ali estava "Michelle".

À esquerda: Com Ivan Vaughan e o filho dele. Londres, 1968

Acima, à esquerda e à direita: Em casa em Liverpool, fotografado pelo irmão, Mike, fim dos anos 1950

Mother Nature's Son

COMPOSITORES Paul McCartney e John Lennon
ARTISTA The Beatles
GRAVAÇÃO Abbey Road Studios, Londres
LANÇAMENTO *The Beatles*, 1968

Born a poor young country boy
Mother Nature's son
All day long I'm sitting singing songs
For everyone

Sit beside a mountain stream
See her waters rise
Listen to the pretty sound of music
As she flies

Find me in my field of grass
Mother Nature's son
Swaying daisies
Sing a lazy song beneath the sun

Mother Nature's son

Ao alto e acima: Com o irmão, Mike, e a mãe, Mary. Fim dos anos 1940

O PESSOAL USA A EXPRESSÃO "VIVENDO NO LIMITE". NÓS LITERALmente morávamos no limite – ou seja, na periferia da cidade de Liverpool, porque minha mãe era parteira e, sempre que um novo conjunto habitacional era construído, o conselho fornecia habitação para essa categoria. A cidade continuava se espalhando como se fosse uma mancha. Nesse caso, a casa da parteira ficava na Western Avenue, e lembro de minha mãe pedalando na neve em sua bicicleta.

Depois disso, fomos transferidos a uma nova residência na 12 Ardwick Road, no subúrbio chamado Speke, a uns dez minutos de bicicleta pela estrada ou cinco minutos de ônibus. Muitas casas estavam sendo construídas. Havia canteiros de obras por toda parte, e a estrada ainda não estava bem pronta, por isso no inverno era lamacenta. Brincávamos nos canteiros de obras, esses locais perigosíssimos. Uma vez tirei meu irmão de um poço de cal, porque ele não conseguia escalar a lateral íngreme e escorregadia. Era assustador, mas éramos crianças e não havia nada melhor do que estar ali. Aquele era o nosso playground.

Se você andasse um quilômetro e meio além de onde morávamos, de repente se encontrava na área rural de Lancashire – e era como se você tivesse chegado aos confins da Terra. Nada mais do que matas, riachos e ondulantes lavouras douradas – tudo o que você ama no campo. Ali havia uma abundância de passarinhos porque, naquela época, a produção era mais ou menos orgânica. Simplesmente não usavam pesticidas e fertilizantes caros; a natureza estava bem mais em equilíbrio.

Então isso era algo que eu costumava fazer – simplesmente sair andando, seja floresta adentro ou riacho acima, ou subir numa árvore, ou vagar pelos campos e ser perseguido por fazendeiros. Até hoje, quando faço uma caminhada em meus próprios campos, ou percorro a minha fazenda a cavalo, muitas vezes penso nesses fazendeiros: "Saia daqui! Está destruindo a minha lavoura!".

Existia um forte senso interiorano, e eu tive muita sorte de acessá-lo com tanta facilidade. Tive o privilégio - a alegria, na verdade - de presenciar o voo da laverca, uma espécie de cotovia. É uma ave que alça voo do nada no meio da campina, verticalmente, cantando sem parar, e vai subindo pela coluna de ar até chegar bem alto, então interrompe o canto e só desce planando. É assim que ela afasta os invasores para longe do ninho dela, esvoaçante como o violino solo em *The Lark Ascending* ("A ascensão da cotovia"), a adorável peça musical de Ralph Vaughan Williams. Agora é uma memória dourada. A maioria das pessoas que eu conheço hoje em dia nunca viu esse comportamento da laverca, mas para mim foi uma experiência poderosíssima, a pura glória da natureza. Lá estava eu, morando em Londres, e imaginando isso, tentando pensar como um menino do interior. "Mother Nature's son", filho da Mãe Natureza.

"*Sit beside a mountain stream*" - só que não teria sido bem assim; os riachos de minha infância eram nos campos ou nas matas, e não nas montanhas. "*See her waters rise/ Listen to the pretty/ Sound of music as she flies*". Eu era muito fascinado por riachos, e ainda sou. Eu gosto de vê-los escavando seu caminho até o mar ou para onde quer que estejam indo. Definitivamente, "*My field of grass*" é uma referência à "erva", porque naquela época todos nós fumávamos maconha e, como você deve se lembrar, eu sempre gostava de fazer ligeiras menções a isso. Eu só incorporava as expressões porque eu gostava de fazer uma piadinha interna.

A canção foi parcialmente inspirada na visita a Rishikesh com o Maharishi, bem como em "Nature Boy", de Nat King Cole, mas eu lembro que eu a compus na casa do meu pai em Liverpool. Eu estava em minha *vibe* de cantos folclóricos como "California", só que o terreno verdadeiro era Speke ou, mais tarde, a Escócia. Margaridas e botões-de-ouro ondulantes - lembranças de verão nos belos campos. Esta é uma canção de amor - uma canção de amor pelo mundo natural.

À esquerda: Irlanda, 1971

À direita: A cavalo com o irmão Mike. País de Gales, fim dos anos 1940

MOTHER NATURES SON.

1. Born a poor young country boy
Mother Natures son,
All day long I'm sitting singing songs
For everyone.

2. Sit beside a mountain stream
See her waters run,
Listen to the pretty sound of music
As she flies ....
Mother Natures son

Passeio a cavalo em Sussex, fotografado pela filha Mary, 2020

Mrs. Vandebilt

COMPOSITORES	Paul McCartney e Linda McCartney
ARTISTA	Paul McCartney e Wings
GRAVAÇÃO	EMI Studios, Lagos; e AIR Studios, Londres
LANÇAMENTO	*Band on the Run*, 1973

Down in the jungle, living in a tent
You don't use money, you don't pay rent
You don't even know the time
But you don't mind

Ho hey ho

When your light is on the blink
You never think of worrying
What's the use of worrying?
When your bus has left the stop
You'd better drop your hurrying
What's the use of hurrying?
Leave me alone Mrs. Vandebilt
I've got plenty of time of my own

What's the use of worrying?
What's the use of hurrying?
What's the use of anything?

Ho hey ho

When your pile is on the wane
You don't complain of robbery
Run away, don't bother me
What's the use of worrying?
What's the use of anything?
Leave me alone Mrs. Washington
I've done plenty of time on my own

What's the use of worrying?
What's the use of hurrying?
What's the use of anything?

Ho hey ho

Logo que formamos os Beatles, era comum nos perguntarem se estávamos preocupados com a possibilidade de fazermos parte do "Establishment" - para nós, o The Establishment era só um clube de Londres. Não sabíamos que fazer parte do "Establishment" significava "fazer parte do sistema", do *status quo*. Claro, insistíamos que não fazíamos parte de nada sofisticado. Conhecíamos umas pessoas sofisticadas, mas era só isso.

Se você estivesse em um programa de perguntas e respostas e tivesse que dar uma lista de nomes representativos da elite financeira, citaria Rockefeller, Getty, Vanderbilt. Você conhece certos nomes porque eles estão nos jornais o tempo todo - os ricaços.

O problema de ser rico é que as coisas atreladas a isso costumam ser muito incômodas. Por exemplo, tenho um pequeno veleiro no qual posso navegar sozinho. Sou capaz de colocá-lo na água e guardá-lo sozinho. Outro dia, alguém me lembrou que ele mais parecia um barquinho de criança. Respondi: "Ok, sou uma criança". Não sei bem se me entenderam. Eu simplesmente não quero um barco maior, do tipo que os "adultos" podem ter. Se eu tiver um barco maior, vou precisar de uma tripulação, e eu não quero uma tripulação.

O problema de conhecer a sra. Vandebilt é que isso envolve muitas regras da sociedade. Tenho que promover coquetéis para todo esse pessoal de quem não gosto. Sou o tipo de pessoa que vai a um coquetel da sra. Vandebilt - uma vez só.

É assim que eu levo a minha vida. A ideia de que o alternativo é a norma me atrai. E, às vezes, mergulho ou brinco com esse outro mundo que eu realmente não quero e ao qual nunca vou pertencer de verdade. "*Down in the jungle, living in a tent/ You don't use money, you don't pay rent*" é o estribilho de uma canção do comediante britânico Charlie Chester, um dos ídolos do rádio quando eu era criança. Também passa uma visão de mundo que considero muito atraente. Virar hippie. Romper com o sistema.

Não quero que a sra. Vandebilt ou a turma dela se intrometam em meus momentos de tranquilidade. Ela vai colocar tudo a perder para mim. Vai me fazer obedecer a regras às quais não quero obedecer. Vai me arrastar para cima em sua nuvem de dinheiro, influência e autoridade, mas prefiro passar o meu tempo com as Eleanor Rigbys mundo afora.

Assim como a sra. Vandebilt se transforma na sra. Washington, que representa a capital política dos EUA, a expressão "*I've got plenty of time of my own*", sobre tempo livre, se metamorfoseia em "*I've done plenty of time on my own*", sobre tempo na prisão. Esta canção foi escrita bem antes de eu ser preso em 1980 no Japão, quando passei nove noites na cadeia por posse de maconha, mas eu também já havia sido preso umas duas vezes em Hamburgo. Só durante o dia, sem passar a noite. Portanto, esse sentimento me era familiar.

Em suma, a sra. Vandebilt é uma figura de autoridade, riqueza, regras e dinheiro, alguém com quem o protagonista da canção não quer manter contato. Ele quer ser deixado em paz. E é assim que eu sou, sem tirar nem pôr. Entrar na mata, passear a cavalo, fazer uma trilha... São essas coisas que me deixam mais feliz. Sempre que surge uma oportunidade, eu gosto de ficar a sós no meio da floresta.

MRS. VANDEBILT

Down in the jungle living in a tent
You don't use money, you don't pay rent
 "   "   "   even know the time
But you don't mind

CHORUS HO HEY HO
       "   "   "
       "   "   "
       "   "   "

When your light is on the blink
You never think of worrying
What's the use of worrying?
When your bus has left the stop
You'd better drop your hurrying
What's the use of   "   ?
Leave me alone Mrs. Vandebilt
I've got plenty of time of my own
What's the use of worrying?
  "   "   "   " hurrying?
  "   "   "   " anything?

CHORUS HO HEY HO

What's the use of worrying?
                 hurrying?
                 anything?

HO HEY HO

When your pile is on the wane
You don't complain of robbery
Run away don't bother me
What's the use of worrying?
　　　　　　　　anything?
Leave me alone Mrs. Washington,
I've done plenty of time on my own
What's the use of worrying?
　　　　　　　hurrying? (no use!)
　　　　　　　anything?

CHORUS HO HEY HO

Acima: Andando a cavalo. Sussex, 1992

À esquerda: Veleiro *Sunfish*, 1990

À direita: Menorca, 1986

Mull of Kintyre

COMPOSITORES	Paul McCartney e Denny Laine
ARTISTA	Wings
GRAVAÇÃO	Spirit of Ranachan Studio, Escócia
LANÇAMENTO	Single com duplo lado A: "Mull of Kintyre"/ "Girls' School", 1977

Mull of Kintyre
Oh mist rolling in from the sea
My desire is always to be here
Oh Mull of Kintyre

Far have I travelled and much have I seen
Dark distant mountains with valleys of green
Past painted deserts, the sunset's on fire
As he carries me home to the Mull of Kintyre

Mull of Kintyre
Oh mist rolling in from the sea
My desire is always to be here
Oh Mull of Kintyre

Sweep through the heather like deer in the glen
Carry me back to the days I knew then
Nights when we sang like a heavenly choir
Of the life and the times of the Mull of Kintyre

Mull of Kintyre
Oh mist rolling in from the sea
My desire is always to be here
Oh Mull of Kintyre

Smiles in the sunshine and tears in the rain
Still take me back where my memories remain
Flickering embers grow higher and higher
As they carry me back to the Mull of Kintyre

Mull of Kintyre
Oh mist rolling in from the sea
My desire is always to be here
Oh Mull of Kintyre

A CANÇÃO FOI GRAVADA NA ESCÓCIA, NUM PEQUENO ESTÚDIO da fazenda, uma unidade móvel que havíamos montado. Infelizmente, era um espaço muito pequeno para colocar todos os componentes da banda de gaita de foles. Se você estiver em uma sessão orquestral, os músicos contam "Um dois três quatro, dois dois três quatro...", mas em uma banda de gaita de foles escocesa não. Eles contam: "Um dois três quatro cinco seis sete oito nove dez onze doze...", o que era ótimo. Os ingleses só chegam no quatro!

Lá por meados dos anos 1970, já estávamos havia um bom tempo morando na fazenda. Acontece que ela se situa em Kintyre, não exatamente no Penhasco de Kintyre (Mull of Kintyre). Acho que muitos ingleses, ou pessoas não gaélicas, têm um sonho gaélico, uma ideia romântica sobre a história escocesa ou a história irlandesa, e quando nossos ancestrais são da Irlanda, como os meus, isso se torna ainda mais importante, porque você tem o direito de entrar no sonho. Logo que nos conhecemos, John tinha parentes escoceses e ele ia para lá e se hospedava numa fazenda, e eu pensava: "Uau, isso é extremamente romântico". Por isso, esta canção foi uma maneira de me conectar a esse sentimento e ficar orgulhoso dessa região onde eu morava. Um dia, me ocorreu que não havia novas canções escocesas; havia muitas e excelentes canções antigas que as bandas de gaita de foles tocavam, mas ninguém estava compondo algo novo. Era a oportunidade de ver se eu conseguia. Uma nova canção escocesa escrita por um não escocês? Seria no mínimo divertido.

Como artista, uma das coisas que você faz é tentar imbuir de sentido, e quem sabe até mesmo reverenciar o local onde você se encontra. Você faz isso por seu torrão natal, e sempre tentei fazer isso por Liverpool porque tenho orgulho de ser de lá. Eu realmente gosto de me lembrar de onde eu vim; isso não só homenageia o lugar, mas me lembra o quão longe eu cheguei. Isso tem uma relação com o sistema de classes no Reino Unido - e se a pessoa veio de um lugar considerado bastante humilde e obtém sucesso, isso é tido como uma conquista e tanto. E é fonte de uma considerável satisfação.

Quando Linda e eu fomos apresentados e começamos a nos conhecer, ela disse: "Você tem uma propriedade na Escócia? Ouvi dizer que você tem". Para falar a verdade, eu não estava muito entusiasmado na época, mas, quando subimos lá, ela me disse: "Ah, este lugar é fantástico. Eu adorei!". Também achei tudo muito encantador, então fiquei muito contente em romantizá-lo. Tentei me colocar no lugar de itinerantes, soldados voltando para casa, e naquele sonho de voltar para o belo interior, a bela aldeia. O ponto de vista de quem volta para casa reside no fundo da alma de cada um. Às vezes, tocamos esta canção em shows quando estamos em turnê em países estrangeiros, como Canadá e Nova Zelândia. Temos uns seguranças que são escoceses e notamos que eles inflam o peito.

Quando chegou a hora de gravar, convidei o mestre da banda de gaita de foles, um senhor chamado Tony Wilson, para entrar na casa com o instrumento. A casa não era muito grande, e ele tocou tão alto que eu disse: "Que tal irmos para o jardim?". Mas o jardim também não era muito grande. Ficamos ali tocando, e tive umas ideias. Descobri quais acordes funcionariam com o que ele estava tocando - em qual tonalidade ele estava, porque você não pode mudar de tonalidade na gaita de foles; o que você escuta é aquilo mesmo. Compus a can-

ção e gravamos os canais básicos. Dias depois, fizemos uma sessão de gravação noturna, regada a muita cerveja McEwan's para todos os membros da banda. Claro, só puderam beber ao final do trabalho, até porque uns deles eram muito jovens e tudo poderia ter ido por água abaixo. E lá estavam eles, todos vestidos em seus kilts escoceses. Foi muito emocionante ouvir a banda tocar; foi tão barulhento, e eles conseguiram em poucos *takes*. A noite foi divertidíssima, e todo mundo adorou. "Com certeza, vai chegar ao topo da parada!".

Mas o que eu temia, e os demais também, era que estávamos em pleno ano de 1977; não podíamos lançar a canção no auge do punk. Quer dizer, era uma loucura, mas daí pensei: "Que se dane". E, embora eu fosse um forasteiro, "Mull of Kintyre" tornou-se uma grande canção escocesa. Permaneceu nove semanas no primeiro lugar, e acho que ainda é o quarto single mais vendido de todos os tempos no Reino Unido, ou algo assim. E o mais estranho é que até os punks curtiram. Um dia, Linda e eu estávamos no trânsito londrino, no West End, e tinha uma grande gangue de punks, de aparência muito agressiva, e meio que nos encolhemos dentro do carro, tentando não ser notados e pensando: "Jesus, o que é que eles vão fazer?". De repente, eles nos avistaram e um deles veio até o carro, eu tive de abaixar um pouco o vidro e ele disse: "Ei, Paul, aquela 'Mull of Kintyre' é boa pra caramba!".

Acima: Com Tony Wilson, líder da banda de gaita de foles. Escócia, 1977

À direita: Campbeltown Pipe Band. Escócia, 1977

Acima, à esquerda e à direita: Com Wings e Campbeltown Pipe Band. Spirit of Ranachan Studio, Escócia, 1977

À direita (embaixo): Mary e Stella preparando refrescos para a Pipe Band após a gravação de "Mull of Kintyre", 1977

MULL OF KINTYRE.

Chorus.
Mull of Kintyre
Oh mist rolling in from the sea
My desire is always to be here
Oh mull of Kintyre.

(1) Far have I travelled & much have I seen
Dark distant mountains with vallies of green
Past painted deserts the sun sets on fire
as he carries me home to the mull of Kintyre.
— CHORUS   mull of Kintyre.

✱ 4 Bars PIPE BAND — drone starting.
KEY CHANGE TO D — PIPE SOLO (chorus.)

(2) Sweep through the heather, like deer in the glen
Carry me back ~~where my memories remain~~ to the days I knew then.
Nights when we sang like a heavenly choir
of the life and the times of the mull of Kintyre.
CHORUS ——— PIPE RIFF   D — to A
                              Repeat. once.

(3) (BACK IN **A**.)
  Smiles in the sunshine - tears in the rain
Carry me back where my memories remain
Flickering embers grow higher & higher
as they carry me back to the mull of Kintyre.
CHORUS mull of Kintyre. (TWICE) CHORUS in D...
      PIPE RIFF — D to A ~~fade out~~ END.

MULL

CHORUS

   ― A ――――――――― D maj7 ―――
Mull of Kintyre   Oh mist rolling in
                         ― A ―
                from the sea

 A ―――――――――― D maj7 ―――――
My desire is always to be here Oh
   ― A ―――――― A
    Mull of Kintyre ..

                ≈≈≈≈≈≈

① D ― A ―――――
Far have I travelled, + much have I seen
  ― D ―――――――――――――― with A ―――――
  Dark distant mountains A vallies of A green
A ――――――――――――――――――――
Past painted deserts the sun sets on fire
      ― D ――――― home   ― E ―――― A
While As it carries me back to the § Mull of Kintyre.
                4 BARS in A

CHORUS   Drones start up under 4 bars.
                 Into D ― melody starts. Solo

    verse Sweep through   heather like
③ D ― Sheep in the meadow, + deer in the glen
                           g
Carry me back to the days we knew then
  A OF
     Nights when we sang like a heavenly choir
    OF
(in) of the life and the times of The Mull of Kintyre.

  D CHORUS...

② Smiles in the sunshine & tears in the rain
    Still take me back where my memories
                               remain
    Flickering embers grow higher + higher
    As they carry me back to the M. of K.

CHORUS   D ―
                 D drones ― A drone - chanter in A.

    I'm carrying?..

My Love

COMPOSITORES	Paul McCartney e Linda McCartney
ARTISTA	Paul McCartney e Wings
GRAVAÇÃO	Abbey Road Studios, Londres
LANÇAMENTO	Single, 1973
	Red Rose Speedway, 1973

And when I go away
I know my heart can stay with my love
It's understood
It's in the hands of my love
And my love does it good
My love does it good

And when the cupboard's bare
I'll still find something there with my love
It's understood
It's everywhere with my love
And my love does it good
My love does it good

I love
My love
Only my love holds the other key to me
My love
My love
Only my love does it good to me
My love does it good

Don't ever ask me why
I never say goodbye to my love
It's understood
It's everywhere with my love
And my love does it good
My love does it good

I love
My love
Only my love does it good to me

Acima: Sessões de gravação de "My Love" com Denny Seiwell e Henry McCullough. Abbey Road Studios, Londres, 1972

CERTA VEZ, STEPHEN SONDHEIM E EU BATEMOS UM PAPO MUITO agradável, sobre vários assuntos, até que a conversa desembocou em métodos de composição de letra e música. Quando ele me perguntou qual era o meu processo, contei a ele que o meu primeiro passo é encontrar os acordes. Quais acordes funcionam bem juntos, qual progressão sugere uma nova melodia. Ele pareceu um pouco surpreso com o fato de que tudo que eu fazia era com base nos acordes. Para ele, tudo se resumia à melodia e ao contraponto, como várias melodias funcionam juntas e se complementam. Nunca me ocorreu que as composições dele e a música clássica não fossem baseadas em acordes, então foi uma visão interessante de como a música clássica é escrita.

A sessão para gravar "My Love" no Abbey Road foi muito legal porque o nosso guitarrista, Henry McCullough, um jovem da Irlanda do Norte, desempenhou um papel importante nela. Elaboramos um solo no ensaio, porque no estúdio a gravação seria ao vivo com uma orquestra. E eu me lembro de que Henry ficou andando pelo estúdio antes de um dos *takes* até me sussurrar que tinha uma ideia para um solo. Queria saber se eu o autorizava a experimentar. Eu poderia ter dito não. Poderia ter dito que preferia que ele seguisse o roteiro, mas eu disse: "Sim, claro".

E o solo surgiu como num passe de mágica. Nenhum de nós tinha ouvido aquilo antes. É um solo absolutamente lindo e acho que foi legal de minha parte dar liberdade a Henry, apesar de que ele estava na banda havia cerca de um ano apenas. Para ele foi maravilhoso ter a ousadia de pedir a chance e depois agarrá-la.

Mas, sabe como é, essa liberdade é relativa. O solo de Henry e as notas que ele escolheu precisavam necessariamente funcionar dentro do arcabouço desses acordes básicos para se harmonizar com a canção. Nesse sentido, a canção está lhe dando informações – talvez até mesmo instruções.

Até mesmo por trás de uma frase como "*My love does it good*" existe muita história musical e carga semântica. Uma frase como essa é o caso clássico em

À esquerda: Fotografia de Linda intitulada *My Love*. Londres, 1978

À direita: Linda. Espanha, 1972

que o não gramatical se torna, por algum motivo, a escolha ideal. Tudo começou no blues, mas muitas vezes eu penso no duplo negativo usado por Elvis Presley em "*You ain't nothing but a hound dog*". Esse duplo negativo é eficaz porque soa exatamente como as pessoas falam no dia a dia. Por exemplo, em "Getting Better", do *Sgt. Pepper*, usamos a frase "*it can't get no worse*". Essa fala coloquial nos deixou orgulhosos, ainda mais porque a canção se ambientava parcialmente numa sala de aula. Subverter as regras da gramática é sempre uma satisfação. Em vez de escrever "*my love does it well*" ou "*my love does it marvellously*" ou "*my love does it with panache*" ou até mesmo "*my love's a good shag*", o que nós temos é ela fazendo "gostoso". Isso deixa muita coisa por conta da imaginação.

Adoro a ideia de encontrar acordes interessantes, uma melodia que vá além desses acordes e uma letra que funcione com esses dois elementos e, talvez, até seja inspiradora. Assim, eu almejo que a canção se amplie e inspire não só a mim, mas a outras pessoas.

No caso, esta canção é de amor puro, uma reafirmação do meu amor por Linda. Mas, como sempre, não se refere só a "Minha Linda". Refere-se a "Meu amor", para se universalizar, para que outras pessoas se relacionem com ela. Uma coisa que achei particularmente gratificante nesta canção foi o fato de ela ter alcançado grande sucesso nas paradas estadunidenses de R&B, o que foi muito especial, porque isso não era algo normal para mim. Em geral, estou nas paradas brancas, mas as paradas negras, por conta de suas influências, sempre foram importantíssimas para mim. Por isso, foi emocionante imaginar casais negros pensando: "Sim, eu me identifico com isso".

My Love

1. And when I go away, I know my heart can stay with
my love
'its understood, 'its in the hands of
my love, & my love does it good
w-oh!... my love does it good.

2. And when the cupboards bare, I'll still find something there with my love, its understood 'its everywhere with my love, my love does it good. woh!

MIDDLE. I love, oh my love
~~oh this~~
only my love holds the other key
TO IT ME —
Oh my love oh my love
only my love does it good to me.

Solo

Don't ever ask me why
I never say goodbye to my love
'its understood 'it everywhere with
my love
and my love does it good,
only my love does it good to...me.

No set do videoclipe de "My Love". Londres, 1973

Adoro a ideia de encontrar acordes interessantes, uma melodia que vá além desses acordes e uma letra que funcione com esses dois elementos e, talvez, até seja inspiradora. Assim, eu almejo que a canção se amplie e inspire não só a mim, mas a outras pessoas.

My Valentine

COMPOSITOR	Paul McCartney
ARTISTA	Paul McCartney
GRAVAÇÃO	Avatar Studios, Nova York
LANÇAMENTO	*Kisses on the Bottom*, 2012

What if it rained
We didn't care
She said that someday soon the sun was gonna shine
And she was right, this love of mine
My valentine

As days and nights
Would pass me by
I'd tell myself that I was waiting for a sign
Then she appeared, a love so fine
My valentine

And I will love her for life
And I will never let a day go by
Without remembering the reasons why
She makes me certain that I can fly

And so I do
Without a care
I know that someday soon the sun is gonna shine
And she'll be there, this love of mine
My valentine

Vou revelar como tudo aconteceu. Eu já estava apaixonado por minha dama, Nancy, mas ainda não estávamos namorando. Fomos de férias para o Marrocos, a um hotelzinho tranquilo que eu conhecia, mas, como ainda não éramos um casal, ficamos em quartos separados.

Nancy ficou em um quarto, eu em outro, e o meu irmão Mike e a esposa dele, que estavam de férias conosco, também alugaram um quarto. Só que choveu o tempo inteiro. Pagamos aquela dinheirama para vir a esse paraíso, mas podíamos muito bem ter ficado em Manchester!

Apesar da chuva implacável, nos divertimos muito, e o mais bonito é que eu estava conhecendo Nancy, como é normal nesse tipo de situação. Fiquei me desculpando com ela pela chuva, como se a culpa fosse minha. Falei: "Sinto muito, querida, por toda essa chuva". E ela disse: "Não tem importância". E a postura dela foi tão doce que ressoou em mim pra valer. Pensei: "Isso é ótimo".

No saguão do hotel em que estávamos hospedados tinha um pianista, e todas as noites íamos lá embaixo tomar uns drinques e ouvir o cara tocar. Ele era um velho militar irlandês que tinha se radicado no Marrocos por um motivo ou outro - nem ousamos sonhar por que -, só sei que era um cara ótimo. Um craque no piano, ele tocava ao estilo de meu pai, todas as canções antigas, canções que me faziam voltar no tempo. O público se divertia muito, fazia pedidos e depois ia jantar.

O piano ficava no foyer o dia todo, e o pianista só vinha tocar na hora do coquetel, à noitinha, e como a chuva não parava, eu às vezes ia até lá e só ficava brincando com as teclas. Alguns garçons limpavam o ambiente, mas tinha pouca gente ao redor, e isso era bom. Era como o armário embaixo da escada em que eu sempre gosto de entrar para compor. Lá estava eu, só brincando com as teclas e, embora nem tenha percebido isso na época, acho que estava influenciado por ele, o pianista do restaurante, e talvez até pelo meu pai também, já que os meus acordes se embrenharam numa direção meio antiquada. E era 14 de fevereiro, Dia de São Valentim e Dia dos Namorados.

Pensei, como sempre faço quando descubro uma melodia boa: "Como diabos vou me lembrar disto?". Fui correndo ao quarto, peguei minha filmadora portátil (isso foi antes dos iPhones, mas eu tinha uma pequena filmadora), coloquei-a sobre o piano e entoei a canção, para que ao menos eu tivesse a trilha sonora para me lembrar.

Foi tudo muito romântico. Diante do piano, embarquei em todos os tipos de pensamentos amorosos em relação a Nancy, e notei que os garçons que faziam a limpeza começaram a prestar atenção em mim. A gente percebe quando alguém está de orelha em pé, nos escutando, mesmo quando está fingindo apenas fazer o seu trabalho. Mas foi bonito e romântico, foi um momento perfeito, e pensei comigo mesmo: "Não vamos ficar em quartos separados esta noite".

"Não se preocupe, vai ficar tudo bem": sempre gostei muito dessa atitude. *As days and nights/ Would pass me by/ I'd tell myself that I was waiting for a sign*. Essa é a minha filosofia de vida, e foi isso que aconteceu comigo antes de conhecer Nancy. Eu sempre ficava pensando: "Vou ver algo que vai me dizer: 'Ah, esta é a mulher certa para você'". Eu tinha acabado de ir a Paris para o desfile de moda da minha

filha Stella, e aproveitei para comprar um traje cor-de-rosa que estava na vitrine de uma loja, pensando: "Vai ser um presente para minha próxima mulher", e acabei dando o presente a Nancy.

Desde o começo eu sabia que o meu relacionamento com Nancy iria durar, mas tínhamos que mantê-lo em segredo, ao menos por um tempo. Sempre tenho que ficar olhando por cima do ombro em busca de *paparazzi*, então saíamos para fazer as coisas e Nancy não podia ir junto.

Só queríamos anunciar que éramos um casal à nossa maneira, em nosso próprio ritmo, mas eles sempre acabam nos antecipando. E você acaba sempre sendo exposto. Você está numa praia do Mediterrâneo, de mãos dadas em um daqueles inocentes e belos dias primaveris, pensando: "Isso é tão bom, ninguém por perto". E no dia seguinte vai conferir as mídias e descobre que foi fotografado na praia em uma pose nada lisonjeira.

Se eu tivesse que dizer uma palavra sobre Nancy, eu diria que ela é *verdadeira*. Tenho uma bela foto de quando fomos à Casa Branca. Na foto, Nancy e eu estamos conversando com Barack e Michelle Obama, estamos rindo de algo que o presidente disse, e Nancy está prestando muita atenção. Ela é uma pessoa excelente. Multifacetada. Ela gerenciava uma empresa de caminhões, então tem esse lado dela, que é muito de executiva. Nancy tem esse lado administrativo e superprático. É muito interessante entabular uma conversa com ela sobre qualquer assunto. Ela é um doce – realmente, como diz a canção, "*My valentine*".

A expressão "*For life*" nesta canção é algo que Nancy abraçou para valer. Conhecemos o pintor Ed Ruscha, que gosta de usar letras em seus quadros, então ela perguntou se ele podia fazer um quadro para o meu aniversário. É um dos quadros mais bonitos de Ed e diz apenas: "*For life*", para a vida toda.

Acima: Nancy, 2008

MY VALENTINE. FEB 10, 11

① What if it rained
we didn't care
She said that someday soon
The sun was going to shine
And she was right
This love of mine
my valentine.

② As days and nights
would pass me by
I'd tell myself that I
was waiting for a sign
Then she appeared.
A love so fine.
My valentine

[MIDDLE] And I will love her
for life.
I know I'll never
let a day go by
without remembering the reasons why
she makes me certain that I can fly

③ And so I do
without a care.
I know that someday soon
The sun is going to shine
And she'll be there
This love of mine
My valentine

SOLO
(MIDDLE)

VERSE
①

À esquerda: Com Nancy para receber o Prêmio Gershwin de Canção Popular da Biblioteca do Congresso. Casa Branca, Washington, DC, 2010

À direita: Nancy, 2007

Foi tudo muito romântico. Diante do piano, embarquei em todos os tipos de pensamentos amorosos em relação a Nancy, e notei que os garçons que faziam a limpeza começaram a prestar atenção em mim. A gente percebe quando alguém está de orelha em pé, nos escutando, mesmo quando está fingindo apenas fazer o seu trabalho. Mas foi bonito e romântico, foi um momento perfeito.

Nineteen Hundred and Eighty Five	512
No More Lonely Nights	516
The Note You Never Wrote	522
Nothing Too Much Just Out of Sight	528

Nineteen Hundred and Eighty Five

COMPOSITORES	Paul McCartney e Linda McCartney
ARTISTA	Paul McCartney e Wings
GRAVAÇÃO	EMI Studios, Lagos; e AIR Studios, Londres
LANÇAMENTO	*Band on the Run*, 1973
	Lado B do single "Band on the Run" nos EUA, 1974

Oh no one ever left alive
In nineteen hundred and eighty five
Will ever do
She may be right
She may be fine
She may get love but she won't get mine
'Cause I got you

Oh I oh I
Well I just can't get enough of that sweet stuff
My little lady gets behind

Oh my mama said the time
Would come when I would find myself
In love with you
I didn't think
I never dreamed
That I would be around to see it
All come true

Woh I oh I
Well I just can't get enough of that sweet stuff
My little lady gets behind

Acima: Filmagens do documentário *One Hand Clapping*. Abbey Road Studios, Londres, 1974

Q UANDO EU LI *1984*, DE GEORGE ORWELL, EU ERA SÓ UM PIRRAlho, e pensei que o ano ficava em um futuro tão longínquo que eu talvez nem vivesse para vê-lo. O mesmo aconteceu com o filme *2001: uma odisseia no espaço* – e hoje essas datas já ficaram para trás.

A ideia por trás da canção é que esse relacionamento era o nosso destino. Ninguém no futuro distante jamais vai chamar minha atenção, porque eu tenho você. Mas, quando isso foi escrito, 1985 estava doze anos adiante; não era um futuro muito distante – representa o futuro somente nesta canção. Basicamente, esta é uma canção de amor sobre o futuro.

Às vezes, você tenta evitar o uso da palavra "amor" numa canção, mas também já escrevi uma canção perguntando o que há de errado com canções de amor bobinhas. É algo em que eu penso. "Amor" é uma palavra incrivelmente importante e um sentimento incrivelmente importante, porque está acontecendo em todos os lugares, em toda a existência, neste exato momento. Penso no planeta como um todo e em toda a espécie humana. Penso em como agora na China duas pessoas que se amam estão se casando e assumindo o compromisso de passar a vida inteira uma com a outra, ou na América do Sul, agora uma mãe dá à luz um filho e ama esse neném, e o pai também está amando o neném. Meio óbvio onde eu quero chegar: que essa "coisa do amor" é global, realmente universal. E isso vale não só para os humanos, mas também para os animais, dos quais muitas vezes nos esquecemos, e esse elemento em comum supera o fato de que isso pode ser piegas. Mas você está sempre tentando dizer de uma forma que não seja piegas. É por isso que escrevo sobre esse tema.

513

Sessões de gravação de *Band on the Run*. EMI Studios, Lagos, 1973

Às vezes, você tenta evitar o uso da palavra "amor" numa canção, mas também já escrevi uma canção perguntando o que há de errado com canções de amor bobinhas. É algo em que eu penso. "Amor" é uma palavra incrivelmente importante e um sentimento incrivelmente importante, porque está acontecendo em todos os lugares, em toda a existência, neste exato momento. Penso no planeta como um todo e em toda a espécie humana.

NINETEEN HUNDRED AND EIGHTY FIVE.

① Oh No one ever left alive in 1985, will ever
    She may be right   do
     "   "   " fine
    She may get love but she won't get mine
      Cos I got you
       Oh I — Oh I
   Well I just cant get enough of that sweet
     stuff my little lady gets behind

INTERLUDE

② → Oh my mama said the time would come when I would
    In love with you   find myself.
    I didn't think
    I never dreamed ~~that I would be around~~
   That I would be around to see it all come
     with I — Oh I   true
   Well I just cant get enough of that sweet stuff
    My little lady gets behind.

INTERLUDE

Repeat ①

FINALE

No More Lonely Nights

COMPOSITOR	Paul McCartney
ARTISTA	Paul McCartney
GRAVAÇÃO	AIR Studios, Londres
LANÇAMENTO	Single, 1984
	Give My Regards to Broad Street, 1984

I can wait another day
Until I call you
You've only got my heart on a string
And everything aflutter

But another lonely night
Might take forever
We've only got each other to blame
It's all the same to me, love
'Cause I know what I feel to be right

No more lonely nights
No more lonely nights
You're my guiding light
Day or night I'm always there

May I never miss the thrill
Of being near you
And if it takes a couple of years
To turn your tears to laughter
I will do what I feel to be right

No more lonely nights
Never be another
No more lonely nights
You're my guiding light
Day or night I'm always there

And I won't go away until you tell me so
No I'll never go away

Yes I know what I feel to be right

No more lonely nights
Never be another
No more lonely nights
You're my guiding light
Day or night I'm always there

And I won't go away until you tell me so
No I'll never go away
I won't go away until you tell me so
No I'll never go away

No more lonely nights

Acima: No set de *Give My Regards to Broad Street*. Londres, 1983

Abaixo: Com Sir Ralph Richardson, 1983

CHAMO ISSO DE "DANÇA DAS PALAVRAS". UM PENSAMENTO ME vem à mente e, num piscar de olhos, as palavras começam a dançar, um passinho pra cá, outro pra lá. Sem dúvida, esta é uma canção de amor sem rodeios, sobre uma pessoa solitária dizendo: "Mal posso esperar a hora de estarmos juntos". Outros versos reforçam essa ideia: "*'Cause I know what I feel to be right*" e "*You're my guiding light*". A canção aborda a angústia de estar longe do seu ente querido e, após o reencontro, o desejo de não se separar de novo – "*May I never miss the thrill/ Of being near you*".

Quem faz o solo no disco é o David Gilmour. Eu o conheço desde os primórdios do Pink Floyd. Dave é uma espécie de gênio, então eu fiz das tripas coração para usar todos os recursos. Eu admirava muito sua forma de tocar, e volta e meia ele aparecia na mídia; acho que ele havia acabado de lançar o álbum solo *About Face*. Então liguei para ele e convidei: "Quer tocar nesta canção?". Parecia o tipo de coisa de que ele ia gostar.

Esta canção foi composta por mim especialmente para um filme, junto com outra chamada "Give My Regards to Broad Street". A canção fez mais sucesso do que o filme. Originalmente, o filme abria comigo andando na estação da Broad Street com uns efeitos sonoros por cima. Mas eu queria fazer uma melodia de filme, então escrevi esta canção para combinar. Mais tarde, eu refiz o arranjo em formato *up-tempo* (acelerado), para que, quando ela tocasse no final, existisse uma versão para dançar.

O título do filme brinca com a velha canção "Give My Regards to Broadway". Gravamos isso na mesma época de meu álbum solo *Pipes of Peace* e, se não me engano, escrevi parte do roteiro no trem entre Sussex e Londres. O enredo é meio que uma travessura. Dia feio e chuvoso, adormeço a caminho de uma reunião e tenho um pesadelo em que perco a fita máster de um álbum novo. Achamos que Harry, um criminoso aposentado, está de volta ao batente, e vai piratear o material. Temos que encontrar a fita antes da meia-noite; caso contrário, o sr. Rath, o vilão do filme, assumirá o controle da gravadora.

Foi muito divertido de fazer e teve a participação de convidados especiais, como Ringo e a esposa dele, Barbara. Também marcaram presença George Martin, Tracey Ullman, e Linda, é claro. O lutador Giant Haystacks também ganhou um papel, e Bryan Brown era um dos protagonistas. Fizemos cenários legais, recriando as ve-

517

À esquerda e à direita (em cima): Ringo Starr, Barbara Bach e Paul no set de *Give My Regards to Broad Street*. Buckinghamshire, 1983

À direita (embaixo, duas fotos): Com Dave Gilmour. Hog Hill Mill, Sussex, 1984

lhas danças de Liverpool dos anos 1950 para a canção "Ballroom Dancing", e foi divertido tocar "Eleanor Rigby" no palco do Royal Albert Hall.

No filme, quando as coisas complicam e não conseguimos encontrar Harry nem a fita perdida, entro no pub para ver Ralph Richardson, que interpreta Jim, uma figura paterna meio ao estilo de Polônio. Sir Ralph era um incrível ator shakespeariano, então foi ótimo contracenar com ele, e acho que esse foi o último filme de que ele participou. O personagem de Ralph, Jim, me censura pela correria e aproveita para me dar umas palavras de sabedoria, parafraseando o poema de W. H. Davies, "Leisure" ("Lazer"):

Que vida é essa se de tanto nos preocupar
Falta-nos tempo para contemplar

Acho que eu tinha lido isso na escola, na aula de literatura. Sei que não posso diminuir o ritmo, pois tenho que chegar ao terminal da Broad Street, e a estação de trem exerce um papel importante na trama. E é dela que vem o título do filme.

Estávamos entrando na era dourada dos videoclipes, e fizemos dois para esta canção. Um foi filmado na estação de trem à noite, e o outro era uma montagem com os melhores momentos do filme. O single foi muito bem, mas não conseguiu desbancar o número um, que, se não me engano, era "Freedom", do Wham!.

Mas Gilmour simplesmente arrasou naquele solo, ainda mais na versão do álbum, que é mais longa e lhe permite mais espaço para tocar. É um solo excelente, com o som característico de sua Fender Stratocaster. Em dezembro de 1999, ele tocou guitarra num show que fizemos no The Cavern Club, inaugurado na mesma rua onde ficava o clube original em que os Beatles tocaram. Foi uma boa maneira de se despedir do século 20.

NO MORE LONELY NIGHTS

① I can wait another day
   Until I call you
   You've only got my heart on a string
   And everything a flutter.

② But another lonely night
   Might take for ever
   We've only got each other to blame
   It's all the same to me love

   Cos I know — what I feel to be right

CHORUS   No more lonely nights
         No more lonely nights
         You're my guiding light
         Day or night I'm always there

③ May I never miss the thrill
   Of being near you
   And if it takes a number of years
   To turn your tears to laughter

   I will do what I feel — to be right

CHORUS   No more lonely nights

END BIT   And I won't go away until you tell me so
          No I never go away

         SOLO

   Yes I know what I feel to be right
      CHORUS
      END BIT TWICE — FINISH —

① I can wait another day
Until I ~~call~~ call you
You've only got my heart on a string
And everything's a flutter........

② But another lonely night
~~Could~~ BE take for ever (could break the camel)
We'd only have each other to blame
~~It's all the same to me love~~ IT SEEMS A SHAME TO ME LOVE..........
~~But~~ I know
What I feel
To be right........

CHORUS. (You're my guiding light
          (Let the world know)

          You're my guiding light —
          You're my guiding light
          Day or night you're always there.)

③ May I never miss the thrill
Of being ♥NEAR you

But I know
What I feel
To be right

CHORUS   (You're my guiding light
           "   "   "   "   (never need
                                  another)
           day or night you're always there.)

(N.B. goes through...)

The Note You Never Wrote

COMPOSITORES	Paul McCartney e Linda McCartney
ARTISTA	Wings
GRAVAÇÃO	Abbey Road Studios, Londres
LANÇAMENTO	*At the Speed of Sound*, 1976

Later on the story goes
A bottle floated out to sea
After days when it had found the perfect spot
It opened up

And I read the note
That you never wrote to me

After all I'm sure you know
The Mayor of Baltimore is here
After days now he can finally appear
Now at last he's here

But he never is gonna get my vote
'Cause he never is gonna get a quote
From the little note
That you never wrote to me

Further on along the line
I was arrested on the shore
Holding papers of governments galore
I was taken in

But I read the note that you never wrote
Yes I read the note that you never wrote
Oh I read the note that you never wrote to me
To me

O GUITARRISTA SOLO É JIMMY MCCULLOCH – NÃO CONFUNDIR com Henry McCullough –, e ele fez um solo incrível. Chega a lembrar o Dave Gilmour. O arranjo como um todo é meio onírico e floydiano. É o que chamamos de "lapso floydiano".

O Pink Floyd fez discos excelentes nos anos 1970. *The Dark Side of the Moon* foi lançado em 1973, e teria sido natural que o Wings fizesse algo naquele estilo. Muita gente fez. Uns anos atrás, o álbum *Morning Phase* do Beck tinha muitas semelhanças com os álbuns do Floyd. Ganhou o prêmio de Álbum do Ano no Grammy. Escutei e pensei: "Isso deve muito ao Pink Floyd". A esfera do Pink Floyd era quase uma esfera extraterrestre, então era um mundo legal para ir. Claro, esse personagem do prefeito de Baltimore eu tive que inventar. Por quê? Porque soava bem. Não me preocupei muito com o significado. Talvez a canção desenvolvesse um significado em algum ponto. Ou talvez alguém descobrisse um significado.

As cantigas de ninar ninguém sabe necessariamente o que significam. Nem mesmo conhecemos teorias sobre o que elas significam; simplesmente são passadas de geração em geração. Significam isso ou aquilo, ou não significam absolutamente nada em alguns casos, mas na realidade não importa. Ficamos presos a essa ideia de que tudo deve ter um significado, de que existe uma lógica por trás de tudo, mas isso está longe de ser verdade. Você tem que se entregar ao poder do que antigamente chamávamos de inspiração.

Em geral eu demoro algumas horas para fazer uma canção. Às vezes elas surgem mais rápido, mas normalmente são cerca de três a quatro horinhas sentado ali, pensando nela, e vem a primeira estrofe, depois a segunda. No início de nossas carreiras, quando John e eu começamos a compor canções, era mais ou menos esse tempo que demorávamos. Eu ia até a casa dele, e um se sentava na frente do outro. Se a sessão começasse ao meio-dia, ou à uma da tarde, começávamos a compor e eu ia embora lá pelas três ou quatro horas. Talvez você pense que em alguns dias simplesmente disséssemos: "Não dá. Me desculpe, amigo. Estou me sentindo um pouco improdutivo, sabe". Mas não. Sempre que nos sentávamos para compor, surgia uma canção. Isso é espantoso. E a grosso modo acho que continua sendo verdade. Agora o perigo é ter dispositivos como o iPhone que pensam que um esboço é uma canção; é muito fácil em alguns aspectos. Ou você a deixa de lado e pensa: "Vou terminar isso mais tarde", ao passo que John e eu não tínhamos como fazer isso. Não faria sentido para nós nos encontrarmos e escrevermos: *"Let me take you down/ 'Cause I'm going to…"* e então dizer "Ok, a gente se vê amanhã" ou "vamos terminar isso mais tarde". Não faria sentido algum.

Então, dizíamos: "Strawberry Fields. Sim, é isso mesmo", e anotávamos num bloquinho, e esse era o nosso manuscrito; essa era a música. Sabíamos que esse verso vinha na sequência e, seja lá qual de nós o tivesse escrito, ele se encaixava. Após três ou quatro horas, você se sentia um pouco entediado, perdendo vigor, então encerrava a sessão. Carl Davis, meu colaborador no projeto do *Liverpool Oratorio*, costumava dizer que o cérebro humano se embaralha após três horas de esforço mental, e você simplesmente não consegue um desempenho tão bom quanto antes. Sempre constatei a veracidade disso.

Tive muita sorte no Wings. Não havia pressão nenhuma das gravadoras, que no caso do Wings foram principalmente a Parlophone no Reino Unido e a Capitol nos Estados Unidos. E também a Columbia por um curto período. Eu só pedia que meus

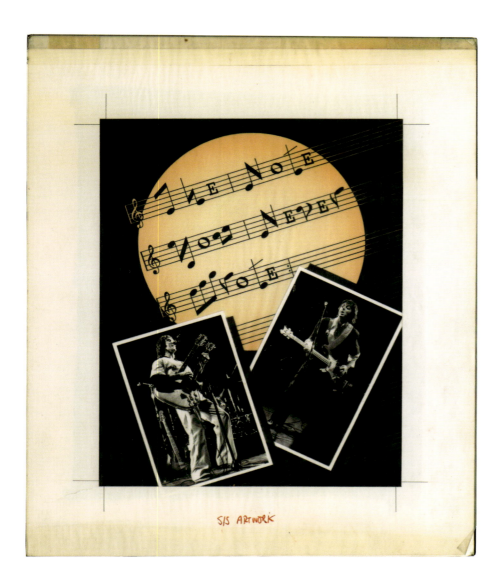

Arte da partitura de "The Note You Never Wrote"

agentes ou empresários fizessem um acordo de três ou quatro discos ou coisa parecida. Assim, eu sabia que tinha cerca de cinco anos para cumprir o contrato, e eu fazia praticamente um álbum a cada um ou dois anos. Tive a sorte de ter essa liberdade, então eu fazia composições sempre que tinha vontade, o que acontecia quase sempre quando eu acabava de tirar uma folga, e encaixava isso nos planos da família. Em vez de ficar sem fazer nada, eu ia compor algo. Sempre com violão ou piano, nunca com outra coisa, e um bloquinho e um lápis com borracha na ponta (já naquela época eu era da velha guarda). Quando você tiver composições suficientes, é hora de colocar essas canções numa garrafa, para que você possa compor um pouco mais. Eu gosto de limpar o convés e deixar essas canções flutuarem no mar.

Com Jimmy McCulloch.
Abbey Road Studios,
Londres, 1977

Nothing Too Much Just Out of Sight

COMPOSITOR Paul McCartney
ARTISTA The Fireman
GRAVAÇÃO Hog Hill Mill, Sussex
LANÇAMENTO *Electric Arguments*, 2008

Yeah na
Oh na na na na na
Yeah road too all bright

Now nothing too much just outta sight
You say you love me this is true
The best thing to do is to lie down beside me
I said I love you
Now nothing too much just outta sight

Yeah na na na na na
Oh don't you want to be fair
In the beautiful air in the twilight
Of the half-night
It was all bright all bright

I said I love you
I thought you knew
The last thing to do was to try to betray me
The new morning light, I'll never forget it
That's just outta sight

Yeah na na na na na
Twilight of the half-night
Southwest
I was barely obsessed
Nothing too much all bright

All I can remember the beautiful air
I can't remember why did you take me there
Don't you try to betray me
You don't wanna betray me
I was barely obsessed
I was barely obsessed
With the way she undressed

Bright nothing too half-night
It was all right all bright
Now nothing too much just outta sight

Now nothing too much just outta sight
In the beautiful air

Oh don't you wanna be frightened of the half-night
Beautiful air
On the road to the west
I was barely obsessed
By the way she undressed in the moonlight
In the twilight of the half-night
It was all right all bright

All bright
Well nothing too much
It was all right
Just outta sight

The last thing to do was to try to betray me

Acima: Com Keith Smith, Eddie Klein, Hugo Nicholson, John Hammel, Youth (Martin Glover) e Paul Taylor, durante as sessões de gravação do álbum *Rushes*. Hog Hill Mill, Sussex, 1995

Quem me ensinou a expressão *"nothing too much, just out of sight"* foi o meu amigo nigeriano Jimmy Scott. Na década de 1960, sempre nos encontrávamos nos clubes de Londres, e ele tinha uns bordões ótimos. Jimmy foi o cara que me ensinou nada menos que "Ob-La-Di", então você pode dizer que ele alcançou um *status* lendário. Esta - "Nada além da conta, só fora de vista" - era outra de suas expressões típicas. Naquela época, as expressões estavam na moda. Creio que funciona assim em todas as gerações, mas acho que nos anos 1960 a linguagem começou a se tornar um pouco menos formal, especialmente nas letras das canções. Tínhamos expressões como "longe pra dedéu", e outra era "além da conta". Eu me lembro de que eu dizia: "Puxa, isso foi além da conta". E Jimmy respondia: "Nada além da conta, só fora de vista". Pensei: "Gosto disso; é muito bom".

Esta canção é de um projeto paralelo chamado The Fireman. Tenho um amigo produtor com o codinome "Youth" - nome real, Martin Glover -, e ele tocava no Killing Joke. Anos atrás ele fez um remix para mim. Eu pegava uma canção e dava a alguém para que desse a ela uma nova roupagem. Fiquei amigo do Youth, então disse: "Venha ao meu estúdio. Vamos fazer algo".

Fizemos coisas de puro improviso, e foi emocionante. Eu realmente adoro trabalhar assim. Você não consegue fazer isso se estiver tentando compor "Lady Madonna" ou "Eleanor Rigby". Você não consegue simplesmente inventar canções assim no estúdio; tem que ser um pouco mais disciplinado. Mas ele veio e começamos esse projeto. Decidimos que o duo se chamaria The Fireman, e lançamos o nosso primeiro disco, *Strawberries Oceans Ships Forest*, em 1993, que surfa na onda da música trance ambiente. Era como se ele tivesse varado a noite fazendo a mixagem até o amanhecer. Nós o lançamos e não vendeu quase nada, o que era mais ou menos o que queríamos; as pessoas gostam de pensar que estou sempre buscando um hit número um, mas a verdade é que gosto muito de um projeto underground, que as pessoas têm de farejar. "Quem é The Fireman?". Dizíamos: "Não temos nem ideia". Esse anonimato foi muito libertário e divertido.

Fizemos o segundo álbum, *Rushes*, e os dois primeiros foram instrumentais. Chegamos ao terceiro, e enfim Youth me disse: "Vá ao microfone. Imagine-se na pele de um DJ matinal do Arizona que fala pelos cotovelos. Não pare". Daí ele selecionava a melhor parte, fazia um loop, cortava e só brincava com aquilo. Então, eu pegava o microfone e dizia: "Bom dia, a manhã está linda, e o sol está brilhando!", e ele cortava tudo e juntava. Até então, nunca tínhamos feito uma canção com letra.

No terceiro e mais recente álbum - de 2008, de onde vem esta canção -, Youth me disse: "Bem, Paul, por que não canta algo?". Falei: "Bem, não tenho algo para cantar", e ele me lançou um olhar maroto, querendo dizer: "Vamos lá! Você consegue". Daí eu pensei: "Que droga, mas quer saber? Tudo bem". Então peguei o microfone e alertei a todos na sala - só o engenheiro, os roadies e os caras - "Ok, aviso aos navegantes: não tenho ideia do que vai sair aqui, então isso pode se tornar meio constrangedor. Talvez o momento mais embaraçoso de minha carreira musical".

Tive a ideia de usar "*nothing too much, just outta sight*", a expressão de meu amigo Jimmy Scott, e concordamos que era um bom ponto de partida. Então eu simplesmente pegava o microfone e fazíamos algum tipo de apoio antes de gravar o vocal - a bateria insistente e, nesta aqui, a slide guitar distorcida -, e então eu sabia que tinha que gritar um pouquinho.

O normal é eu ter uma ideia do que vou cantar, mas nesse caso eu não tinha. Talvez eu só rabiscasse algo num pedaço de papel e cantasse para ver se funcionava. No meu jeito habitual de compor, tenho que me adequar ao ritmo e à métrica que eu mesmo estabeleço, mas o fluxo de consciência é obviamente menos restrito, então o resultado é algo assim, que soa como um poema da geração "beat". Acho que só ensaiei umas vezes gritando a letra, simplesmente deixando rolar e tentando captar as rimas. Quando você se senta para compor, pode pensar: "Bem, eu consigo fazer melhor do que isso", mas aqui tem tudo a ver com livre associação, então não há tempo para preparativos. Você vai pegando a primeira rima que aparece.

O título do álbum - *Electric Arguments* - é de um verso do poema "Kansas City to St. Louis", de Allen Ginsberg. Tive um pouco de contato com Allen, e ele costumava dizer: "O primeiro pensamento é o melhor pensamento", mas depois eu o flagrava corrigindo seus poemas!

À direita: Trabalhando com Youth na arte do álbum *Electric Arguments*. Londres, 2008

No meu jeito habitual de compor, tenho que me adequar ao ritmo e à métrica que eu mesmo estabeleço, mas o fluxo de consciência é obviamente menos restrito, então o resultado é algo assim, que soa como um poema da geração "beat".

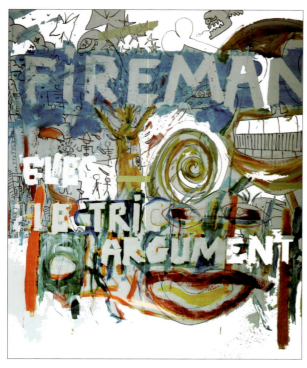

Acima e à esquerda: Arte de *Electric Arguments*

À direita: Com Youth. Londres, 2008

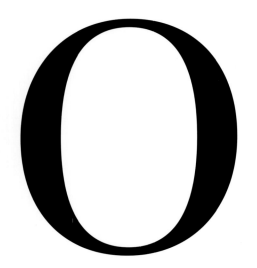

Ob-La-Di, Ob-La-Da	536
Oh Woman, Oh Why	540
Old Siam, Sir	548
On My Way to Work	554
Once Upon a Long Ago	558
Only Mama Knows	564
The Other Me	568

Ob-La-Di, Ob-La-Da

COMPOSITORES Paul McCartney e John Lennon
ARTISTA The Beatles
GRAVAÇÃO Abbey Road Studios, Londres
LANÇAMENTO *The Beatles*, 1968

Desmond has a barrow in the market place
Molly is the singer in a band
Desmond says to Molly, Girl, I like your face
And Molly says this as she takes him by the hand

Ob-la-di, Ob-la-da, life goes on
Bra, la-la how the life goes on
Ob-la-di, Ob-la-da, life goes on
Bra, la-la how the life goes on

Desmond takes a trolley to the jeweller's store
Buys a twenty carat golden ring
Takes it back to Molly waiting at the door
And as he gives it to her she begins to sing

Ob-la-di, Ob-la-da, life goes on
Bra, la-la how the life goes on
Ob-la-di, Ob-la-da, life goes on
Bra, la-la how the life goes on

In a couple of years
They have built a home sweet home
With a couple of kids running in the yard
Of Desmond and Molly Jones

Happy ever after in the market place
Desmond lets the children lend a hand
Molly stays at home and does her pretty face
And in the evening she still sings it with the band

Ob-la-di, Ob-la-da, life goes on
Bra, la-la how the life goes on
Ob-la-di, Ob-la-da, life goes on
Bra, la-la how the life goes on

In a couple of years
They have built a home sweet home
With a couple of kids running in the yard
Of Desmond and Molly Jones

Happy ever after in the market place
Molly lets the children lend a hand
Desmond stays at home and does his pretty face
And in the evening she's a singer with the band

Ob-la-di, Ob-la-da, life goes on
Bra, la-la how the life goes on
Ob-la-di, Ob-la-da, life goes on
Bra, la-la how the life goes on
And if you want some fun
Take Ob-la-di-bla-da

TÍNHAMOS UM PROBLEMA: OS NOSSOS SHOWS TERMINAVAM tão tarde que, ao voltarmos para Londres, pubs e restaurantes já estavam todos fechados. Por isso, a única maneira de conseguirmos uma bebida e algo para comer era "ir a um clube", como se costumava dizer. Acabou se tornando um estilo de vida. Voltávamos de um show e, chegando a Londres, imediatamente íamos a um clube. Um de meus prediletos era o Bag O'Nails. Tinha também o Speakeasy. O Revolution. O Scotch of St. James. O Cromwellian. Mais tarde, quando os outros eram casados e moravam nos subúrbios, eu ia sozinho.

Foi num desses clubes que conheci o nigeriano Jimmy Scott, o tocador de conga de quem eu gostava muito. Jimmy tinha um bordão para cada coisa, e ele os usava o tempo todo, um dos quais era "*Ob-La-Di, Ob-La-Da, life goes on, bra*". Alguns pensam que "Ob-La-Di, Ob-La-Da" é uma expressão iorubá que significa "*comme ci, comme ça*" ("mais ou menos"). Outros pensam que essa expressão foi inventada pelo próprio Jimmy Scott. E tem gente que pensa que "*bra*" se refere a "*brassiere*" ("sutiã"), em vez de um termo africano para "*bro*" ("mano").

Eu gostava desse sentimento de *comme ci, comme ça, que sera sera*. Então comecei a compor uma pequena e bem-humorada "canção de personagens", sobre Desmond e Molly e sua filharada. É uma mescla de elementos africanos e jamaicanos. Tenho certeza de que Desmond foi batizado em homenagem a Desmond Dekker, o artista jamaicano de ska e reggae cuja canção "Israelites" fez muito sucesso no final de 1969. Ele já havia feito um grande sucesso no Reino Unido em 1967 com a música "007".

Quando Desmond pega um bonde ("*takes a trolley*"), acho que estou pensando no sistema de bonde de São Francisco. O último show dos Beatles foi em São Francisco. Embora "*tram*" e "*trolley*" sejam sinônimos, existe uma diferença abismal entre "*Desmond takes a tram*" e "*Desmond takes a trolley*". Algumas coisas se encaixam ritmicamente ou não. "*Tram*" soa estranho numa canção, enquanto "*trolley*" abre o leque de possibilidades rítmicas. Era comum John e eu conversarmos sobre compor canções que tivessem um tom bastante coloquial. "*Desmond takes a trolley to the jeweller's store*" não é muito floreado. É algo que pode estar na boca do povo. Por que o material dos Beatles continua tão acessível às pessoas? Talvez seja esse o segredo. É porque estamos falando diretamente, nada mais.

Mas, não importa o quanto você esteja sendo direto, sempre há espaço para interpretação. Por exemplo, a palavra "*trolley*" também pode significar "carrinho de compras". A ideia de encher um carrinho de compras na joalheria é muito engraçada, principalmente quando Desmond volta com um anel de noivado de vinte quilates ("*twenty carat*"). De um jeito ou de outro, é uma coisa bem de nosso cotidiano.

Isso é algo que eu ainda busco. Tenho uma forte conexão com as coisas simples. A minha câmera escrutina o entorno e perscruta a vida em busca de pistas e histórias. Quando estou a bordo de um ônibus, avião ou trem, minha imaginação começa a flanar. Eu amo as verdades singelas. Eu amo o fato de que a grande maioria das pessoas, sejam da Mongólia, da Índia ou dos EUA, se identificam de cara com a ideia de família e vida familiar, a imagem de crianças correndo no quintal. Se eu me plugar nisso, vou me relacionar com as pessoas.

SONG TITLES.

- I'M SO TIRED, — John in bed.
- DON'T PASS ME BY, — Ringo as fiddler (C+W handout.)
- BLACKBIRD, — Blackbird from bird book.
- EVERYBODYS GOT SOMETHING TO HIDE EXCEPT FOR ME AND MY MONKEY, — Black space.
- GOODNIGHT, — Ringo saying goodnight to his kids.
- YER BLUES, — Blues.
- OB LA DI, OB LA DA, — Jimmy Scott and wife in market
- ROCKY RACCOON, — Mal as Rocky being shot by Dan while Lil sits on 4 poster.
- WILD HONEY PIE, — (Hollywood handout)
- MOTHER NATURES SON, — Paul by stream.
- BACK IN THE U.S.S.R. — Paul throwing flowers to fat Russian (BOAC.)
- SEXY SADIE, — Black vinyl special.
- WHILE MY GUITAR GENTLY WEEPS, — Guitar rain splashed window
- NOT GUILTY, — George smiling behind bars
- HELTER SKELTER, — Beatles on helter skelter
- CRY BABY CRY, — Alice fancy dress party on lawn.
- REVOLUTION NO. 9, — White space
- WHAT'S NEW MARY JANE, — Alexis machine
- CHILD OF NATURE, — John standing in hot sun.
- HAPPINESS IS A WARM GUN, — John's hand on steel gun.
- THE CONTINUING STORY OF BUNGALOW BILL, — Ringo as tiger. John as heavily armed Bill.
- JULIA, — Picture of Julia — or of cloud.
- POLYTHENE PAM, — In person.
- MAXWELLS SILVER HAMMER,

Desmond has a barrow in the market place
Molly is the singer in a band
Desi says to Molly girl I like your face
And Molly says this as she takes him by the hand
CHORUS   Obla dee Obla da, life goes on, bra,
         la-la how the life goes on.
Desmond takes a trolley to the jewellers store
Buys a twenty-carat golden ring
Takes it back to Molly waiting at the door
And as he gives it to her, she begins to sing
CHORUS -------

In a couple of years they have built a home sweet home
With a couple of kids running in the yard of
Desmond & Molly Jones -------
~~Desmond~~ Happy ever after in the market place
Desmond lets the children lend a hand
Molly stays at home & does her pretty face
And in the evening she still sings this with the band
    CHORUS ---------

À esquerda: Anotações de
Paul e John para o álbum, 1968

Oh Woman, Oh Why

COMPOSITOR Paul McCartney
ARTISTA Paul McCartney
GRAVAÇÃO CBS Studios, Nova York
LANÇAMENTO Lado B do single "Another Day", 1971

Woman, oh why why why why why
What have I done?
Oh woman, oh where where where where where
Did you get that gun?
Oh what have I done?
What have I done?

Well I met her at the bottom of a well
Well I told her I was tryin' to break a spell
But I can't get by, my hands are tied
Don't know why I ever bother to try myself
'Cause I can't get by, my hands are tied

Oh woman, oh why why why why why
What have I done?
Oh woman, oh where where where where where
Did you get that gun?
Oh what have you done?
Woman, what have you done?

Well I'm fed up with your lying cheating ways
But I get up every morning and every day
But I can't get by, my hands are tied
Don't know why I ever bother to try myself
'Cause I can't get by, my hands are tied

Oh woman, oh why why why why why
What have I done?
Oh woman, oh where where where where where
Did you get that gun
Woman, what have I done?
What have you done?
Woman, what have I done?
Oh woman, oh why

Um subgênero do blues de que eu gosto muito são as canções do tipo "Mulher, você me fez mal". Não sei se tantos infortúnios podem ter mesmo acontecido com todos esses músicos de blues. Parece que existe uma quantidade enorme de malfeitoras por aí. Suspeito que talvez existam alguns malfeitores também!

Esta é uma canção que se parece um pouco com "Frankie and Johnny", um conto sobre sujeiras e suas inúmeras manifestações, que foi gravada por inúmeros artistas, incluindo a versão de Lead Belly de 1935:

> *It was not murder in the first degree*
> *It was not murder in the third*
> *A woman simply dropped her man*
> *Like a hunter drops a bird*
> *He was her man, but she shot him down*

Eu estava me conectando a esse sistema imagético quando escrevi: "*I met her at the bottom of a well*". Achei que era uma imagem mais interessante dizer que a conheci no fundo do poço do que, digamos: "Eu a conheci na Bourbon Street" ou "Eu a conheci num bordel em Paris". Eu até gosto de ser direto, mas não necessariamente literal.

A própria ideia do poço está mais ligada à tradição popular. Sem falar que corre um subtexto erótico na imagem do poço. Penso em "You Don't Miss Your Water", de William Bell. Eu gravito em torno dessas canções por outro motivo: estou procurando um veículo para minha voz. Quero que a minha voz fique meio suja e quero criar um belo e sujo pano de fundo. Tento deixar minha voz cantar algo mais blues em vez de tentar segurar a melodia. É legal soltar os vocais.

Quando você vai ao cerne da questão, em tudo que eu já fiz - nos Beatles, no Wings ou solo -, há uma subcorrente de música negra. Você pode chamar de blues, mas pode ser soul. Muitas bandas de brancos se inspiram em músicos e cantores negros. Se você pensar nas primeiras coisas dos Beatles, eram basicamente covers de cantores negros: "You Really Got a Hold on Me", "Twist and Shout". Adorávamos Chuck Berry, Fats Domino, Little Richard. Depois vieram os caras brancos - Elvis, Gene Vincent, Buddy Holly, Carl Perkins, Jerry Lee Lewis - que já traziam essa influência da música negra. Ou seja, embora admirássemos esse pessoal branco, estávamos admirando caras brancos que admiravam os negros. Definitivamente, essa é a base de quase tudo que eu fiz.

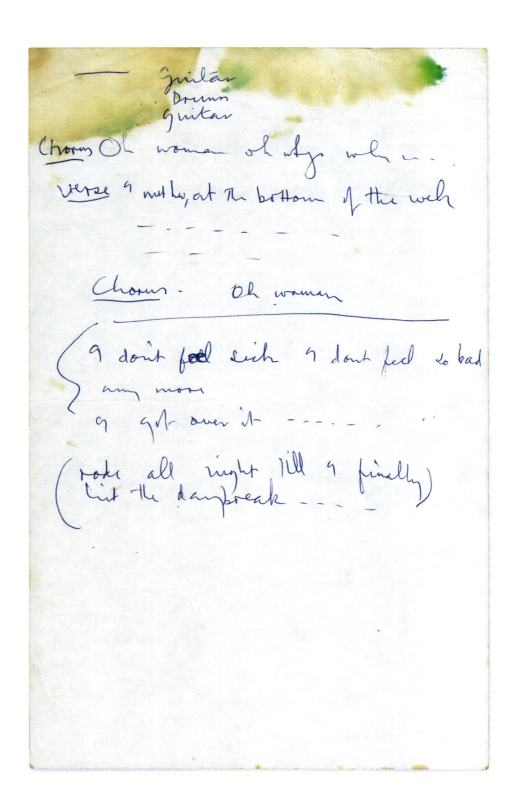

À direita: Lista de canções, final dos anos 1950

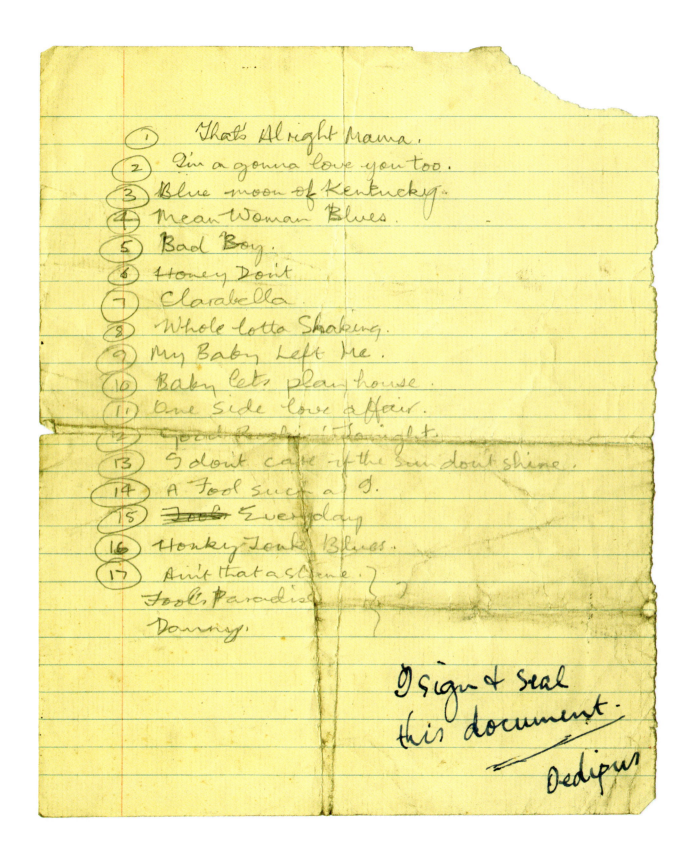

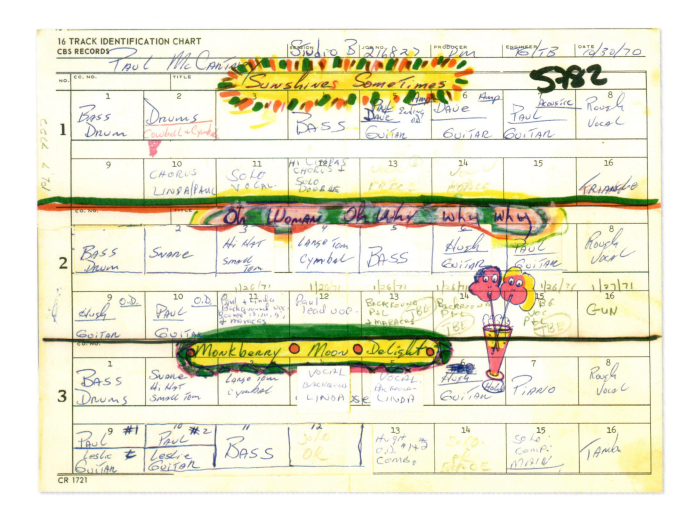

Eu estava me conectando a esse sistema imagético quando escrevi: "*I met her at the bottom of a well*". Achei que era uma imagem mais interessante dizer que a conheci no fundo do poço do que, digamos: "Eu a conheci na Bourbon Street" ou "Eu a conheci num bordel em Paris". Eu até gosto de ser direto, mas não necessariamente literal.

Acima: Ficha com canais das sessões de gravação do álbum *RAM*, 1970

À direita: Gravação do overdub com o tiro de revólver para "Oh Woman, Oh Why". A&R Studios, Nova York, 1970

Os Beatles com Fats Domino. Nova Orleans, 1964

Old Siam, Sir

COMPOSITOR	Paul McCartney
ARTISTA	Wings
GRAVAÇÃO	Spirit of Ranachan Studio, Escócia
LANÇAMENTO	Single, 1979
	Back to the Egg, 1979

In a village in old Siam, sir
Lived a lady who lost her way
In an effort to find a man, sir
She found herself in the old UK

She waited round in Walthamstow
She scouted round in Scarborough
She waited round in Walthamstow
She scouted round in Scarborough

In a village in old East Ham, sir
She met a fellow who made her reel
Took her rushes to show his mam, sir
Met his dad at the wedding meal

In a letter from old Siam, sir
Came a terrible tale of woe
She decided the only answer
Was to get up a pile of dough

She waited round in Walthamstow
She scouted round in Scarborough
She waited round in Walthamstow
She scouted round in Scarborough

When a relative told her man, sir
He directed her not to stay
In a village in old Siam, sir
Lives a lady who lost her way

In a village in old Siam, sir
Lived a lady who lost her way
In an effort to find her man, sir
She found herself in the old UK

She waited round in Walthamstow
She scouted round in Scarborough
She waited round in Walthamstow
She scouted round in Scarborough

COM SUA SONORIDADE DEVERAS SOFISTICADA, O SPIRIT OF Ranachan Studio nada mais era do que um celeiro com uma sala de controle em um dos cantos.

Nesse período, a doideira estava na ordem do dia - roupas extravagantes e as eras punk e disco -, e mais doido que "Old Siam, Sir" não fica. Se eu tivesse que avaliar os elementos desta canção, acho que a letra viria em terceiro lugar, depois da atmosfera e do ataque vocal. Aqui eu brinco um pouquinho com aliteração, palavras com os mesmos fonemas - "*waited*" e "*Walthamstow*", "*scouted*" e "*Scarborough*". Por que será que eu fico meio envergonhado com esta letra? Talvez seja porque ela não faz muito sentido.

Talvez eu devesse só relaxar, porque nem tudo precisa necessariamente fazer sentido. Há um lado absurdo nela, mas quando você já leu coisas como "Jaguadarte", de Lewis Carroll, tem licença para fazer praticamente qualquer coisa. Outro fato a considerar é que a canção representa uma imigrante asiática no Reino Unido e tenta dar uma ideia de seu choque cultural.

Eu diria que 98% de minhas canções brotam de uma ideia musical, não de ideias líricas, e é provável que esta canção tenha começado com o riff. Às vezes, as palavras simplesmente surgem quando estou compondo a canção, em especial se ela for em torno de um riff, e elas se encaixam na canção e funcionam para cantar. Até mesmo nesta era iluminada, elas são chamadas de letra "simulacro", uma letra provisória enquanto você mapeia a estrutura da canção. Eu acho que esta canção ficou com a letra provisória.

Só consigo pensar numa única canção em que escrevi a letra primeiro, e foi "All My Loving", porque eu estava no ônibus da turnê. Em geral, estou sentado com um instrumento, e começa assim. Até mesmo "Eleanor Rigby" iniciou com um acorde em Mi menor. E logo eu começo a tirar ideias desse acorde, e das duas, uma: faço algo suave e melódico ou me levanto e grito - o que parecer mais adequado. E, às vezes, as palavras simplesmente me vêm à boca, e antes de eu me dar conta, lá estava "Old Siam, Sir".

Em nossos primórdios, quando John e eu ficávamos ouvindo discos, na maior parte do tempo não nos importávamos muito com as palavras - só com o som. O pessoal dizia: "Mas, afinal, e aquela letra?". Só então nos caía a ficha de que não tínhamos percebido as nuances observadas por eles. Respondíamos: "Pois é". Tem uma canção de Jim Reeves, "Just Walk On By", sucesso no início dos anos 1960, e me lembro de que um vigário reclamou dela, alegando que era sobre um divórcio ou um homem tendo um caso. Dissemos: "O quê? Ele só pode estar louco!". Nunca prestávamos atenção nas letras. Não tínhamos nem ideia do que a canção abordava. Só curtíamos o som dela.

À esquerda: Layout artístico e single de "Old Siam, Sir", 1979

À direita: Castelo de Lympne, Kent, 1979

OLD SIAM, SIR.

In a village in Old Siam, Sir
Lived a lady who lost her way
In an effort to find a man, Sir
Found herself in the Old U.K.

She waited round in Walthamstow
She scouted round in Scarborough
   Repeat.

In the village of Old East Ham, Sir
MET a fella that made a reel
Took her rushes to show his mam, Sir
Met his dad at the wedding meal.

In a letter from Old Siam, Sir
Came a terrible tale of woe
She decided the only answer
Was to get up a pile of dough
She waited round in Walthamstow
She scouted " " Scarborough.
   Repeat.

When a relative told her man, Sir,
He directed her not to stay
In a village in Old Siam, Sir
Lives a lady who lost her way

   She waited round in Walthamstow

Spirit of Ranachan Studio.
Escócia, 1979

Há um lado absurdo nela, mas quando você já leu coisas como "Jaguadarte", de Lewis Carroll, tem licença para fazer praticamente qualquer coisa.

On My Way to Work

COMPOSITOR	Paul McCartney
ARTISTA	Paul McCartney
GRAVAÇÃO	Hog Hill Mill, Sussex; Abbey Road Studios, Londres; Henson Studios, Los Angeles; e AIR Studios, Londres
LANÇAMENTO	*NEW*, 2013

On my way to work
I rode a big green bus
I could see everything
From the upper deck
People came and went
Smoking cigarettes
I picked the packets up
When the people left

But all the time I thought of you
How far away the future seemed
How could I have so many dreams
And one of them not come true?

On my way to work
I bought a magazine
Inside a pretty girl
Liked to waterski
She came from Chichester
To study history
She had removed her clothes
For the likes of me

But all the time I thought of you
How would you know that I was there?
How could a soul search everywhere
Without knowing what to do?

On my way to work
As I was clocking in
I could see everything
How it came to be
People come and go
Smoking cigarettes
I pick the packets up
When the people leave

But all the time I think of you
How far away the future seems
How could I have so many dreams
And one of them not come true?

On my way to work

But all the time I thought of you
How would you know that I was there?
How could a soul search everywhere
Without knowing what to do?

On my way to work
On my way to work

Acima: Vista de Liverpool a partir do Royal Liver Building, 1955

MEU PAI ERA DO TIPO QUE ACREDITAVA QUE VOCÊ NÃO DEVE ficar à toa quando está na adolescência. Não é uma boa ideia ficar em casa sem contribuir com a renda. Naquela época, depois que a nossa mãe morreu, éramos apenas ele, meu irmão e eu, e não tinha muita grana entrando em casa.

Meu primeiro emprego foi nessa empresa logística de entregas rápidas, a SPD (Speedy Prompt Deliveries), com sede nas antigas docas de Liverpool. Eu atuava no cargo de "segundo homem" no caminhão, função que poderia ser muito importante. Mas no meu caso não era, então indaguei ao motorista, que obviamente era o "primeiro homem" no caminhão: "Qual é o meu trabalho - o que é que faz o segundo homem no caminhão?". E ele respondeu: "Bem, quando chegarmos ao local da entrega" - em geral, lojas e fábricas - "você me ajuda com as coisas". Em outras palavras, auxiliar de motorista.

Eu me lembro de que ele era muito legal, esse motorista de quem eu era parceiro, e ele sabia que eu era um adolescente sonolento, então me deixava ir dormindo enquanto dirigia até o local de entrega, e só me acordava quando chegávamos ao destino. Saíamos, ele enrolava a lona e ia puxando as encomendas, e eu carregava os pacotes, ou carregávamos juntos.

Quando eu era jovem, sempre pensava uma coisa: "Como diabos vou encontrar a pessoa certa com esses bilhões de pessoas fervilhando planeta afora? Como uma alma pode vasculhar em todos os lugares, sem saber o que fazer? Como é que vou topar com a pessoa certa?". Essa era uma preocupação muito vívida em minha adolescência. A outra era: "Qual será a minha profissão?". Eu não via muito futuro no caminhão de entregas, nem em trabalhar como enrolador de bobinas numa fábrica (outro emprego meu), tampouco em entrar no comércio de algodão, como meu pai tinha feito.

Acima: John Lennon apresentando-se com The Quarry Men no Festival da Igreja de São Pedro, 6 de julho de 1957

À esquerda: Imagem do filme promocional de "Penny Lane" com o característico ônibus verde de Liverpool

Hoje em dia, eu vejo a garotada com essas mesmas preocupações, e são preocupações muito reais, muito parecidas com as que descrevi ao compor esta canção. "*On my way to work/ I bought a magazine/ Inside a pretty girl/ Liked to waterski/ She came from Chichester*". Fiquei muito contente por incluir esse detalhe. Às vezes, eu fazia isso a caminho da Speedy Prompt Deliveries. Eu podia comprar revistas de mulher pelada, agora que eu era um trabalhador e tinha permissão para comprá-las! Além delas, anos depois, o jornal *The Sun* começou a dar o perfil de moças bonitas na página 3, tipo: "Jeanette vem da Ilha Hayling. Os hobbies dela incluem...". Eu adorava esses detalhes biográficos, é um bom pano de fundo - completa a história.

Uma grande lembrança dessa época é ir de casa até as amplas e movimentadas docas que margeavam a orla. Meia hora de ônibus. Na época, os ônibus em Liverpool eram todos verdes, e seria um número 80 ou 86, uma das rotas que iam para a cidade. Sempre fui uma pessoa do andar superior do ônibus, porque eu gosto da vista, e lá em cima rolavam coisas incríveis. Todo mundo fumava naquela época, e no andar superior era onde o pessoal fumava. Quando o ônibus chegava aos terminais, eu e meus amigos catávamos os maços de cigarro vazios que ficavam para trás. Sei que pode parecer uma coisa muito estranha de se dizer, mas há uma certa alegria - pelo menos se você é um moleque inocente - na pobreza. Principalmente quando você é adulto, não pode falar muito na alegria da pobreza, porque as pessoas dizem: "Ah, que nada, isso é uma coisa horrível". Mas quando você é muito jovem e não viu nada além daquilo, pode, na verdade, ser uma coisa alegre, porque você não tem nada, e a partir daí cria todos os tipos de cenários interessantes que passam a fazer parte da realidade do seu dia a dia, e tudo se torna perfeitamente normal.

Então, catávamos os maços de cigarros vazios nos ônibus e os amassávamos exatamente como os cartões de beisebol que você encontra nos Estados Unidos e, assim, você juntava uma pilha de maços de cigarro - Senior Service, Player's Navy Cut, Russian Sobranie, Passing Clouds, Gitanes, Craven A, Robin, Woodbine. Era tanta marca de cigarro que dava para formar uma ótima coleção. E, já que seus amigos também faziam isso, você poderia dizer: "Eu troco três Woodbines por um Passing Clouds". No fim das contas, era tudo propaganda de câncer.

A primeira vez que eu vi John Lennon foi no ônibus. Eu não o conhecia ainda, ele era só um cara um pouco mais velho que eu, com o cabelo meio roqueiro, muita brilhantina, jaqueta preta e costeletas ("suíças", como chamávamos; "costeletas" era americano). E só me lembro de ter pensado: "Bem, ele é um cara legal". Quando nos conhecemos, eu o reconheci como aquele rebelde *Teddy Boy* do ônibus. John sempre deu um jeito de ser um pouquinho mais velho que eu; eu nunca consegui alcançá-lo.

Eu não tinha ideia de quem ele era na época, mas sempre vou me lembrar dessa primeiríssima imagem.

A primeira vez que eu vi John Lennon foi no ônibus. Eu não o conhecia ainda, ele era só um cara um pouco mais velho que eu, com o cabelo meio roqueiro, muita brilhantina, jaqueta preta e costeletas.

Once Upon a Long Ago

COMPOSITOR	Paul McCartney
ARTISTA	Paul McCartney
GRAVAÇÃO	Hog Hill Mill, Sussex; e Abbey Road Studios, Londres
LANÇAMENTO	Single no Reino Unido, 1987

Picking up scales and broken chords
Puppy dog tails in the House of Lords
Tell me darling, what can it mean?

Making up moons in a minor key
What have those tunes got to do with me?
Tell me darling, where have you been?

Once upon a long ago
Children searched for treasure
Nature's plan went hand in hand with pleasure
Such pleasure

Blowing balloons on a windy day
Desolate dunes with a lot to say
Tell me darling, what have you seen?

Once upon a long ago
Children searched for treasure
Nature's plan went hand in hand with pleasure
My pleasure

Playing guitars on an empty stage
Counting the bars of an iron cage
Tell me darling, what can it mean?

Picking up scales and broken chords
Puppy dog tails in the House of Lords
Help me darling, what does it mean?

Once upon a long ago . . .

O ESCRITOR WILLIAM S. BURROUGHS APLICAVA UMA TÉCNICA chamada de "recorte". De vez em quando, eu me torno adepto de uma coisa parecida – só arrasto as palavras e as jogo por aí, atirando-as para o ar e vendo onde elas caem. Você pensa: "Bem, não tem como isto ter algum significado". Mas daí você lê e parece significar algo.

Sei que já contei essa história antes, mas quando comecei a pintar, eu tinha a ideia de que meus quadros deveriam ser significativos, que eles deveriam ter um significado profundo. Isso me bloqueava por completo. Eu simplesmente não conseguia produzir. Então conheci Willem de Kooning e perguntei a ele sobre uma de suas pinturas e o que ela "significava", e ele disse: "Não sei. Parece um sofá, não é?". Daí eu pensei: "Nossa". Isso explodiu e abriu a minha mente.

No contexto desta canção, a ideia de não precisar ter um significado foi particularmente libertadora para mim. Posso inventar uma história. Não é preciso quase nada para eu pegar embalo. Assim, "*Picking up scales and broken chords*" se refere novamente ao motivo pelo qual eu nunca quis aprender música, porque era "da-da-da-da-da, da-da-da-da-da" –, só repetir exercícios para os cinco dedos. Eu não suportava isso. Eu achava isso um tédio infernal. Isso me afugentou de aprender notação. E com o verso "*Puppy dog tails in the House of Lords*", estou chegando à conclusão de que existe um bando de menininhos na Câmara dos Lordes, já que, como diz a cantiga, os menininhos são feitos de caudas de cachorrinhos. Sei que é um pouco mordaz, mas acho que tudo que tem a ver com a Câmara dos Lordes pode se tornar um pouco estúpido.

Muitas das outras imagens da canção são pinçadas de minha infância, nos campos detrás de nosso conjunto habitacional. Isso vale para "*Blowing balloons on a windy day*", enquanto a imagem de "*Desolate dunes with a lot to say*" remete à lembrança de ir ao litoral na infância.

Quanto ao verso "*Playing guitars on an empty stage*", não é que eu sofra de ansiedade da performance musical, mas em pesadelos eu sofro. Dizem que todo mundo que pratica alguma performance acaba sofrendo com isso. O ator chega ao palco, está prestes a dizer sua primeira fala e dá um branco, não sabe nem em qual peça está. E acorda suando frio. Tenho pesadelos assim, em que eu tento impedir o público de fazer uma debandada em massa.

Em meus pesadelos, quando vejo o público inquieto e se erguendo dos assentos no meio do show, eu nunca penso: "O que há de errado com esse pessoal? Por que não se sentam e escutam?". Penso invariavelmente: "O que é que estamos fazendo de errado? É claro que estamos tocando a canção errada aqui". Então eu tiro da cartola "Long Tall Sally", pensando: "Isso vai conquistá-los". Ou senão: "Vamos pegá-los de surpresa com 'Yesterday'". No papel ou no palco, sempre estou tentando imaginar o que é que eu devo fazer para manter o interesse do público.

Once Upon A Long Ago

Picking up scales and broken chords.
Puppy dog tails in the house of lords
Tell me darling — what can it mean?

Making up moons in a minor key,
What have those tunes got to do with me?
Tell me darling — where have you been?

Once upon a long ago
Children searched for treasure.
Nature's plan went hand in hand
With pleasure, .. (my) pleasure ..... solo ..

Blowing balloons on a windy day,
Desolate dunes with a lot to say,
Tell me darling — what have you seen?

Playing guitars on an empty stage,
Counting the bars **of** an iron cage
Tell me darling — what can it mean?

Once upon a long ago
Children searched for treasure.
Nature's plan went hand in hand
With pleasure .... such pleasure ...

Videoclipe de "Once Upon a Long Ago", 1987

Muitas das outras imagens da canção são pinçadas de minha infância, nos campos detrás de nosso conjunto habitacional. Isso vale para "*Blowing balloons on a windy day*", enquanto a imagem de "*Desolate dunes with a lot to say*" remete à lembrança de ir ao litoral na infância.

À esquerda: Com Willem de Kooning. East Hampton, 1984

À direita: *Pintos in the Sky with Desert Poppy*, quadro pintado por Paul, 1991

Quando comecei a pintar, eu tinha a ideia de que meus quadros deveriam ser significativos, que eles deveriam ter um significado profundo. Isso me bloqueava por completo. Eu simplesmente não conseguia produzir.

Only Mama Knows

COMPOSITOR	Paul McCartney
ARTISTA	Paul McCartney
GRAVAÇÃO	Abbey Road Studios, Londres
LANÇAMENTO	*Memory Almost Full*, 2007

Well I was found in the transit lounge
Of a dirty airport town
What was I doing on the road to ruin?
Well my mama laid me down
My mama laid me down

Round my hand was a plastic band
With a picture of my face
I was crying, left to die in
This godforsaken place
This godforsaken place

Only mama knows why she laid me down
In this godforsaken town
Where she was running to, what she ran from
Though I always wondered, I never knew
Only mama knows
Only mama knows

I'm passing through, I'm on my way
I'm on the road, no ETA
I'm passing through, no fixed abode
And that is why I need to try
To hold on, I've gotta hold on, gotta hold on

Was it planned as a one-night stand
Or did she leave in disgrace?
Well I never, will I ever
See my father's face?
See my father's face?

Only mama knows why she laid me down
In this godforsaken town
Where she was running to, what she ran from
Though I always wondered, I never knew
Only mama knows
Only mama knows

I've gotta hold on
I've gotta hold on
You've gotta hold on

Um amigo meu foi adotado quando era neném. Ele e o irmão dele foram abandonados num orfanato. Foram criados no orfanato e nunca conheceram a mãe deles. Ele suportou a experiência, mas o irmão dele sofreu muito. Usei essa "história da vida real" para criar uma situação imaginária que ancora a canção. É uma canção escrita do ponto de vista de alguém que foi deixado para trás. Alguém que sofreu abandono.

Meu amigo estava comigo quando escrevi esta canção, bem como estava comigo quando eu a gravei. Falamos abertamente sobre o assunto. Ele sempre se perguntou por que a mãe dele o deixou. Ele não sabia os detalhes, mas sabia que a mãe dele tinha engravidado de um sujeito que só estava de passagem. Naquela época, as pessoas sentiam muita vergonha - uma mulher não deveria ter filhos se não fosse casada -, sem falar nas grandes dificuldades financeiras de criar um filho.

Aqui estou me colocando psiquicamente, de certa forma, no lugar do cara que a engravidou. "*I'm passing through, I'm on my way/ I'm on the road, no ETA*". Tem algo nesses dois versos que eu aprecio; eles resumem a vida em turnê, de estar na estrada sem hora para chegar. "*I'm passing through, no fixed abode*". Na canção, é o garoto que foi abandonado, e agora ele está passando, está em seu caminho. Adquiriu os mesmos hábitos de seu pai, então a vida é um ciclo constante. Assim que eu começo a escrever sobre isso, obviamente encaro o assunto a partir de minha própria perspectiva. Só estou reconhecendo que a criança abandonada pela mãe tem mais problemas na vida do que a média das pessoas. Ele tem que suportar, tem que aguentar firme. Mas é bem maior do que isso. Quanto mais eu amadureço, mais eu acho que todos nós temos que aguentar. Ninguém sabe exatamente por que estamos aqui, mas estamos todos juntos no mesmo barco.

A parte do contraste oferece a oportunidade de abordar o tema de um ângulo diferente. A melodia muda, você vai a outro lugar musicalmente, então tem uma boa oportunidade de ir a um lugar diferente com a letra. Você pode fazer um tipo de declaração importante que ajude a canção a seguir em frente ou pode simplesmente fazer uma observação casual. Esta é a melhor coisa: você está livre para fazer o que quiser. Basicamente, você toma um desvio por uns minutos para depois retornar à rodovia.

Nós só chamamos isso de "contraste" [em inglês, "*middle eight*", ou a parte da canção com os "oito compassos do meio"] porque outras pessoas o chamavam assim, e tendia a ter oito compassos, e então é claro, você quer subverter isso, e em vez de oito, coloca dez compassos. Nunca fizemos de fato o que eu sempre quis fazer, aquilo que os músicos de blues fazem: eles faziam sete compassos, e quando você pensava que já não ia mais variar, variava. Ou senão faziam nove compassos, e daí você pensava, "Agora deu", eles diziam que não, "Ainda tem mais".

Essa ideia me agrada, de você ter a liberdade para fazer o que der na telha. Qualquer um que compõe sabe: se você tem um séquito de fãs, eles entendem seu estilo. Um dos meus estilos é: "Pronto, pronto, vai ficar tudo bem", mas é bom também subverter isso. Você sabe o que seus fãs querem, então pode tentar provocá-los um pouco, tentar não dar a eles exatamente o que eles esperam. E eu acho que muitas das minhas canções, muitas canções dos Beatles, fize-

Sessões de gravação de
Memory Almost Full, 2007

ram isto: você esperava que ela viesse para cá - mas ela ia para lá. Já ouvi gente dizendo que essa é uma das coisas boas em nossas canções. Richard Lester, o diretor de *A Hard Day's Night* (*Os reis do iê-iê-iê*) e *Help!*, é uma dessas pessoas, e ele curte jazz. Ele declarou: "Eu gosto quando elas se embrenham por caminhos que você nem imagina".

E isto acabou se tornando uma regra interessante para nós: tentar ir aonde ninguém espera que você vá.

ONLY MAMA KNOWS

INTRO

1) (Emin)   (D)
I WAS FOUND IN THE TRANSIT LOUNGE
(Emin)   (D)
OF A DIRTY AIRPORT TOWN
(Emin)   (D)
WHAT I WAS DOING ON THE ROAD TO RUIN
(Emin)   (F#min)
WELL, MY MAMA LAID ME DOWN
(Emin)   (D)
MAMA LAID ME DOWN

2) (Emin)   (D)
ROUND MY HAND WAS A PLASTIC BAND
(Emin)   (D)
WITH A PICTURE OF MY FACE
(Emin)
I WAS CRYING, LEFT TO DIE IN
(Emin)   (F#min)
THIS GOD FORSAKEN PLACE
(Emin)   (D)
GOD FORSAKEN PLACE   CHORDS D/A/E/B

(CHORUS) (B)   (Ebmin)   (C#min)
ONLY MAMA KNOWS, WHY SHE LAID ME DOWN
              (Emin)   (B)
IN THIS GOD FORSAKEN TOWN
(B)   (Ebmin)   (C#min)
WHERE SHE WAS RUNNING TO, WHERE SHE RAN FROM
                              (Emin)
THOUGH I ALWAYS WONDERED, I NEVER KNEW
(Emin) ONLY MAMA KNOWS —

MIDDLE   (Emin7)
PASSING THROUGH, I'M ON MY WAY
ON THE ROAD, NO E.T.A.
PASSING THROUGH NO FIXED ABODE
AND THAT'S WHY I NEED TO TRY, TO HOLD ON....

3) (Emin)   (D)
WAS IT PLANNED AS A ONE NIGHT STAND
(Emin)   (D)
OR DID SHE LEAVE IN DISGRACE
(Emin)   (D)   (Emin)   (F#min)
WELL I NEVER, WILL I EVER SEE MY FATHER'S FACE
                            (Emin) "   " (D) "
[CHORUS]
(B)   (Ebmin)   (C#min)   (Emin) (B)
ONLY MAMA KNOWS WHY SHE LAID ME DOWN IN THIS GOD FORSAKEN TOWN
(B)   (Ebmin)   (C#min)
WHERE SHE WAS RUNNING TO, WHERE SHE RAN FROM THOUGH I ALWAYS
              (Emin)   (Emin)
WONDERED, I NEVER KNEW   ONLY MAMA KNOWS.
           (Emin7)

The Other Me

COMPOSITOR	Paul McCartney
ARTISTA	Paul McCartney
GRAVAÇÃO	AIR Studios, Londres
LANÇAMENTO	*Pipes of Peace*, 1983

I know I was a crazy fool
For treating you the way I did
But something took a hold of me
And I acted like a dustbin lid

I didn't give a second thought
To what the consequence might be
I really wouldn't be surprised
If you were trying to find another me

'Cause the other me would rather be the glad one
The other me would rather play the fool
I want to be the kind of me
That doesn't let you down as a rule

I know it doesn't take a lot
To have a little self-control
But every time that I forgot
Well I landed in another hole

But every time you pull me out
I find it harder not to see
That we can build a better life
If I can try to find the other me

The other me would rather be the glad one
Yeah the other me would rather play the fool
Said I want to be the kind of me
That doesn't let you down as a rule

But if I ever hurt you
Well you know that it's not real
It's not easy living by yourself
So imagine how I feel

I wish that I could take it back
I'd like to make a different mood
And if you let me try again
I'll have a better attitude

Well I know that one and one makes two
And that's what I want us to be
I really would appreciate it
If you'd help me find the other me

And the other me would rather be the glad one
The other me would rather play the fool
But I want to be the kind of me
That doesn't let you down as a rule

Acima: Long John and the Silver Beetles na audição para Larry Parnes, com Stuart Sutcliffe, John Lennon, Johnny Hutchinson e George Harrison. Wyvern Social Club (rebatizado Blue Angel), Liverpool, maio de 1960

SE EU NÃO TIVESSE ENTRADO EM UMA BANDA TÃO BEM-SUCEdida quanto os Beatles – uma banda com uma vida longa quando comparada com a de outras bandas –, então talvez eu tivesse que procurar outra profissão. É quase certo que eu teria me tornado um professor de inglês, esse "outro eu".

Mas a vida que eu levo – como músico, artista, cantor, compositor – é incrível. Ainda sinto que estou só *brincando*. Tenho um pouco de "síndrome do impostor" – o mesmo que, suponho, muita gente "bem-sucedida" tem. Abracei essa vida por conta do fascínio dela, por amor a um quebra-cabeça que não tem como ser solucionado. Cada canção, portanto, é uma peça que contribui para a solução. Pretendo chegar à solução, mas não necessariamente sozinho.

Todos nós entramos em situações em que colocamos os pés pelas mãos. Falamos algo só da boca para fora ou falamos algo que é mal compreendido. Portanto, esta canção é um pedido de desculpas: "*I know I was a crazy fool/ For treating you the way I did/ But something took a hold of me/ And I acted like a dustbin lid*". Algo me dominou e agi de modo infantil – "*dustbin lid*" (literalmente, "tampa da lixeira"), é uma gíria de Liverpool que rima com "*kid*". Muitas vezes, após uma discussão, as pessoas vão embora carregando fortes energias e sentimentos, sem ter para onde direcioná-los. Se você é um compositor de letra e música, pode canalizar isso. Ao escrever canções como "The Other Me", você pode atuar como seu próprio terapeuta. Você está revendo seus atos, admitindo suas falhas e, em seguida, procurando a solução para se sair melhor da próxima vez.

No comecinho dos Beatles, é claro, nem pensávamos em compor canções, exceto como um pequeno projeto paralelo. Gostávamos mesmo de canções plenamente formadas que outras pessoas tinham gravado, então executávamos uma canção do Chuck Berry, ou uma canção do Carl Perkins, ou uma canção do

Elvis. Quando John e eu nos conhecemos, passamos o primeiro ano de nossa amizade conversando sobre essas versões cover, as gravações que amávamos, e depois tocando-as sem parar. À medida que fomos nos conhecendo, ensaiávamos essas várias covers, até que um dia, conversa vai, conversa vem, eu disse: "Sabe, já tentei compor uma ou duas canções". E ele respondeu: "Pois é, eu também".

Isso nos deu algo em comum que, por si só, era bastante incomum. Eu frequentava uma escola de mil rapazes e nunca tinha conhecido alguém que tivesse feito uma canção. As minhas só estavam em minha cabeça. E as de John também. Um pegou o outro de surpresa. Portanto, a sequência lógica foi: "Bem, talvez a gente pudesse compor uma canção juntos". E foi assim que começamos. E nos tornamos versões um do outro.

Por volta de 1960, fizemos uma audição para um empresário e promotor de eventos de Londres chamado Larry Parnes, bastante famoso na época, que tinha contrato com várias promessas do rock. Ele era um cara sensato, o velho Larry, e ele anunciou que ia promover testes em Liverpool, então foi uma grande notícia, e ficamos muito animados, você pode imaginar. As audições foram no Wyvern Social Club, que mais tarde se tornou o Blue Angel. The Big Three (que na época se chamavam Cass and the Cassanovas), Derry and the Seniors e Gerry and the Pacemakers, que emplacariam o grande sucesso "Ferry Cross the Mersey" - todos fizeram o teste conosco naquele mesmo dia.

Em nosso próprio teste tivemos Stuart Sutcliffe como baixista. Amigo de John da faculdade de artes, Stuart na verdade era pintor, mas ganhou um prêmio de arte de sessenta e cinco libras, o valor exato necessário para comprar um baixo Höfner. Stuart basicamente disse: "De jeito nenhum, não vou fazer isso", mas John sabia ser muito persuasivo. Então, Stuart tinha esse baixo que ele na realidade nem sabia tocar, mas enquanto estivesse em nota Lá, ele ficava só naquele "dum-dum-dum" e emprestava um elemento de som grave aos acordes de nossas guitarras.

George tocava a guitarra solo. John e eu fazíamos as guitarras base. Stuart desviou o olhar da câmera e evitou Larry, porque pensamos: "Se notarem os dedos dele, vão descobrir que ele não sabe tocar". Sugerimos de modo bem diplomático: "Afaste-se e pareça muito mal-humorado". Por isso, nas primeiras fotos, você nota que Stuart não está olhando para a câmera e aparenta estar mal-humorado.

Larry Parnes indagou: "Como é o nome da banda?". Não queríamos dizer "The Quarry Men", então dissemos: "Ainda não temos bem certeza". Ele retrucou: "Bem, vocês têm que ter um nome". John estava agindo como líder, então Larry perguntou a ele: "Qual é o seu nome?". E John respondeu: "Long John Silver". E eu disse que meu nome era "Paul Ramone"; não sei bem ao certo o porquê. "Ramone", pensei, talvez soasse um tanto francês e sofisticado. Então George disse: "Carl Harrison", em homenagem a Carl Perkins. E daí eu acho que dissemos: "Nós nos chamamos 'The Beetles'", ou algo assim, mas acho que queríamos dizer com duplo "e". E o cara falou: "Meu Deus, que nome horrível. Vamos chamá-los de Long John and the Silver Beetles". Dissemos: "Tudo bem".

Então, com Larry Parnes chegamos a fazer uma turnê com o nome The Silver Beetles. Todos os grupos de Larry tinham esses nomes tempestuosos. Tinha o Billy Fury. Tinha o Marty Wilde. Tinha o Dickie Pride. Eram como personagens de ação em histórias em quadrinhos. E fizemos a turnê junto com outro artista dele - um cara chamado Johnny Gentle. Pensamos: "Que diabos de nome é este?". Atuamos

Pôster da revista *Club Sandwich*, número 77, 1996

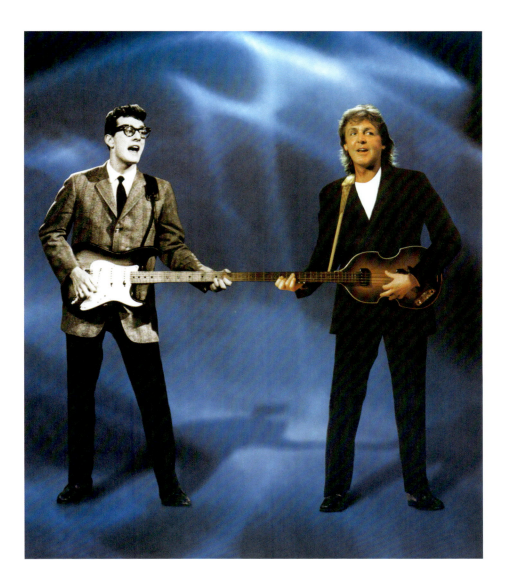

como banda de apoio para ele em uma turnê escocesa e ficamos um pouco decepcionados porque ele não tinha um nome mais estrondoso.

Na realidade, Johnny Gentle fez a turnê com uma jovem, a quem nos apresentou como sua esposa, e como jovens inocentes de Liverpool, dizíamos: "Ah, claro, a sra. Gentle". Nós a tratávamos com muito respeito, mas então o ceticismo se instalou. Percebemos que você podia fazer isto se estivesse em Hamburgo por um tempo, ou na Escócia em turnê: levar a namorada, dividir o quarto de hotel com ela e dizer à banda que ela era sua esposa.

Naqueles primórdios, Buddy Holly era um monstro para nós. Havíamos escutado suas músicas no rádio e pensado que ele era um artista negro americano. "That'll Be the Day" era uma canção maravilhosa. Simplesmente a adorávamos, e a introduçãozinha era excelente. Ao longo de vários anos tentamos aprender aquela introdução e, de tanto tentar, conseguimos. Depois analisamos o lado B, e as outras coisas que ele estava fazendo. "Peggy Sue" – minha nossa, também amamos essa. "Maybe Baby"

- sensacional. E ficou claro que ele fazia suas próprias canções, o que era algo raro. Éramos jovens, mas sempre prestávamos atenção nos créditos de composição, porque estávamos muito interessados no processo como um todo. Essa é uma das melhores coisas em relação aos Beatles: um truque nunca passava despercebido para nós; sabíamos quem escrevia o quê e tentávamos descobrir quem eles eram.

Em alguns hits de que gostamos, vimos a parceria "Goffin/King". Pensamos que eram dois caras, mas na verdade era uma mulher e um homem: Carole King e o primeiro marido dela, Gerry Goffin. Eles trabalhavam no Brill Building, em Manhattan. Víamos "Holly" nas canções de Buddy Holly e pensávamos: "Uau, foi ele quem compôs isso". Então o assistimos na televisão no London Palladium, e ele tocou guitarra e cantou. Mas Elvis não escrevia suas próprias canções e não sabia tocar violão direito; observamos os dedos dele e notamos que ele não sabia tocar muito bem. Em "Love Me Tender" era possível mesmo afirmar que ele não estava tocando. Claro, ele era um cantor incrível, mas só tocava uns acordes básicos.

Por esses motivos, gostávamos de Buddy Holly and The Crickets. Gostávamos da banda dele, mas amávamos Buddy pra valer, a voz dele, o jeito como ele tocava guitarra (sem falar nos óculos) e o fato de que ele fazia as composições. E, se você for parar para pensar, é isto que os Beatles faziam: escrevíamos nossas próprias composições, tocávamos guitarra e cantávamos. E assim fomos nos tornando quem deveríamos ser.

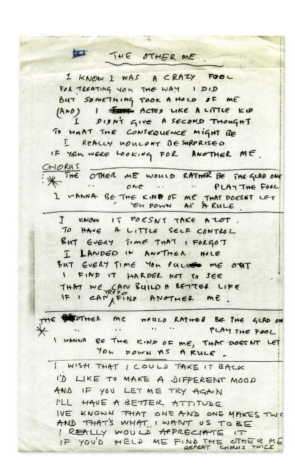

THE OTHER ME

1.
I KNOW I WAS A CRAZY FOOL
FOR TREATING YOU THE WAY I DID
BUT SOMETHING TOOK A HOLD OF ME
(AND) I ~~JUST~~ ACTED LIKE A LITTLE KID
I DIDN'T GIVE A SECOND THOUGHT
TO WHAT THE CONSEQUENCE MIGHT BE
I REALLY WOULDN'T BE SURPRISED
IF YOU WERE LOOKING FOR ANOTHER ME.

CHORUS
THE OTHER ME WHO'D RATHER BE THE GLAD ONE
ME WHO WOULDN'T ~~PLAY~~ BE THE FOOL
I WANNA BE THE KIND OF ME THAT DOESN'T LET
YOU DOWN AS A RULE.

2.
I KNOW IT DOESN'T TAKE A LOT
TO HAVE A LITTLE SELF CONTROL
BUT EVERY TIME THAT I FORGOT
I LANDED IN ANOTHER HOLE
AND EVERY TIME YOU PULL ME OUT
I FIND IT HARDER NOT TO SEE
THAT WE CAN BUILD A BETTER LIFE
IF I CAN TRY TO FIND ~~THE OTHER~~ ME.

CHORUS.
THE ~~OTHER~~ ME WHO'D RATHER BE THE GLAD ONE.
" " WHO WOULDN'T BE ~~~~ THE FOOL
I WANNA BE THE KIND OF ME, THAT DOESN'T LET
YOU DOWN AS A RULE.

MIDDLE. ~~AND IF I EVER HURT YOU~~, PLEASE IMAGINE HOW ~~I~~ FEEL
LIVING WITH
~~IT'S NOT EASY TO RESPECT YOURSELF, WHEN~~ ~~BREAKING~~
~~WHEN YOU NEVER~~ TO MAKE A DEAL ~~YOUR PEACE~~.

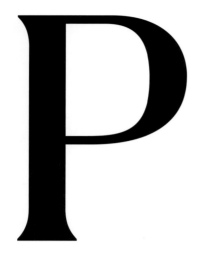

Paperback Writer	576
Penny Lane	582
Picasso's Last Words (Drink to Me)	588
Pipes of Peace	594
Please Please Me	600
Pretty Boys	604
Pretty Little Head	610
Put It There	616

Paperback Writer

COMPOSITORES	Paul McCartney e John Lennon
ARTISTA	The Beatles
GRAVAÇÃO	Abbey Road Studios, Londres
LANÇAMENTO	Single, 1966

Paperback writer
   (Paperback writer)

Dear Sir or Madam, will you read my book?
It took me years to write will you take a look?
It's based on a novel by a man named Lear
And I need a job so I want to be a
Paperback writer, paperback writer

It's a dirty story of a dirty man
And his clinging wife doesn't understand
His son is working for the Daily Mail
It's a steady job but he wants to be a
Paperback writer, paperback writer

Paperback writer
   (Paperback writer)

It's a thousand pages give or take a few
I'll be writing more in a week or two
I can make it longer if you like the style
I can change it round and I want to be a
Paperback writer, paperback writer

If you really like it you can have the rights
It could make a million for you overnight
If you must return it you can send it here
But I need a break and I want to be a
Paperback writer, paperback writer

Paperback writer
   (Paperback writer)

A VERDADE É QUE DESCOBRIMOS A MACONHA, E – EXATAMENTE como estava prometido no rótulo – isso expandiu as nossas mentes. As coisas se ampliaram. Percebemos que não precisava ser apenas "*thank you girl*", "*from me to you*", "*she loves you*"... Já não precisava mais ser tão simples. Estávamos em busca do tipo de assunto que ainda não tivesse sido tema da canção popular.

Essa constatação coincidiu com o fato de que agora eu estava topando com escritores no circuito dos coquetéis. Kingsley Amis, John Mortimer, Penelope Mortimer, Harold Pinter, para citar só alguns. Justamente os autores cujos livros eu andava lendo, ou que eram comentados em artigos que eu lia. Quando eu era mais novo, eu frequentava a Philip Son & Nephew, a livraria local em Liverpool. As livrarias de Londres eram quase tão boas quanto as lojas de instrumentos musicais; havia muita coisa a ser descoberta lá dentro.

Eu tinha essa ideia de ser um aspirante a escritor e me imaginei escrevendo uma carta à editora para destacar minhas virtudes e tentar vender o meu peixe. É por isso que a canção começa "*Dear Sir or Madam*". Na época, era assim que você fazia a saudação na carta. Adaptei isso ao contexto musical. Eu tinha comprado uma nova guitarra elétrica, a Epiphone Casino. É essa guitarra que eu ainda uso no palco, e eu pluguei a Casino no meu amplificador Vox, aumentei o volume lá em cima e inventei esse riff. É um riff excelente e fácil de tocar. De fato, a maioria de minhas composições musicais traz um truque simples, porque não sou lá muito proficiente. Por exemplo, nem sempre eu consigo tocar as notas certas no piano. Portanto, quase sempre há um tipo de posição de espera. Só dou uma variada nisso. Eu transito um pouco na superfície, mas sem me afastar muito da âncora.

A influência dos Beach Boys no som da canção é direta. Em especial, as harmonias deles nos empolgavam. Mas o certo é que bem antes disso meu pai se sentou conosco e ensinou a mim e a meu irmão o bê-á-bá da harmonia. Bem antes dos Beach Boys, os Everly Brothers já cantavam em harmonia, e o meu irmão Mike e eu também cantávamos. Até nos apresentamos numa competição de talentos do acampamento de férias Butlin's. Eu tinha uns quinze anos na época, e cantamos "Bye Bye Love", sucesso dos Everly Brothers. Não ganhamos, é claro. O nosso talento não impressionou muito a galera do Butlin's!

Imitamos um pouco as harmonias dos Beach Boys, mas claro que fizemos mudanças, como colegiais travessos que éramos. Dizíamos que estávamos cantando "dit, dit, dit, dit", mas nossos sorrisinhos transpareciam o fato de que estávamos cantando "tit, tit, tit, tit".

Amávamos jogos de palavras, principalmente trocadilhos. Amávamos o absurdo. Amávamos o *nonsense*, especialmente os escritos de Edward Lear. É por isso que o nome dele é citado em "Paperback Writer".

À esquerda: Com o irmão,
Mike, na colônia de férias
Butlin's, década de 1940

Paul McCartney
20 Forthlin Rd.
Allerton
L'pool 18.

Dear Mike,

When we were at Butlins last year, I told you about my friends and I wanting to work at one of the camps this year. We like having a good time but we don't mind missing this if we go to Butlins.

But my friends were wondering if we could get a job from the middle of July to the 9th September, and they were wondering if we were old enough. Both of my friends look 17.

We would do any kind of work they wanted us to but we'd all like the same chalet; (like.) I think we'd love it!

Could you please use your influence with the 'officials' and try to get us jobs, or else could you tell me how I could do it by myself?

Ta-ra, and thanks

from Paul and Len and John

P.S. We've got amplifiers supplied now on our various dates, and one guitarist, (he's smashing) and we I, have pick-ups.

We're playing on a dance hall tonight so I've got to get ready.

Goodbye

SPLUTTER!!! OW!!
AAAAH!!! No!!!
OWCH!! AIEEE! POW!

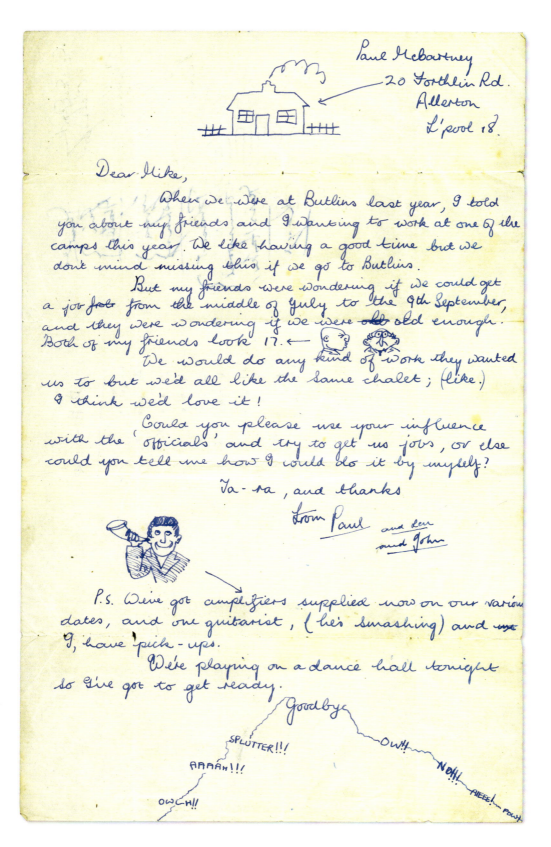

Os Beatles executando "Paperback Writer" no programa *Top of the Pops*, 1966

Tocando a Epiphone Casino no evento Robin Hood Benefit. Nova York, 2015

Penny Lane

COMPOSITORES   Paul McCartney e John Lennon
ARTISTA   The Beatles
GRAVAÇÃO   Abbey Road Studios, Londres
LANÇAMENTO   Single com duplo lado A: "Penny Lane"/ "Strawberry Fields Forever", 1967

In Penny Lane there is a barber showing photographs
Of every head he's had the pleasure to know
And all the people that come and go
Stop and say hello

On the corner is a banker with a motorcar
The little children laugh at him behind his back
And the banker never wears a mac
In the pouring rain, very strange

Penny Lane is in my ears and in my eyes
There beneath the blue suburban skies
I sit and meanwhile back

In Penny Lane there is a fireman with an hourglass
And in his pocket is a portrait of the Queen
He likes to keep his fire engine clean
It's a clean machine

Penny Lane is in my ears and in my eyes
A four of fish and finger pies
In summer, meanwhile back

Behind the shelter in the middle of the roundabout
The pretty nurse is selling poppies from a tray
And though she feels as if she's in a play
She is anyway

In Penny Lane the barber shaves another customer
We see the banker sitting waiting for a trim
And then the fireman rushes in
From the pouring rain, very strange

Penny Lane is in my ears and in my eyes
There beneath the blue suburban skies
I sit and meanwhile back

Penny Lane is in my ears and in my eyes
There beneath the blue suburban skies
Penny Lane

" **P**ENNY LANE" TEM UM ASPECTO DOCUMENTAL, EMBORA talvez a canção possa ser mais bem classificada como *docudrama*. O que não é assim tão estranho, já que, quando eu ia à casa de John em Liverpool, eu baldeava de ônibus na rotatória Penny Lane, no cruzamento da Church Road com a Smithdown Road. Além de ser um terminal de ônibus que marcou a minha vida e a vida de John - muitas vezes servia como ponto de encontro -, a Igreja de St. Barnabas, onde eu participava do coral, ficava pertinho dali. Portanto, esse local ressoa de várias maneiras; ainda está em meus ouvidos e em meus olhos ("*in my ears and in my eyes*").

O verso sobre um barbeiro mostrando fotografias ("*a barber showing photographs*") ainda me diverte, porque é como se a barbearia fosse uma galeria com pinturas expostas. Tem uma exposição na janela dele. Você olhava as fotos na janela do barbeiro, entrava e dizia: "Quero o corte do Tony Curtis" ou "Pode ser um corte à escovinha". Achei que "mostrando fotografias" era uma boa escolha de palavras. Tudo que estou dizendo é que existe uma barbearia, e o barbeiro tem fotos de cortes de cabelo na janela, mas falar assim seria muito trivial.

O estabelecimento em Penny Lane pertencia a Harry Bioletti. Era uma barbearia italiana completa, com o mastro listrado na entrada e tudo mais. Todos os membros dos Beatles foram cortar o cabelo ali num momento ou outro. "*Of every head he's had the pleasure to know*" é um verso que lança mão de um dispositivo que o meu antigo professor de inglês chamava de "discurso indireto livre". Você consegue escutar o barbeiro dizendo: "Foi um prazer conhecê-lo" ou algo parecido. Um recurso maravilhosamente sucinto de fornecer informações. Condensa muita coisa.

Tenho certeza de que *Sob o bosque de leite* (*Under Milk Wood*), de Dylan Thomas, também foi uma grande influência. Era uma peça radiofônica, o retrato de uma cidade galesa por meio de um elenco de personagens. Foi ao ar pela primeira vez em 1953, mas teve uma nova montagem no rádio em 1963 e uma adaptação para a tevê em 1964. Portanto, essas ideias estavam no ar.

Os personagens de "Penny Lane" ainda são muito reais para mim. Até hoje eu passo por ali e mostro ao pessoal a barbearia, o banco, o corpo de bombeiros, a igreja onde eu cantava e onde a enfermeira estava parada com a bandeja de papoulas de papel enquanto eu esperava o ônibus. Bonita, aquela enfermeira. Eu me lembro dela como se fosse hoje. Era o Dia da Lembrança, e ela segurava a bandeja cheia de papoulas artificiais e insígnias. Curiosamente, muitos americanos entenderam que ela estava vendendo "*puppies*", o que é outra imagem interessante, uma bandeja cheia de *filhotinhos*. Mas ela está vendendo essas papoulas ("*poppies*") e ela sente que está numa peça teatral ("*she feels as if she's in a play/ She is anyway*").

A expressão "*She is anyway*" é muito anos 1960 - um comentário com seu método próprio. Se eu fosse escrever uma peça de teatro com esses personagens, eu ia preferir que ela fosse uma peça como as de Harold Pinter em vez de algo um pouco mais direto. Gosto da ideia de que eles são meio instáveis, todos esses personagens. Tem algo de esquisito neles. E, é claro, eu não só tinha visto as peças de Pinter no palco, como também tinha visitado a casa dele em Regent's Park. Uma vez, fomos a uma festa lá, e a banheira estava cheia de garrafas de champanhe.

584-585: Letra de "Penny Lane" manuscrita por Paul e John

1. In Penny Lane there is a barber showing photographs
   of every head he's had the pleasure to know
   A   & all the people that come and go
           stop and say hello

          On the corner
2. In Penny Lane there is a banker with a motor car
   the and little children laugh at him behind his back
   B and for the banker never wears a mac
           in the pouring rain, very strange

   B Penny Lane, is in my ears, and in my eyes,
   B Penny Lane
          There beneath the blue suburban skies I sit and
   A Meanwhile back in Penny Lane.
   A There is a fireman with an hour glass
   A And in his pocket is a portrait of the Queen
   B He likes to keep his fire engine clean
   A It's a clean machine (Ah Ah oh)
   A Penny Lane in my ears and in my eyes
   A A four of fish and finger pies in Summer
   B (THEN B IN C)

In Penny Lane there was a barber
                    showing photographs
Of every head he'd had the pleasure to know
  It was easy not to go - he was very slow

Meanwhile back in ~~Penny Lane~~ behind the shelter
in the middle of the roundabout
A pretty nurse is selling poppies from a tray
And though she feels as if she's in a play
She is anyway.

In Penny Lane the barber shaves another customer
We see the banker sitting for a trim
And then the fireman rushes in
From the pouring rain — very strange

Penny Lane is in my ears and in my eyes
There beneath the blue suburban skies
And meanwhile back at
Penny Lane is in my ears and in my eyes
There beneath the blue suburban skies Penny Lane

Acima: Videoclipe de "Penny Lane", 1967

À direita: Traje usado no videoclipe de "Penny Lane" desenhado pelo figurinista Monty Berman.

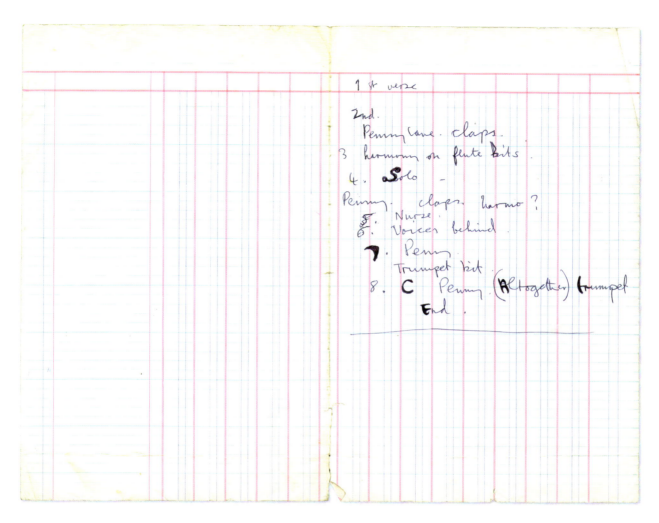

Acima: Notas de gravação de Paul

À direita: Barbearia Bioletti no videoclipe de "Penny Lane", 1967

Picasso's Last Words (Drink to Me)

COMPOSITORES   Paul McCartney e Linda McCartney
ARTISTA   Paul McCartney e Wings
GRAVAÇÃO   EMI Studios, Lagos; ARC Studio, Lagos; e AIR Studios, Londres
LANÇAMENTO   *Band on the Run*, 1973

The grand old painter died last night
His paintings on the wall
Before he went, he bade us well
And said goodnight to us all

Drink to me, drink to my health
You know I can't drink any more
Drink to me, drink to my health
You know I can't drink any more

Three o'clock in the morning
I'm getting ready for bed
It came without a warning
But I'll be waiting for you, baby
I'll be waiting for you there

So drink to me, drink to my health
You know I can't drink any more
Drink to me, drink to my health
You know I can't drink any more

"**P**icasso's last words" começou como um desafio. Conheci Dustin Hoffman quando ele estava filmando *Papillon* na Jamaica, e fomos à casa dele em Montego Bay. Ele me indagou: "Consegue compor uma canção sobre qualquer coisa?". Respondi: "Bem, não sei, talvez". Ele falou: "Peraí um minuto", correu escada acima e desceu com um artigo da revista *Time* sobre a morte de Picasso.

Então ele disse: "Dá só uma olhada nas últimas palavras de Picasso". O artigo relatava que no dia de sua morte, em abril de 1973, Picasso estava cercado de amigos, e suas últimas palavras foram: "Bebam por mim. Bebam à minha saúde. Sabem que já não posso mais beber".

Dustin perguntou: "Consegue fazer uma canção sobre isto?". Eu não tinha bem certeza, mas estava com o meu violão, então dedilhei um acorde e comecei a entoar uma melodia com aquelas palavras, e ele ficou boquiaberto. Chamou Anne, a esposa dele: "Venha cá! Escute só isso! Acabei de mostrar isto ao Paul, e ele já tem a canção". Aqui o foco era aceitar o desafio de Dustin, então só me concentrei nas palavras que ele colocou na minha frente. E o legal nisso é que ele claramente havia considerado melódicas aquelas palavras. Como ator, ele entende o ritmo das palavras, e eu acho que ao ler a citação, ele deve ter pensado: "Isso flui que é uma beleza". Foi um prazer compor a canção, nem que tenha sido só para me exibir um pouquinho. Sou um felizardo porque esse é um dom natural para mim.

Acho que o próprio ritmo das palavras acaba influenciando a melodia. Você quer obter algo que flua ao natural e ao mesmo tempo seja interessante, mas também combine com a música que você está ouvindo. Algumas vezes você tem que alterar uma palavra porque ela simplesmente não funciona bem na métrica, então você busca uma palavra alternativa, que diga mais ou menos a mesma coisa, mas com um número diferente de sílabas. Talvez seja preciso uma dissílaba em vez de uma monossílaba, ou o contrário. É importantíssimo que o ritmo soe natural. Quando isso não acontece, ele chama atenção como um polegar inflamado.

Você não pensa mesmo nessas coisas específicas quando está formando a letra, não é tão autoconsciente, mas, quando Dustin me desafiou, pensei comigo mesmo: "Bem, tenho que configurar isto". E me vieram os versos: "*The grand old painter died last night/ His paintings on the wall/ Before he went, he bade us well/ And said goodnight to us all*". Então o foco muda, como acontece em várias canções minhas, para sabe-se lá o que Picasso andou fazendo às três da manhã, mas os versos soavam bem: "*Three o'clock in the morning/ I'm getting ready for bed/ It came without a warning / But I'll be waiting for you, baby / I'll be waiting for you there*". Foi então que pude usar as palavras dele: "*Drink to me*".

Na fala normal, que presumivelmente é o que Picasso estava fazendo, é apenas algo comum, enunciado com franqueza: "Bebam por mim!". Mas, após ser publicado numa revista, está a meio caminho de se tornar um poema, e uma pessoa como Dustin vai ler aquilo e pensar: "As últimas palavras de Picasso. É uma ótima citação". E eu tive de concordar. Sempre fico satisfeito quando acontece uma coisa assim.

À esquerda: Dustin Hoffman com um "saco de trapos" na cabeça. Jamaica, 1973

Páginas 592-593: Partitura manuscrita para "Picasso's Last Words (Drink to Me)"

Dustin perguntou: "Consegue fazer uma canção sobre isto?". Eu não tinha bem certeza, mas estava com o meu violão, então dedilhei um acorde e comecei a entoar uma melodia com aquelas palavras, e ele ficou boquiaberto.

PICASSOS LAST WORDS (DRINK TO ME...)

The grand old painter died last night
His paintings on the wall
Before he went he bade us well
And said goodnight to us all

CHORUS Drink to me, drink to my health,
You know I cant drink any more
Drink to me, drink to my health,
You know I cant drink any more
MIDDLE 3 oclock in the morning
I'm getting ready for bed
It came without a warning
But I'll be waiting for you baby
I'll be waiting for you there
So Drink to me drink to my health
You know I cant drink any more
Drink to me drink to my health
You know I cant drink any more

FRENCH INTERLUDE.
(TEMPO CHANGE)
JET —— Drink to me CHORUS
(TEMPO) DRUNKEN CHORUS
FRENCH (TEMPO) Drink to me - HO HEY HO

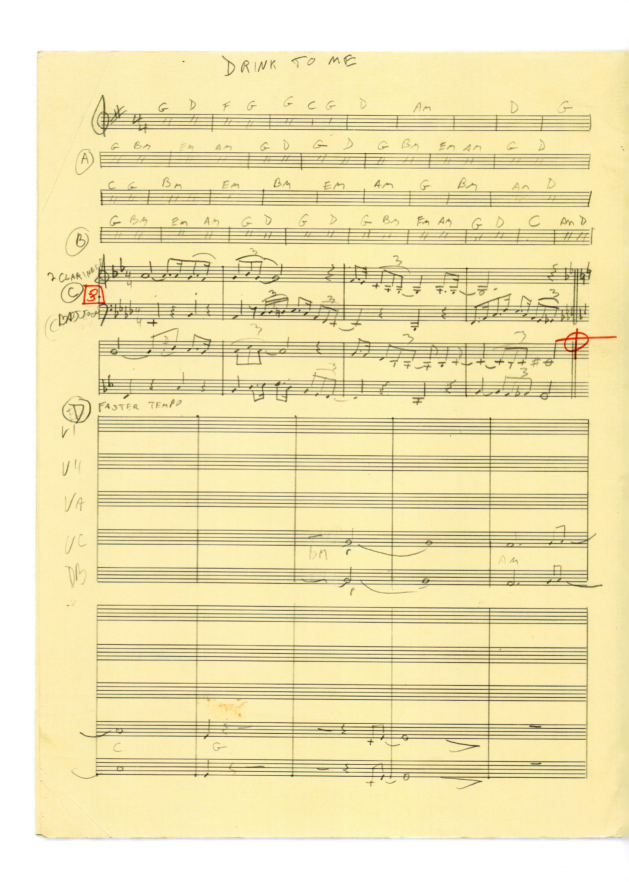

DRINK TO ME P.2

Pipes of Peace

COMPOSITOR Paul McCartney
ARTISTA Paul McCartney
GRAVAÇÃO AIR Studios, Londres
LANÇAMENTO *Pipes of Peace*, 1983
Single, 1983

I light a candle to our love
In love our problems disappear
But all in all we soon discover
That one and one is all we long to hear

All round the world
Little children being
Born to the world
Got to give them all we can
Til the war is won
Then will the work be done

Help them to learn
Songs of joy instead of
Burn baby burn
Let us show them how to play
The pipes of peace
Play the pipes of peace

Help me to learn
Songs of joy instead of
Burn baby burn
Won't you show me how to play
The pipes of peace
Play the pipes of peace

What do you say?
Will the human race
Be run in a day?
Or will someone save
This planet we're playing on
Is it the only one?
What are we going to do?

Help them to see
That the people here
Are like you and me
Let us show them how to play
The pipes of peace
Play the pipes of peace

I light a candle to our love
In love our problems disappear
But all in all we soon discover
That one and one is all we long to hear

Acima: Papai Jim ao piano com a tia Jin. Liverpool

EM LIVERPOOL, EU GOSTAVA DE PASSAR UM BOM TEMPO NUMA livraria com o pitoresco, mas acertado nome de Philip Son & Nephew. Desde criança, sempre gostei de livrarias. Adoro o cheiro delas. Adoro o fato de todo esse cabedal estar reunido sob o mesmo teto.

Na época em que o disco *Pipes of Peace* estava sendo composto, no início dos anos 1980, eu estava em outra livraria favorita, a Daunt Books na Marylebone High Street, e me deparei com um livro do poeta bengali Rabindranath Tagore, vencedor do Prêmio Nobel. Um dos poemas de Tagore tinha um verso com "*light a candle*" ("acenda uma vela") ou algo semelhante, e eu só dei uma alterada. E esse foi o início desta canção. Tagore, com seus olhos encovados, barba longa e esvoaçante, parece interessante nas fotos, e acho que foi isso que me atraiu nele, mas eu admirava muito os poemas dele, então peguei esse verso.

Posso ter me lembrado mal do verso. Pode ser que fosse apenas a ideia de acender uma vela ao amor, mas foi disso que eu me lembrei. É o que todos ansiamos ouvir: estar juntos, amar uns aos outros, "*Little children being/ Born to the world*", dar o máximo que podemos até que a guerra esteja ganha. Quando eu falo em guerra, estou falando na guerra que é a nossa vida, e na guerra de verdade, que, onde quer que ela aconteça hoje, está mutilando nosso planeta. Já a expressão "*Songs of joy instead of/ Burn baby burn*" se tornou famosa após os tumultos de Watts que arrasaram grande parte do centro de Los Angeles. Ou seja, esta canção, escrita anos depois, tornou-se uma espécie de hino pela paz, algo muito encorajador. Também é encorajador saber que ela chegou ao número um no Reino Unido em dezembro de 1983.

Minha atitude otimista com certeza remonta à minha criação em Liverpool. No pós-guerra, existia um otimismo no ar, e o povo não cabia em si de felicidade por sair daquele buraco. Em nossa família, a festa anual na véspera do Ano-Novo era um encontro alegre, em que todos se reuniam para cantar. Eram todas canções otimistas - "*Roll out the barrel/ We'll have a barrel of fun*" -, músicas nesse espírito. Meu

pai tocava piano e todos se divertiam à beça. É muita sorte minha ter nascido numa família tão feliz.

Quando menino, eu achava que todo mundo tinha uma família assim, até conhecer gente como John e perceber que isso não era verdade, e talvez esse conflito entre as nossas diferentes visões tenha produzido uma espécie de mágica. Mas cresci com essa maneira de pensar, de que vai ficar tudo bem no final. A tragédia pode acontecer, mas a página vai virar, e eu adoro isso. Percebendo que tenho um alcance no mundo, que as pessoas ouvem minhas coisas, sinto a responsabilidade (por mais que essa palavra soe um pouco ousada) de ser otimista até não poder mais. Essa atitude naturalmente se insinua em minhas canções, porque sei que essas canções chegarão a algum lugar, e eu acho que seria legal se elas motivassem as pessoas a adotar um caminho positivo. Vou ser otimista até não poder mais, e a situação teria que ser muito *Blade Runner*, muito sombria, para que eu não conseguisse pensar: "Vamos entoar uma canção...".

Filmar o videoclipe para esta canção também foi pra lá de divertido. Quem o dirigiu foi Keith McMillan, com quem fiz outras coisas. Trabalhou na BBC, depois saiu e se tornou freelancer. Começamos a trocar ideias sobre "Pipes of Peace", e me lembrei do trecho de um filme que passou na tevê quando eu era criança, sobre soldados fazendo uma trégua entre as trincheiras do front de batalha e jogando futebol no Natal de 1914. Visualmente, esse foi o nosso ponto de partida, então no vídeo eu interpreto um soldado britânico e outro alemão.

Acima: No set do videoclipe de "Pipes of Peace". Chobham Common, Surrey, 1983

PIPES OF PEACE.

I light a candle to our love
In love our problems disappear
But all in all we soon discover
That one and one is all we want to hear.

1. All round the world
   Little children being born to the world
   Got to give them all we can till the war is won
   Then will the work be done.

CHORUS. Help them to learn, songs of joy instead of burn, baby, burn,
   Let us show them how to play – the pipes of peace.
   – Repeat – (SINGLE END)
   – Instrumental –

CHORUS. Help me to learn songs of joy instead of burn, baby, burn,
   Won't you show me how to play – the p.o.p.
   – Repeat – (DOUBLE END.)

2. What do you say? Will the human race be run in a day
   Or will someone save this planet we're playing on
   Is it the only one?

   Help them to see, that the people here are like you and me,
   Let us show them how to play the p.o.p.
   – Repeat – (DOUBLE END.)

   I light a candle to our love
   In love our problems disappear
   And all in all we soon discover
   That one & one is all we want to hear
           C. – p.o.p. riff.
       A min. – E.   END.

Pôster do single "Pipes of Peace", 1983

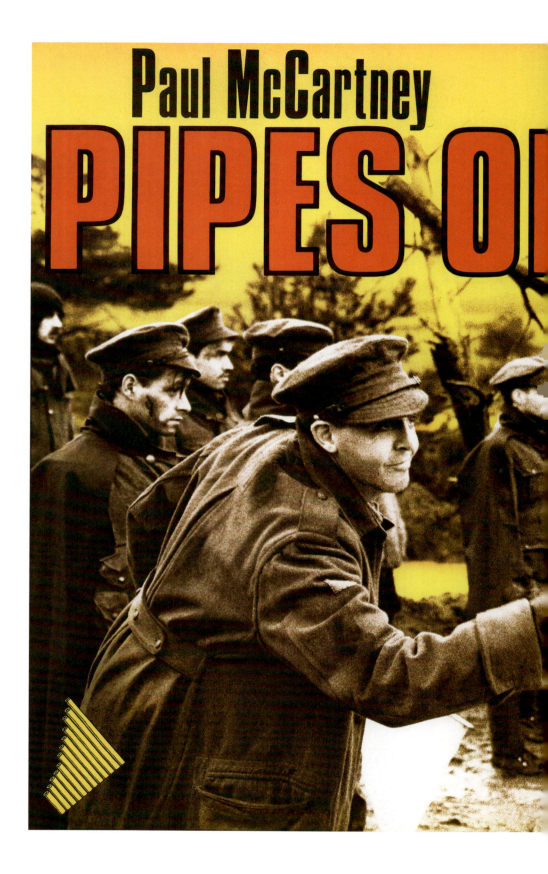

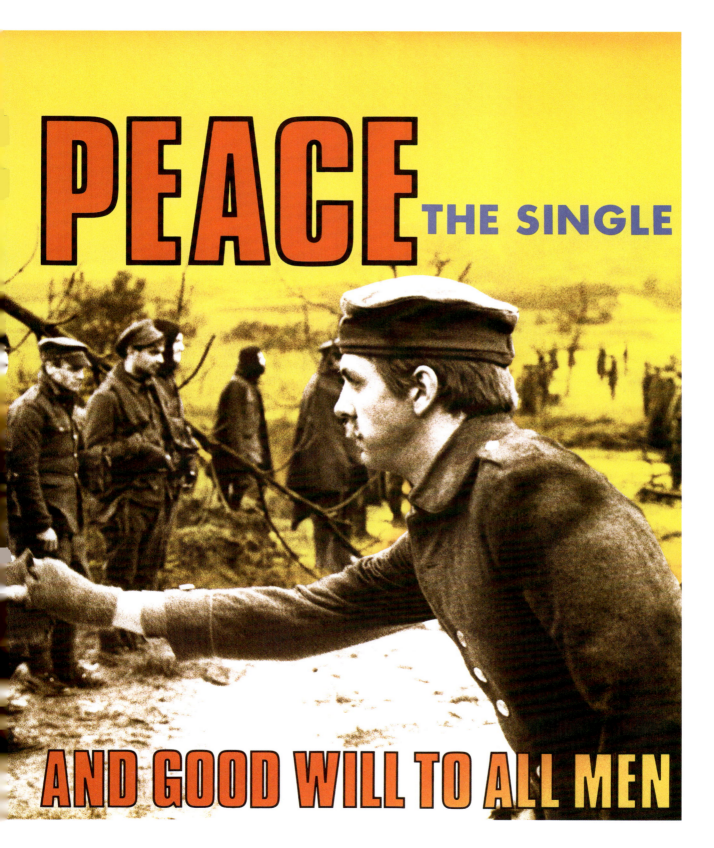

Please Please Me

COMPOSITORES	John Lennon e Paul McCartney
ARTISTA	The Beatles
GRAVAÇÃO	Abbey Road Studios, Londres
LANÇAMENTO	Single, 1963
	Please Please Me, 1963
	Introducing...The Beatles, 1964

Last night I said these words to my girl
I know you never even try, girl

Come on (come on)
Come on (come on)
Come on (come on)
Come on (come on)
Please please me
Whoa yeah like I please you

You don't need me to show the way, love
Why do I always have to say, love

Come on (come on)
Come on (come on)
Come on (come on)
Come on (come on)
Please please me
Whoa yeah like I please you

I don't wanna sound complaining
But you know there's always rain in my heart
    (in my heart)
I do all the pleasin' with you
It's so hard to reason with you
Whoa yeah why do you make me blue?

Last night I said these words to my girl
I know you never even try, girl

Come on (come on)
Come on (come on)
Come on (come on)
Come on (come on)
Please please me
Whoa yeah like I please you
    (Please me)
Whoa yeah like I please you
    (Please me)
Whoa yeah like I please you

Acima: Desenhos do caderno escolar de John Lennon, meados da década de 1950

N A HORA DE FAZER AS COMPOSIÇÕES, JOHN TINHA O VIOLÃO dele e eu o meu, e, como já falei antes, o legal nisso era que eu era canhoto e ele, destro, então era como se eu estivesse me olhando no espelho e ele estivesse se olhando no espelho.

A gente sempre afinava os violões, fumava um cigarro, bebia uma xícara de chá e começava a tocar, em busca de uma ideia. Em geral, ele ou eu já vínhamos com o fragmento de uma canção. "Please Please Me" foi ideia de John. John curtia o duplo significado de "*please*" ("por favor" e "agradar"). E, sim, aqui o "*please*" significa me agrade pra valer. "Transe comigo, por favor. Então, me agrade pra valer, transe comigo, eu imploro, por favor, transe comigo." Ele curtia isso, e eu curtia que ele curtisse isso. Esse era o tipo de coisa que um percebia no outro, o tipo de coisa que fazia a nossa parceria funcionar. Estávamos em sincronia.

Há uma velha canção de Bing Crosby chamada "Please", e o verso que abre a música é "*Please lend your little ear to my pleas*". Mesmo se você nunca tivesse ouvido a canção antes, você ouvia - *arrá* - dois significados trabalhando. Éramos dois apreciadores de jogos de palavras. Recentemente comprei muitos desenhos e escritos de John. Eu os tenho na parede, então posso olhar para eles o tempo todo, e é um trocadilho atrás do outro. Esse era um componente da inteligência de John. Qualquer coisa que pudesse ser distorcida, ele distorcia.

Quando John a trouxe, "Please Please Me" era uma baladinha. Eu a ouvi e logo falei: "orbisoniana". Na verdade, parecia ideal para Roy Orbison. Não sei se algum dia ele já a cantou, mas se você diminuir o andamento dela e cantar como ele, a canção se encaixa perfeitamente com o estilo de Roy.

Mas então o nosso produtor, George Martin, meteu o seu dedo. Mostramos a canção para George, e ele a aprovou, mas disse: "Acham que podemos deixá-la mais rápida?". Respondemos: "Melhor não". Mas George, muito persuasivo, insistiu:

601

"Vamos só experimentar. Se não gostarem, deixa pra lá". Ele previu: "Acho que esta pode ser o seu primeiro número um". A contragosto, aceleramos o ritmo, e ela acabou se tornando o nosso primeiro número um.

Essa era uma das grandes vantagens de trabalhar em colaboração. Eu trazia algo, e John identificava a alteração necessária. Ele trazia algo, e eu identificava a alteração necessária. E se nenhum de nós detectasse o problema, George Martin o fazia. Essa colaboração fez dos Beatles um grupinho muito sortudo.

À esquerda: George Martin ao piano nas sessões de gravação do álbum *The Beatles*. Abbey Road Studios, Londres, 1968

À direita: Com John Lennon no camarim antes da apresentação dos Beatles no programa *Thank Your Lucky Stars*. Birmingham, 1963

603

Pretty Boys

COMPOSITOR	Paul McCartney
ARTISTA	Paul McCartney
GRAVAÇÃO	Hog Hill Mill, Sussex
LANÇAMENTO	*McCartney III*, 2020

Look into my lens
Give me all you got
Work it for me, baby
Let me take my best shot

Meet the Pretty Boys
A line of bicycles for hire
Objects of desire
Working for the squire
You can look but you'd better not touch

'Cause here come the Pretty Boys
They're gonna set your world on fire
Objects of desire
Preaching to the choir
They can talk but they never say much

Strike another pose
Try to feel the light
Hey the camera loves you
Don't put up a fight

There go the Pretty Boys
A row of cottages for rent
For your main event
They're what the angels sent
You can look but you'd better not touch

Look into my lens
Try to feel the light
Hey the camera loves you
It's gonna be alright

Oh here come the Pretty Boys
A line of bicycles for hire
Objects of desire
When they're working for the squire
You can look but you'd better not touch

The Pretty Boys
   (But you'd better not touch)
The Pretty Boys

Acima: Nova York, 2020

É SOBRE MODELOS MASCULINOS. EU TINHA LIDO UMA REPORTAgem sobre modelos masculinos que estavam processando um ou dois fotógrafos em uma ação coletiva, alegando terem sido abusados e humilhados por eles.

Eu conhecia alguns dos fotógrafos mencionados. Claro, eu não tinha ideia do que havia acontecido naquelas sessões em particular, mas, como já tinha sido fotografado por eles, eu sabia que o *modus operandi* desses fotógrafos era dizer: "Vamos lá, baby. Vamos lá, dá pra mim. Vamos lá, vem me foder. Mostra essa tetinha pra mim...".

Ou seja, os caras tinham a tendência de usar um linguajar extremamente chulo. É algo inerente à praia deles. Você dizia: "Ele é assim mesmo". Ele dizia: "Vamos lá, finja que está transando com uma garota". Essa é a maneira como uns desses caras trabalhavam, para que você não ficasse ali parado com cara de tédio. Estavam tentando provocar algo. Assim como gente de outras profissões – pop stars, policiais –, eles se tornaram caricaturas de si mesmos.

Por isso, fiquei me perguntando se alguns desses modelos simplesmente não entenderam as águas turvas em que navegavam. É possível também que os fotógrafos tenham ido longe demais e tocado nos modelos de maneira inadequada. Isso eu não sei, mas esta canção é fictícia, e imaginei os modelos ficando aborrecidos simplesmente com a postura vulgar desses fotógrafos.

A canção abre com o fotógrafo dizendo: "*Look into my lens/ Give me all you got/ Work it for me, baby/ Let me take my best shot*". Essa é uma suave representação de como os fotógrafos trabalhavam nas décadas de 1960 e 1970 – só que a vulgaridade deles era dez vezes maior. Visualizei uma fileira de modelos masculinos, tipo uma fila de bicicletas para locação e objetos de atração. Nas páginas das revistas, eles tentam despertar o nosso desejo, mas trabalham para o patrão. No mundo das revistas, os fotógrafos têm muita importância.

"*They can talk but they never say much*". Tradicionalmente, modelos não têm a fama de ser uma categoria muito intelectual. Mas deixe-me fazer uma ressalva! Conheço modelos inteligentíssimos, e é sempre difícil fazer generalizações com qualquer profissão. "*There go the Pretty Boys/ A row of cottages for rent*". Estou imaginando aquele tipo de casinha que você aluga à beira-mar. Depois fiquei sabendo que a prática do "*cottaging*" ("banheirão") se refere a sexo gay em banheiros públicos, mas esse significado não passou por minha cabeça na época em que escrevi a canção.

Consegui essa linha de violão muito singela - só dois dedos nas cordas, e então as demais notas estão todas abertas. Não precisa de mais nada.

"*You can look but you'd better not touch*". Nas revistas, modelos fazem um olhar sedutor. É isso que se espera deles e delas, para que você queira comprar as roupas que estão vestindo ou o produto que estiverem anunciando. Esta canção é centrada na experiência dos modelos masculinos, mas o mesmo acontece com modelos femininas e o sutiã que elas estiverem usando. Você é levado a pensar: "Minha namorada ficaria bem com isso". Modelos estão acostumados a vender mercadorias, e eu suspeito que eles também acabaram se mercantilizando.

Foi interessante abordar isso em "Pretty Boys", pois não costumo compor a partir dessa perspectiva. Mas esse é um dos prazeres de ser escritor. Muita gente pode pensar parecido - nesse caso, sobre o modo como os modelos são tratados -, mas não tem como expressar isso. Tenho a sorte de ter a oportunidade de cristalizar esses pensamentos numa canção. A ideia de um modelo ser tratado como mercadoria também levanta comparações interessantes com os Beatles. Éramos músicos, não modelos. Porém, no auge da Beatlemania, as pessoas queriam colocar nossos nomes e rostos em tudo que é tipo de coisa, e algumas vezes isso escapou do controle.

Em parte, foi esse raciocínio que nos levou à criação da Apple e, mais tarde, no meu caso, da MPL. Foi um modo de se libertar dos engravatados que antes estavam no comando. Não tínhamos mais que trabalhar para o patrão. Agora, podíamos assumir o controle de nossos destinos. E a MPL comemorou seu 50º aniversário em 2019, então parece que funcionou muito bem.

À direita: Fotografado pela filha Mary. Sussex, 2020

À esquerda: Com Magic Alex, John Lennon e Neil Aspinall, promovendo a Apple Corps. Estátua de Hans Christian Andersen, Central Park. Nova York, 1968

Abaixo: "Apple Jacket", desenhada pela boutique de moda Dandie Fashions e usada no lançamento da Apple Corps. Nova York, 1968

Em parte, foi esse raciocínio que nos levou à criação da Apple e, mais tarde, no meu caso, da MPL. Foi um modo de se libertar dos engravatados que antes estavam no comando.

PRETTY BOYS

(Intro riffs)

(A) Look into my lens
Give me all you've got
Work it for me baby
Let me take my best shot

(1) Meet the Pretty Boys
A line of bicycles for hire
Objects of desire
Working for the Squire
You can look but you'd better not touch
(short riffs)

(2) Here come the Pretty Boys
They gonna set your world on fire
Objects of desire
Preaching to the choir
They can talk but they never say much

(B) Strike another pose
Try to feel the light
Hey - the camera loves you
Don't put up a fight

(A2) Look into my lens
Try to feel the light
Hey the camera loves you
It's gonna be alright

SOLO (verse)
(short riffs)

(3) There go the Pretty Boys
A row of cottages to rent
For your main event
They're what the angels sent
You can look but you'd better not touch
The Pretty Boys

Repeat A2 / Verse (1) END.

Pretty Little Head

COMPOSITORES	Paul McCartney e Eric Stewart
ARTISTA	Paul McCartney
GRAVAÇÃO	Hog Hill Mill, Sussex
LANÇAMENTO	*Press to Play*, 1986
	Single no Reino Unido, 1986

Hillmen, hillmen, hillmen, hillmen
Oh, oh, oh, oh
Hillmen come down from the lava
Forging across the mighty river flow
Always forever
Only so you don't worry
Your pretty little head

Ursa Major
Ursa Minor
Ursa Major
Ursa Minor

Hillmen, hillmen, hillmen, hillmen
Oh, oh, oh, oh
Hillmen bring garments, spices
Carrying trinkets, silk and precious stones
Exotic legends
Only so you don't worry
Your pretty little head

Hillmen, hillmen, hillmen, hillmen
Oh, oh, oh, oh
Hillmen are sworn to allegiance
Living a life of silent dignity
For your protection
Only so you don't worry
Your pretty little head

Ursa Major
Ursa Minor
Ursa Major
Ursa Minor

The hillmen
Living in the higher reaches

Acima: Hog Hill Mill, Sussex, 1984

"*HILLMEN*" ("MONTANHESES") É UMA PALAVRA NA QUAL EU COStumava pensar bastante e seriamente. Às vezes, quando estou fazendo o rascunho da letra, ouço uma palavra e penso: "Bem, isso não significa nada", e tento mudá-la, mas ela continua voltando, e no final, eu digo: "Ah, que se dane, não importa. Isso se encaixa. Não sei o que significa". Essa palavra, "*hillmen*", é um bom exemplo. Não tenho ideia de onde ela veio.

Eu me lembro de que me divertia muito pensando sobre homens tribais, e aqui eu os chamo de "montanheses"; estou ficando um pouco neandertal, até um pouco viking. Tornei-me um fanático por egiptologia e o estudo de civilizações antigas, e leio muito sobre isso e assisto a muitas coisas na tevê, então a ideia de criar uma tribo própria e minha própria civilização antiga deve ter me atraído.

Mas em um piscar de olhos ela se transforma numa canção de amor. Acabo de criar uma imagem tribal panorâmica e, em seguida, lanço este versinho meio trôpego: "(...) *don't worry/ Your pretty little head*". Isso era muito moderno e muito anos 1980, mas na verdade meio que destoava do restante da canção. Não tenho dúvidas de que os vikings também tinham um termo equivalente para isso.

Imagino que seja esse o diferencial das civilizações. Todo esse palavreado - o palavreado chinês, o palavreado estadunidense, o palavreado britânico, o palavreado sul-americano - é só para nos assegurarmos de que vão cuidar de nós. De que vamos ser protegidos. De certa forma, a civilização existe para que não tenhamos que preocupar nossas belas cabecinhas. Essa singela razão para viver não é intrinsecamente isenta de perigos, é claro.

Posso estar procurando uma tribo que não existe mais. É só uma tribo fantasiosa, e eu gosto de criar a minha própria história para ela. Está adquirindo contornos um pouco espirituais, como os astecas, só que no Hemisfério Norte. Como eu os enxergo? Parecem vikings, mas sem os elmos. Estão cruzando o caudaloso rio e olhando as estrelas, e a especialidade da tribo é negociar mercadorias. Portanto, nesse aspecto, estou criando meus próprios vikings e os transportando à Grã-Bretanha.

"*Living in the higher reaches*". Estou pensando nos níveis mais elevados da espiritualidade, mas "*higher*" também pode ser interpretado como pegar a trilha mais elevada. Os domínios da moral elevada. Ou, sob outro prisma, pode ter a ver com "*high*" de estar drogado. É fantasioso, mas descobri uma coisa ao investigar todas as minhas letras: que eu tenho um estilo bastante amplo e me permito quase tudo - incluindo a atmosfera techno desta canção, já que a música techno estava na crista da onda na época.

611

ON THE MOVE
Tribe
"stampede" — PRETTY LITTLE HEAD.
      dust. c.u.
(Intro) troubadour in palace / girl (reflected in ornate mirror)
        tells story   reacts.   mood lighting.

①   lava - (caravan, dust, c.u's)   "logo" △

     (danger →) mighty river   blue (woad.)
    drownings/fast current   great faces
                                  horses, motor
     (p. l. h.)   cattle, bikes
                                  stampede, dust
troubadour — girl.   spray, water
                                         crossing

Bridge.

②   INT. tent.
     garments, spices, trinkets △   jewellery,
                                         clothes.
                                         T.V.
     Exotic legends. (beards oiled   card game
                            things tied in..   ("stock")
                              (..small ribbons)   Charm bracelet.
     (p. l. h.)
                                         african tribal
                                         make-ups.

     Bridge (troubadour / twirl.)   storytelling
                                         kids at feet.

③   palace attack (danger)
     allegiance, ("new" martial arts moves.)
   ("branded" △)
      with
               ... silent dignity (guards)

                                   "new" hieroglyphics
     (p. l. h.)
troub. walks → OFF-SET director walks in
                  mime   CUT — freeze cast — walk off
     " take care of you".
                                     bracelet
                                     on wrist

<u>Hillmen</u>   <u>Unique race.</u>

Tribe of Hill people. Traders. Warriors. Priests.

Style. — mixture of many past tribes
(plus "modern aspect")
(bikes / T V s (portables)

ie. Cossacks
     Egyptians   Celtic races
                     Druids
     Afghanistans   Buddhist ("oranges")
                     Red Indian. (— greens)
     Quest for fire primitives.
     Hippy colony

Have "raided" best of all cultures. vegetarian (spices) meditation. Candles.

wall hangings
painters/paintings
abstract —

tattoos

"giraffe neck" women.   gold.

triangle
"charm" bracelet

Put It There

COMPOSITOR	Paul McCartney
ARTISTA	Paul McCartney
GRAVAÇÃO	Hog Hill Mill, Sussex
LANÇAMENTO	*Flowers in the Dirt*, 1989
	Single, 1990

Give me your hand, I'd like to shake it
I want to show you I'm your friend
You'll understand if I can make it clear
It's all that matters in the end

Put it there if it weighs a ton
That's what a father said to his young son
I don't care if it weighs a ton
As long as you and I are here, put it there
Long as you and I are here, put it there

If there's a fight, I'd like to fix it
I hate to see things go so wrong
The darkest night and all its mixed emotions
Is getting lighter, sing along

Put it there if it weighs a ton
That's what a father said to his young son
I don't care if it weighs a ton
As long as you and I are here, put it there
Long as you and I are here, put it there

Acima: Com o irmão, Mike, a mãe, Mary, e o pai, Jim. Liverpool, final dos anos 1940

"*PUT IT THERE*" É UMA EXPRESSÃO QUE O MEU PAI, JIM, SEMPRE usava. Ele tinha um vasto repertório de expressões pitorescas, como tanta gente de Liverpool ainda tem hoje. Ele adorava brincar com as palavras, fazer malabarismos com elas, e tinha um montão de ditados que às vezes não faziam sentido, às vezes eram funcionais, mas sempre bastante líricos. Quando ele apertava a sua mão, dizia: "*Put it there if it weighs a ton*" ("Ponha aí, se pesa uma tonelada").

O pessoal não perde a oportunidade de frisar que a capital da Irlanda é, na verdade, Liverpool. Sem dúvida, Liverpool traz um grande componente irlandês. O nosso humor é essencialmente irlandês. Temos a tendência de ver o lado divertido das coisas. Em parte, isso se deve ao desamparo que muitas vezes pairava sobre a vida do povo.

A geração do meu pai tinha acabado de enfrentar uma guerra e, embora tivéssemos vencido, ainda havia muita angústia e muita reconstrução física, mas, ao mesmo tempo, por toda parte existia no ar um otimismo contagiante. Meu pai e meus tios - o tio Jack nos visitava bastante - sempre tinham uma piada nova, e uma piada boa. Ele dizia: "Meu filho, já ouviu aquela sobre o manequim?", e contava uma piada bem engraçada, depois nos dava uma moeda de meia coroa e dizia: "Tome aqui, meu filho. Faça bom proveito". Então, eu me considero muito afortunado por ter participado dessas festas, foi sensacional. Mas acabou-se o que era doce. Aquelas festas acabaram.

De qualquer forma, meu pai tinha um milhão dessas frases engraçadas, e muitas vezes eu as achava tão boas que eu queria compor uma canção sobre elas. Outra dessas expressões era: "Em peito de gaivota não cresce pelo". O que é que ele queria dizer com isso? O seu palpite vale tanto quanto o meu. Mas é uma caprichada frase de efeito e, é quase certo, um dia desses vou aproveitá-la numa canção.

É estranho, já estou hoje na faixa dos setenta anos, mas andei pensando outro dia em como meu pai batia em nossas pernas se fôssemos meninos travessos, coisa que éramos. De modo imprudente, quebrávamos nossos combinados, e ele dava palmadas em nossas pernas, dizendo: "Dói mais em mim do que em vocês". Nunca ousamos responder, é claro, mas pensávamos: "Se estiver doendo no senhor, então pare". Agora eu entendo. Como pai, entendo o que ele quis dizer.

"Ponha aí, se pesa uma tonelada". Na época, não sei bem certo se pensei nisso; foi bem depois da separação dos Beatles, mas não tem como não associar a opressão ligada a essa frase à opressão que coincidiu com o fim dos Beatles. Não é como se os Beatles tivessem mesmo acabado. Não é como se fôssemos uma bandinha que nunca lançou outro álbum. Embora metade da banda tenha morrido, o fenômeno continua mais forte do que nunca. Tudo o que eu faço parece ser pintalgado com "Beatle", e sempre tem uma espécie de eco vindo dessa câmara de eco. A minha filha Mary brinca: "Não consigo ficar longe de você", porque ela me vê no metrô - uma foto minha ou um anúncio dos Beatles ou algo assim - ou ela liga o rádio e está tocando uma canção dos Beatles. Alguns consideram isso um fardo, e certas celebridades, como Greta Garbo, acabam se tornando eremitas, mas estou felicíssimo com tudo isso, porque acho que foi uma grande conquista e tenho muito orgulho dela. Em vez de me isolar, sinto uma genuína responsabilidade de retribuir a todos os nossos fãs o que eles nos deram ao longo dos anos.

Não tem como ignorar que boa parte do que eu faço ainda está entrelaçado com o fato de que estive nos Beatles. Na verdade, eu digo às pessoas que ainda estou nos Beatles. Bem, talvez não *nos* Beatles, mas ainda sou "um Beatle". A nossa filosofia era, e continua sendo, muito atraente; é uma visão panorâmica - descobrimos essa insistência na liberdade de pensamento criativo que eu ainda amo. Você não enxerga uma foto de Ringo sem que ele esteja fazendo o sinal de "Paz e amor" e dizendo isso. É uma velha, mas sempre oportuna, filosofia. E muitas coisas dos Beatles ainda continuam extraordinariamente atuais, então me alegro por estar imerso nisso.

Fico me perguntando se eu não queria dedicar esta canção a John - se ela não é, à sua maneira, uma oferenda de paz a um homem que morreu cedo demais. "*If there's a fight, I'd like to fix it/ I hate to see things go so wrong*". Mas logo aflora meu eterno otimismo: "*The darkest night and all its mixed emotions/ Is getting lighter, sing along*". O arremate de "Put It There" é bem animador: "*As long as you and I are here, put it there*". Um pequeno jogo de palavras para concluir.

À direita: O pai, Jim, fotografado por Paul. Heswall, 1966

De modo imprudente, quebrávamos nossos combinados, e ele dava palmadas em nossas pernas, dizendo: "Dói mais em mim do que em vocês". Nunca ousamos responder, é claro, mas pensávamos: "Se estiver doendo no senhor, então pare". Agora eu entendo. Como pai, entendo o que ele quis dizer.

PUT IT THERE

Put it there
 if it weighs a ton
That's what a father said
 to his young son.
I don't care if it weighs a ton,
As long as you and I are here
 Put it there
Long as you and I are here
 Put it there!

Paul McCartney

Desenho de Paul usado no single "Put It There", 1990

O pessoal não perde a oportunidade de frisar que a capital da Irlanda é, na verdade, Liverpool. Sem dúvida, Liverpool traz um grande componente irlandês. O nosso humor é essencialmente irlandês. Temos a tendência de ver o lado divertido das coisas.

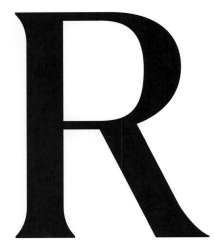

Rocky Raccoon 624

Rocky Raccoon

COMPOSITORES Paul McCartney e John Lennon
ARTISTA The Beatles
GRAVAÇÃO Abbey Road Studios, Londres
LANÇAMENTO *The Beatles*, 1968

Now somewhere in the black mountain
    hills of Dakota
There lived a young boy named Rocky Raccoon
And one day his woman ran off with another guy
Hit young Rocky in the eye
Rocky didn't like that
He said, I'm gonna get that boy
So one day he walked into town
Booked himself a room in the local saloon

Rocky Raccoon checked into his room
Only to find Gideon's Bible
Rocky had come equipped with a gun
To shoot off the legs of his rival
His rival, it seems, had broken his dreams
By stealing the girl of his fancy
Her name was Magill and she called herself Lil
But everyone knew her as Nancy

Now she and her man who called himself Dan
Were in the next room at the hoedown
Rocky burst in and grinning a grin
He said, Danny boy, this is a showdown
But Daniel was hot he drew first and shot
And Rocky collapsed in the corner

Now the doctor came in stinking of gin
And proceeded to lie on the table
He said, Rocky, you met your match
And Rocky said, Doc, it's only a scratch
And I'll be better, I'll be better, Doc, as soon as I am able
Now Rocky Raccoon he fell back in his room
Only to find Gideon's Bible
Gideon checked out and he left it no doubt
To help with good Rocky's revival

Acima: Com George Harrison, Ringo Starr e John Lennon nas sessões de gravação do álbum *The Beatles*. Trident Studios, Londres, 1968

UMA DAS COISAS LEGAIS DESTA CANÇÃO É QUE ELA FUNCIONA às mil maravilhas só com voz e violão. Pensando bem, é assim que ela foi composta!

Em geral, quando você está ali sentado com o violão, é natural ficar um pouco *folky*. Eu estava fazendo uma espécie de paródia dos discos que eu ouvia, meio que falando das canções do blues. Bob Dylan fazia esse tipo de coisa, então só comecei a imaginar as Colinas Negras, em Dakota do Sul. Eu conhecia uma canção antiga, "The Black Hills of Dakota", que começava assim: "*Take me back to the black hills/ The black hills of Dakota*". Doris Day a cantava no filme *Ardida como pimenta*. Então, estávamos fazendo essa batida, e acabei imaginando um personagem chamado "Rocky Raccoon", inspirado em Davy Crockett e seu chapéu de guaxinim. Quando eu era menino, eu assistia ao *Davy Crockett*, sucesso na televisão estrelado por Fess Parker. O seriado era legal, mas melhor ainda era a canção: "Davy Crockett, King of the Wild Frontier". Uma ótima canção.

Comecei a criar esta historinha, e para mim é como fazer um passeio de trem ou algo assim – um passeio de trem mental. E já que eu estava fazendo aquilo com uma pitada irônica, tornou-se muito agradável compor e cantar. Nas festas, o pessoal – um tio bêbado, talvez? – recitava poemas como *The Shooting of Dan McGrew*, de Robert Service, ou *The Lion and Albert*, de Marriott Edgar, que ganhou fama ao ser recitado nos palcos por Stanley Holloway, em que o leão come Albert e os pais reclamam para o tratador do zoológico. Enveredei nesse tipo de humor cáustico.

Em "Rocky Raccoon", a mulher foge com outro cara, e Rocky não gosta disso. Ele se hospeda em um quarto de hotel e encontra uma Bíblia da Gideões Internacionais. Elas eram distribuídas por todos os hotéis dos EUA. É provável que ainda sejam. Na Inglaterra nunca tínhamos visto isso. Só pensei nessa imagem – entrar

625

no quarto de hotel, abrir a gaveta do criado-mudo e lá está a Bíblia. O nome da namorada de Rocky era Magill: "(...) *she called herself Lil/ But everyone knew her as Nancy*". E o interessante é que acabei me casando com uma Nancy.

E o tal doutor que fede a gim ("*doctor stinking of gin*")? Certa vez, sofri um acidente em Liverpool. Caí de lambreta e cortei os lábios superiores, e tivemos de chamar um médico à casa da minha prima Betty. Isso aconteceu mais ou menos nessa mesma época, eu tinha vinte e poucos anos e estava indo de lambreta da casa do meu pai à casa de Betty. Um amigo meu, Tara Guinness, estava na carona. Tempos depois, ele morreu num acidente de carro. Ele era um bom moço. Em "A Day in the Life", escrevi sobre ele: "*He blew his mind out in a car/ He didn't notice that the lights had changed*". O fato é que eu estava com Tara e sofremos um acidente - levamos um tombo de lambreta, cortei os lábios, fui até a casa de Betty e ela disse: "Chame um médico! Vai precisar de pontos".

Chamaram esse sujeito, e ele chegou fedendo a gim. O cara estava muito bêbado. "Olá, Paul. Como você está?" "Ótimo." "Certo, vou ter que suturar. Trouxe a minha maleta." Ele pega a sua maleta preta e agora está tentando enfiar a linha na agulha, uma agulhinha cirúrgica curva, mas está vendo no mínimo três agulhas.

Acho que eu disse: "Deixa conosco". E passamos o fio para ele. Falei: "O senhor vai fazer isso sem anestésico?". Ele disse: "Não tenho, sabe". Acho que tomei um gole de uísque ou algo assim. Ele só cravou a agulha e a girou. Nisso a linha escapou, e ele murmurou: "Ah, me desculpe, vou ter que fazer de novo".

Ele teve que fazer aquilo por uma segunda e maldita vez, e eu ali, tentando não gritar. Para ser honesto, o trabalho dele não ficou um primor, e senti aquele caroço no lábio por um bom tempo. Ainda consigo senti-lo. E eu estava todo ralado e roxo. Foi então que decidi deixar o bigode crescer. Os outros Beatles viram e gostaram, então todos deixaram crescer os bigodes também. John entrou tanto na onda que parece que alguém até comprou para ele um copinho para bigode, daqueles com uma tampinha que não deixa você molhar o bigode quando vai beber. Acho que é daí que me veio essa imagem de "fedendo a gim" - dessa pequena e dolorosa recordação.

Continuo querendo tocar esta canção no show, pois tem muita gente que a pede. Quem sabe eu a toque qualquer dia desses.

> **Chamaram esse sujeito, e ele chegou fedendo a gim. O cara estava muito bêbado. "Olá, Paul. Como você está?" "Ótimo." "Certo, vou ter que suturar. Trouxe a minha maleta." Ele pega a sua maleta preta e agora está tentando enfiar a linha na agulha, uma agulhinha cirúrgica curva, mas está vendo no mínimo três agulhas.**

ROCKY RACOON.

1. Rocky Racoon checked into his room Only to find Gideons bible.

2. Rocky had come, equipped with a gun, To shoot off the legs of his rival.

3. His rival it seems had broken his dreams By stealing the girl of his fancy.

4. Her name was McGill, she called herself Lil, But everyone knew her as Nancy.

5. She and her man, who called himself Dan, Were in the next room at the hoedown,

6. Rocky burst in, + grinning a grin Said Danny boy, this is a showdown.

7. Daniel was hot, he drew first + shot + Rocky collapsed in the corner. SCREAM.... SOLO.....

S

San Ferry Anne	630
Say Say Say	634
Sgt. Pepper's Lonely Hearts Club Band	638
She Came in Through the Bathroom Window	644
She Loves You	650
She's a Woman	654
She's Given Up Talking	658
She's Leaving Home	662
Silly Love Songs	666
Simple as That	672
Single Pigeon	676
Somedays	680
Spirits of Ancient Egypt	686

San Ferry Anne

COMPOSITORES	Paul McCartney e Linda McCartney
ARTISTA	Wings
GRAVAÇÃO	Abbey Road Studios, Londres
LANÇAMENTO	*At the Speed of Sound*, 1976

You've got a lot
And from what you've got
I'd say you're doing well, dear

Dressed like a dream
And if things are what they seem
You're looking swell, dear

Your little man
Brings you trinkets when he can
But he can't stay, dear

That's very well
But inside your shiny shell
You dance all day, dear

So go, be gay
Let your feelings leap away
Into the laughter

San Ferry Anne
And the world keeps turning
Happy ever after

Acima: Nas sessões de gravação do álbum *At the Speed of Sound*. Abbey Road Studios, Londres, 1975

N O PÓS-GUERRA VOCÊ NÃO ESCUTAVA MUITA MÚSICA ALEMÃ. E talvez por uma boa razão! Mas as canções francesas chegavam à Grã--Bretanha, não só porque tínhamos sido aliados, mas porque a França era vizinha e fonte de melodias adoráveis. Quando eu era garoto, nos primeiros anos do pós-guerra, eu me lembro de ouvir Édith Piaf e Maurice Chevalier, Jacques Brel e Juliette Gréco. Admirávamos muito a Juliette.

Mas não estudei francês na escola. A maioria das crianças britânicas estudava. John estudou; se bem que o francês dele não era muito bom. Escolhi espanhol, alemão e latim, mas, por conta dos grandes sucessos que vinham da França, na minha geração, quase toda a criançada - inclusive eu - conhecia certas expressões e, ao dizer essas palavras e ouvi-las, a minha imaginação, quase inconscientemente, começava a brincar com elas. Nesse aspecto, "San Ferry Anne" fazia um trocadilho com "*ça ne fait rien*" (que significa "não importa"). "San Ferry Anne" é um exemplo de minhas tentativas para compor uma canção francesa, como fiz com "Michelle". Aqui temos San Ferry Anne, e ela é uma gatinha. Ela é bonita, tem um "*sugar daddy*" que compra para ela bijuterias e tudo mais. Ela vive dentro de uma redoma brilhante, mas parece que nem tudo são flores. *Ça ne fait rien*.

Tenho outra que ainda não escrevi: "*Sausage on Show*" ("salsicha em exposição"), ou "*saucisson chaud*" ("salsicha quente", em francês). Algo como uma salsicha no teatro, uma salsicha com chapéu de palha. Vamos lá, venham ver a salsicha em exposição. Acho que vamos ter que esperar um pouco por essa!

631

East Hampton, 1975

you got a lot
and from what you've got
I say you're doing well, dear

Dress like a dream
And if things are what
they seem ~~your looking~~ swell, dear.
   you're looking

Your little man
Brings you trinkets when
he can but he can't stay dear

That's very well, ~~but~~
t inside your shiny shell
you dance all day, dear

So go be gay
let your feelings leap away
   into the laughter
an ferry ann
and the world keeps turning
   happy ever after.

Say Say Say

COMPOSITORES	Paul McCartney e Michael Jackson
ARTISTA	Paul McCartney e Michael Jackson
GRAVAÇÃO	AIR Studios, Londres; Odyssey Studios, Londres; Cherokee Studios, Los Angeles; e Sigma Sound Studios, Nova York
LANÇAMENTO	Single, 1983
	Pipes of Peace, 1983

Say say say
What you want
But don't play games
With my affection
Take take take
What you need
But don't leave me
With no direction

All alone
I sit home by the phone
Waiting for you, baby
Through the years
How can you stand to hear
My pleading for you, dear?
You know I'm crying

Now go go go
Where you want
But don't leave me
Here forever
You you you
Stay away
So long, girl, I
See you never

What can I do
Girl, to get through to you
'Cause I love you, baby
Standing here
Baptised in all my tears
Baby, through the years
You know I'm crying

You never ever worry
And you never shed a tear
You're saying that
My love ain't real
Just look at my face
These tears ain't drying

You you you
Can never say
That I'm not the one
Who really loves you
I pray pray pray
Every day
That you'll see things
Girl, like I do

What can I do
Girl, to get through to you?
'Cause I love you, baby
Standing here
Baptised in all my tears
Baby, through the years
You know I'm crying
Say say say

Acima: Com George Martin e Michael Jackson. AIR Studios, Londres, 1983

FOI NA ÉPOCA DO NATAL. O TELEFONE TOCOU, E NÃO RECONHECI aquela voz fininha: "Oi, Paul". Pensei: "Deve ser uma fã, mas como diabos ela conseguiu meu número?". Fiquei bem chateado. Nisso, a voz falou: "É o Michael", e súbito me dei conta. Não era uma moça, era Michael Jackson, e ele me disse mais ou menos isto: "Gostaria de fazer alguns hits?". Respondi: "Sim, claro. Venha cá". Antes disso, os nossos caminhos tinham se cruzado algumas vezes. Michael fez uma cover da canção "Girlfriend" do Wings em seu álbum *Off the Wall*, e eu conhecia o produtor dele, Quincy Jones, havia um bom tempo. Quincy foi receber o Oscar em nome dos Beatles quando ganhamos na categoria de Melhor Trilha Sonora Original com *Let It Be*, em 1971.

Então, Michael pegou um voo para a Inglaterra, e nos encontramos no meu escritório em Londres. Subimos até o último andar, onde tenho um piano, e na mesma hora começamos a fazer "Say Say Say". Eu o deixei tomar a iniciativa, e acho que grande parte da sensibilidade da canção veio do Michael. "*Baptised in all my tears*" - eis um verso que eu não teria usado. Ajudei na melodia, e ele foi acrescentando a letra. Estávamos animadíssimos por trabalhar juntos, e a canção brotou muito rápido; foi um entrosamento muito bom. Tomei nota da letra e, quando saímos do escritório, tínhamos "Say Say Say". A primeira vez que a gravamos em formato de demo eu acho que éramos só nós dois cantando, e eu ao violão.

Para mim, compor uma canção é simplesmente seguir uma trilha para depois divergir dela e se embrenhar por um novo caminho. Defino uma espécie de mapa, com coordenadas aproximadas, e então vou até lá, não sem juntar coisas no caminho, pegando esses pequenos objetos que casualmente são letras ou melodias. É um momento de descoberta, e é isso que eu adoro no processo. Antes de compor uma canção, pulsa um sentimento de que algo está faltando, e eu pego meu violão ou vou ao piano, e um tempo depois - digamos, três horas depois, se eu estiver em um clima produtivo - não haverá mais uma lacuna; haverá um novo objeto. É uma sensação muito recompensadora. Você criou um carro, uma peça de mobília ou, no meu caso, uma canção. E não é só algo que vem ocupar espaço no mundo. Com um pouco de sorte, ela ajuda a definir o mundo.

635

① SAY SAY SAY what you want
but don't play games with my affections

TAKE TAKE TAKE what you need
but don't leave me with no direction
cos all alone I sit home by
the phone, waiting for you baby

All these years, how do you stand
to hear, my pleading for you dear
and hear me crying ooh oohwah
ooh ooh

② go go go where you want
But don't leave me here forever
But you you you stay away so long
girl I see you never
it's plain to see girl that you
leaving me, for some other baby
so heres a tear for a souvenir
cause if it's not sincere
you'll know I'm crying
ooh ooh ooh ooh oh.

Para mim, compor uma canção é simplesmente seguir uma trilha para depois divergir dela e se embrenhar por um novo caminho.

SAY SAY SAY.

(1) PAUL Say say say what you want
But don't play games with my affection.
  Take take take what you need
  But don't leave me with no direction!
  MICHAEL All alone, I sit home by the phone.
  Waiting for you .... Baby ...
  Through the years how can you stand to hear
  My pleading for you dear — you know I'm
                    crying.. OOH..
                    PAUL EN

(2) PAUL Go go go / where you want
  But don't leave me .. here forever
  But you you you stay away
  So long girl — I .... I see you never
  What can I do ... girl to get through to you
  Cos I love you ... baby ...
  Standing here — baptized in all my tears
  Faithful through the years .... Ooh .....
  You know I'm crying — ooh ...

            = SOLO =

Sgt. Pepper's Lonely Hearts Club Band

COMPOSITORES　　Paul McCartney e John Lennon
ARTISTA　　The Beatles
GRAVAÇÃO　　Abbey Road Studios, Londres
LANÇAMENTO　　*Sgt. Pepper's Lonely Hearts Club Band*, 1967

It was twenty years ago today
Sergeant Pepper taught the band to play
They've been going in and out of style
But they're guaranteed to raise a smile
So may I introduce to you
The act you've known for all these years
Sergeant Pepper's Lonely Hearts Club Band

We're Sergeant Pepper's Lonely Hearts Club Band
We hope you will enjoy the show
Sergeant Pepper's Lonely Hearts Club Band
Sit back and let the evening go
Sergeant Pepper's Lonely
Sergeant Pepper's Lonely
Sergeant Pepper's Lonely Hearts Club Band

It's wonderful to be here
It's certainly a thrill
You're such a lovely audience
We'd like to take you home with us
We'd love to take you home

I don't really want to stop the show
But I thought you might like to know
That the singer's going to sing a song
And he wants you all to sing along
So let me introduce to you
The one and only Billy Shears
And Sergeant Pepper's Lonely Hearts Club Band

UMA DAS COISAS EM RELAÇÃO AOS BEATLES É QUE PRESTÁVAmos atenção nas casualidades. E em seguida as aproveitávamos a nosso favor. Quando, por acaso, tocávamos uma fita ao contrário, nos questionávamos: "Que será isto?". Muitas pessoas diriam: "Ah, meu Deus, que barulheira é esta?". Mas nós sempre adorávamos ser desviados por essas ideias.

Nesse caso, eu tinha ido aos Estados Unidos para assistir a uma peça de Shakespeare estrelada por Jane Asher, que estava sendo encenada em Denver. Então, voei a Denver para ficar com ela e tirar uns dias de folga.

Na volta, a bordo do avião, o nosso roadie Mal Evans me pediu: "Pode me passar o sal e a pimenta?" ("*salt and pepper*"). Não escutei direito e perguntei: "Como é? Sergeant Pepper?".

Recentemente havíamos tocado no Candlestick Park. Naquele show, não conseguimos nem nos ouvir; estava chovendo, quase fomos eletrocutados e, ao sair do palco, fomos jogados no baú de aço inox de um caminhão. Ficamos deslizando lá dentro daquele caminhão-baú vazio e pensamos: "Que droga. Já chega".

Naquele dia, resolvemos que não faríamos mais turnês. A ideia era fazer discos e que os discos rodassem o mundo. Certa vez ouvimos que Elvis Presley tinha enviado seu Cadillac folheado a ouro em turnê, e achamos aquilo simplesmente genial. Pensamos: "Vamos fazer um disco e ele será nosso Cadillac banhado a ouro".

Ao retornar de Denver, sugeri ao pessoal que a banda adotasse um *alter ego*. O conceito era deixar de sermos os Beatles. Agora éramos essa outra banda.

Fiz um desenho de nós quatro na frente de um relógio floral. Era como se o tempo tivesse parado, porque o relógio era feito de flores. Havia algo de encantador naquilo. A ideia era que a banda seria agraciada com um troféu pelo senhor prefeito de Londres, ou alguém assim. Combinamos a ideia da capa e fomos até o figurinista Monty Berman, no bairro londrino de Soho, para que ele fizesse os trajes da banda.

Tenho que admitir, tomei um pouco de ácido lisérgico em Denver, e isso tudo meio que fazia parte de um jogo que eu estava criando depois daquela viagem. Eu fiz o esboço e mostrei aos caras como podia ser esse novo projeto. Eles amaram. E acabou sendo uma libertação para nós. Ganhamos uma espécie de anonimato e um novo sopro de vida.

Acima: Os Beatles no evento de imprensa para o lançamento do álbum *Sgt. Pepper's Lonely Hearts Club Band*. Londres, 19 de maio de 1967

À esquerda: Traje desenhado pelo estilista Monty Berman, 1967

À direita, em cima: Design alternativo para a pele do bumbo mostrado na capa do álbum *Sgt. Pepper's Lonely Hearts Club Band*

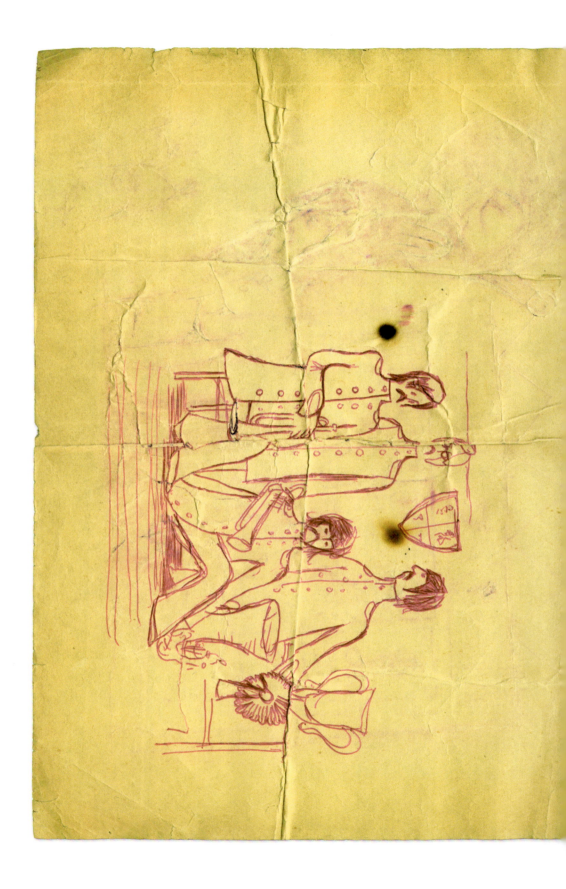

It was 20 yrs ago today
When Sgt. Pepper taught the band to play
They've been going in and out of style.
But they're guaranteed to raise a smile,
So may I introduce to you
The act you've known for all these years.
Sgt. Peppers Lonely Hearts Club Band

   Applause. Band — laughter mid solo
CHORUS. We're Sgt. Pepper ~~~~~~~
   We hope you will enjoy the show
   Sgt. Peppers l ~~~~~~~
   Sit back + let the evening go. Sgt Peppers lonely
                                                 THEN DRUMS
~~really want to~~
I ~~don't~~ want to stop the show
but I thought you might like to know
That the singer's going to sing a song,
And he wants you all to sing along,
So let me introduce to you,
The one + only Billy Shears,
AND SGT. PEPPERS LONELY HEARTS CLUB BAND.

Applause . . . . . (different) into song.

   It's wonderful to be here,
   It's certainly a thrill.
   You're such a lovely audience,
   We'd like to take you home with us,
   We'd like to take you home.
END
The Sgt Peppers lonely hearts club band
We hope you've all enjoyed the show
Sgt. Peppers etc . . but once again we've got to go.

She Came in Through the Bathroom Window

COMPOSITORES	Paul McCartney e John Lennon
ARTISTA	The Beatles
GRAVAÇÃO	Abbey Road Studios, Londres
LANÇAMENTO	*Abbey Road*, 1969

She came in through the bathroom window
Protected by a silver spoon
But now she sucks her thumb and wonders
By the banks of her own lagoon

Didn't anybody tell her?
Didn't anybody see?
Sunday's on the phone to Monday
Tuesday's on the phone to me

She said she'd always been a dancer
She worked at fifteen clubs a day
And though she thought I knew the answer
Well I knew what I could not say

And so I quit the police department
And got myself a steady job
And though she tried her best to help me
She could steal but she could not rob

Didn't anybody tell her?
Didn't anybody see?
Sunday's on the phone to Monday
Tuesday's on the phone to me, oh yeah

M INHA MÃE ERA ENFERMEIRA, E MEU PAI ADORAVA AS PALA-
vras. Por isso, na escola, eu era o único em minha turma que sabia
soletrar "expectorar". E embora ela nunca tenha sido nada além de
enfermeira e parteira, e o meu pai nunca tenha sido nada além de vendedor de
algodão, sempre pensávamos pertencer a uma classe trabalhadora chique. É
uma atitude mental. A nossa atitude era chique. A nossa aspiração era fazer
melhor em todos os quesitos.

A expressão "nascer com uma colher de prata na boca" está associada à nobreza, mas até mesmo em minha (embora chique) família da classe trabalhadora, no dia do meu batismo ganhei uma colher de prata. Só fui informado disso anos depois, quando a minha tia Dyl me contou que tinha guardado a colher para mim.

Tanto em sentido literal quanto metafórico, antes da morte de minha mãe, eu tive uma infância de muita sorte. Eu estava protegido por uma colher de prata ("*protected by a silver spoon*"). Eu tinha umas ideias fora do comum, sabe? Por exemplo, eu visualizava os dias da semana em cores. A segunda-feira era preta; a terça-feira, amarela; quarta-feira, verde; quinta-feira, azul-marinho, sexta-feira, vermelha; sábado, cor de laranja; e o domingo, branco. Quando eu me deparava com os nomes dos dias da semana, era assim que eu os imaginava. Um tipo de sinestesia.

Portanto, os versos "*Sunday's on the phone to Monday/ Tuesday's on the phone to me*" têm uma ressonância especial para mim. Em essência, eu utilizo o mesmo dispositivo em "Lady Madonna", com "*Friday night arrives without a suitcase/ Sunday morning, creeping like a nun*". Para mim parece um terreno fértil.

Na verdade, creio que a música pode ser uma arte muito visual. É impulsionada por imagens. A imagem da dançarina ("*dancer*") que trabalha em quinze clubes por dia ("*fifteen clubs a day*"). A imagem do personagem que pede demissão da polícia ("*quit the police department*"). Isso tem a ver com uma história que já contei algumas vezes, mas ainda adoro. Certa vez peguei um táxi de Nova York, e no crachá do motorista lia-se "Eugene Quits, Polícia de Nova York", e o sobrenome dele formava uma frase engraçada, "Eugene pede demissão da Polícia de Nova York". Acho legal essa alfinetada na polícia. Menino levado! E ainda me divirto com a descrição da mulher que podia furtar, mas não roubar ("*could steal but she could not rob*"). Uma bela distinção, se é que podemos chamar assim.

Sem esquecer, é claro, que uma mulher de fato invadiu a minha casa furtivamente pela janela do banheiro entreaberta. Ao que parece, essa proeza foi obra de uma das *Apple scruffs*, as "Largadas da Apple". Ela aproveitou uma escada que estava no pátio externo da minha casa em Londres. Até onde me lembro, ela surrupiou uma foto do meu pai, comerciante de algodão. Roubou a foto de mim, mas ganhei a canção em troca.

À esquerda: Em casa. Londres, 1969

Acima: Fãs esperando na calçada. Londres, 1969

Sem esquecer, é claro, que uma mulher de fato invadiu a minha casa furtivamente pela janela do banheiro entreaberta. Ao que parece, essa proeza foi obra de uma das *Apple scruffs*, as "Largadas da Apple". Ela aproveitou uma escada que estava no pátio externo da minha casa em Londres. Até onde me lembro, ela surrupiou uma foto do meu pai, comerciante de algodão. Roubou a foto de mim, mas ganhei a canção em troca.

APPLE CORPS LIMITED
3 SAVILE ROW LONDON W1
TELEPHONE 01-734 8232
CABLES APCORE LONDON W1

BATHROOM WINDOW.

(1) She came in through the bathroom window
Protected by a silver spoon
But now she sucks her thumb + wonders
By the banks of her own lagoon.

CHORUS

Didn't anybody tell her?
" " see?
Sunday's on the phone to Monday,
Tuesday's on the phone to me.

(2) She said she'd always been a dancer
She worked at 15 clubs a day
And though she thought I knew the answer
I just knew what I could not say.

CHORUS.

(3) And so I quit the police department
And got myself a steady job
And though she tried her best to help me
She could steal but she could not rob.

CHORUS. and out.

Another Lennon + McCartney original.

DIRECTORS N ASPINALL D O'DELL H PINSKER

POTLATCH CLUB

Bathroom window

① She came in through the bathroom window
Protected by a silver spoon
But now she sucks her thumb and wonders
By the banks of her own lagoon
Chorus   Didn't anybody tell her .....
             Didn't .. ..   see
   Sundays on the phone to Monday
   Tuesdays .. .. .. to me.

② She said she'd always been a dancer
   She worked at 15 clubs a day
   And though she thought I knew the answer
   I just knew what I could not say.
Chorus ——— Didn't anybody tell her

③ And so I quit the police department
   And got myself a steady job,
   And though she tried her best to help me
   She could steal but she could not rob

   Chorus ..— repeated.
                        End.

She Loves You

COMPOSITORES	Paul McCartney e John Lennon
ARTISTA	The Beatles
GRAVAÇÃO	Abbey Road Studios, Londres
LANÇAMENTO	Single, 1963
	The Beatles' Second Album, 1964

She loves you
Yeah, yeah, yeah
She loves you
Yeah, yeah, yeah
She loves you
Yeah, yeah, yeah, yeah

You think you've lost your love
Well I saw her yesterday
It's you she's thinking of
And she told me what to say
She says she loves you
And you know that can't be bad
Yes she loves you
And you know you should be glad

She said you hurt her so
She almost lost her mind
But now she says she knows
You're not the hurting kind
She says she loves you
And you know that can't be bad
Yes she loves you
And you know you should be glad

She loves you
Yeah, yeah, yeah
She loves you
Yeah, yeah, yeah
And with a love like that
You know you should be glad
You know it's up to you
I think it's only fair
Pride can hurt you too
Apologise to her
Because she loves you
And you know that can't be bad
She loves you
And you know you should be glad

She loves you
Yeah, yeah, yeah
She loves you
Yeah, yeah, yeah
With a love like that
You know you should be glad
With a love like that
You know you should be glad
With a love like that
You know you should be glad

Yeah, yeah, yeah
Yeah, yeah, yeah, yeah

Começamos a compor "She Loves You" após um show em Newcastle upon Tyne, cujo *line-up* incluía Roy Orbison e Gerry and The Pacemakers. John e eu estávamos sentados em nossas camas de solteiro, no quarto do hotel em Newcastle. Depois a concluímos na sala de jantar da casa do meu pai na Forthlin Road. Meu pai, que estava na sala contígua, fumando cachimbo e assistindo à tevê, reclamou de nosso coro *"yeah, yeah, yeah"* e nos questionou: não seria melhor se cantássemos *"yes, yes, yes"*? Ele andava preocupado com o excesso de americanismos contaminando o inglês britânico. Se tivéssemos seguido o conselho dele, não tenho certeza se o single desta canção teria se tornado o nosso single mais vendido no Reino Unido.

Uma das ideias que inspirou "She Loves You" veio da canção "Forget Him", de Bobby Rydell, que tinha a estrutura de chamada e resposta. E foi assim que tudo começou. A ideia era uma pessoa cantar *"She loves you"*, e as outras responderem *"Yeah, yeah, yeah"*. Ao longo do caminho, essa ideia se perdeu.

Como muitas de nossas primeiras canções, o título de "She Loves You" foi moldado em torno do uso dos pronomes pessoais. Aqui, a diferença é que a voz da canção é a voz de um intermediário, um agente, um mensageiro. Não posso afirmar ao certo se nessa época eu já tinha ouvido falar no romance *O mensageiro*, de L. P. Hartley. Mas é bem possível que eu tivesse alguma noção sobre Hartley, muito famoso na época, e essa familiaridade com Hartley talvez tenha influenciado esta composição.

Gravamos "She Loves You" em alemão, *"Sie liebt dich"*, com a Odeon Records, o braço alemão da EMI. Para lançar um disco na Alemanha, sentíamos que precisava ser cantado em alemão. E foi divertido, ainda mais levando em conta a nossa relação com a Alemanha. Já trabalhávamos havia um bom tempo em Liverpool, em essência, como um grupo de roqueiros de cabelo cortado ao estilo *quiff*. Tínhamos ido a Hamburgo como muitos roqueiros fizeram, e foi lá que começamos a usar roupas de couro. Mais tarde, um desses caras de Hamburgo cortou o nosso cabelo no estilo que ele usava. Estávamos criando uma imagem. Em seguida, a pedido do nosso empresário, Brian Epstein, deixamos de lado as roupas de couro e começamos a usar ternos. Fomos todos ao ateliê de Beno Dorn, o alfaiate polonês em Birkenhead. Nunca tínhamos ido a um alfaiate, muito menos todos ao mesmo tempo. Fomos os quatro e saímos bem trajados.

Mais relevante que o visual, porém, foi toda a experiência musical que ganhamos em Hamburgo no início dos anos 1960. Foi lá que fizemos muitas de nossas dez mil horas – as dez mil horas que se tornaram famosas no livro *Fora de série*, de Malcolm Gladwell. Ao que consta, fizemos quase 300 shows em Hamburgo entre 1960 e 1962. Por estranho que pareça, a gravação de "She Loves You" em alemão acabou fechando um ciclo.

Acima: Uma das primeiras formações dos Beatles, com Pete Best, George Harrison e John Lennon. Liverpool, 1961

À direita: No jardim com o pai, Jim. Forthlin Road, Liverpool

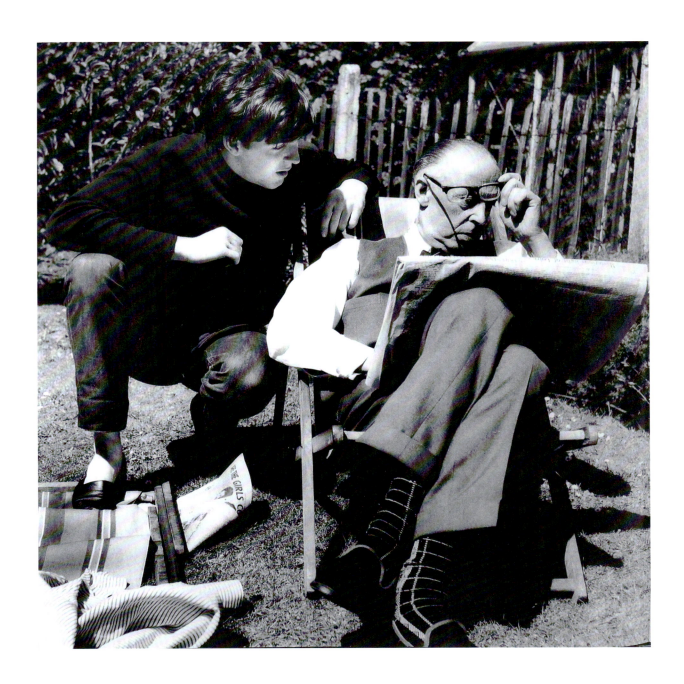

She's a Woman

COMPOSITORES	Paul McCartney e John Lennon
ARTISTA	The Beatles
GRAVAÇÃO	Abbey Road Studios, Londres
LANÇAMENTO	Lado B do single "I Feel Fine", 1964
	Beatles '65, 1964

My love don't give me presents
I know that she's no peasant
Only ever has to give me
Love forever and forever
My love don't give me presents
Turn me on when I get lonely
People tell me that she's only foolin'
I know she isn't

She don't give boys the eye
She hates to see me cry
She is happy just to hear me
Say that I will never leave her
She don't give boys the eye
She will never make me jealous
Gives me all her time as well as lovin'
Don't ask me why

She's a woman who understands
She's a woman who loves her man

My love don't give me presents
I know that she's no peasant
Only ever has to give me
Love forever and forever
My love don't give me presents
Turn me on when I get lonely
People tell me that she's only foolin'
I know she isn't

She's a woman who understands
She's a woman who loves her man

My love don't give me presents
I know that she's no peasant
Only ever has to give me
Love forever and forever
My love don't give me presents
Turn me on when I get lonely
People tell me that she's only foolin'
I know she isn't

She's a woman
She's a woman

TODOS NÓS CURTÍAMOS UM CERTO TIPO DE R&B. HOJE EM DIA, O R&B anda meio hip-hop, mas naquela época era um rhythm & blues apropriado. E, desde o começo, todos nós amávamos a música negra. Amávamos a espontaneidade, ou a aparente espontaneidade, inerente a ela.

Muitas vezes, as canções que ouvíamos pareciam se referir a "uma mulher". Canções como "I Got a Woman", de Ray Charles, ou os clássicos de Little Richard em homenagem a "Long Tall Sally" e a "Good Golly, Miss Molly". Essas referências já existiam, mas nós meio que pegamos tudo isso, colocamos na secadora, destilamos e viramos ao avesso.

"She's a Woman" exalta as virtudes de uma namorada minha e, vamos ser bem claros, ela não é uma moça, ela é uma *mulher*. Afinal de contas, a questão interessante era esta: quando é que uma moça vira mulher? Para nós, elas eram moças até uns 21 anos. Quer dizer, elas ainda continuavam sendo moças, a diferença é que agora ousávamos nos considerar homens e pensar nelas como mulheres.

Geralmente um de nós trazia algo que acendia uma faísca na hora da gravação, e eu acho que a faísca na gravação de "She's a Woman" foi a combinação da guitarra rítmica de John com o meu baixo.

Eu nunca compus no baixo. Nunca. Ao menos até hoje não. E afinal, como é que acabei me tornando o baixista nessa banda? Foi assim: a minha guitarra, uma Rosetti Solid 7 baratinha, se desmanchou toda em Hamburgo, e tive que encontrar um novo instrumento. Já tínhamos dois guitarristas, um baterista e Stuart Sutcliffe, o baixista. No palco em que tocávamos havia um piano, então assumi os teclados e meio que retrabalhei todas as músicas ao piano. Em suma, tornei-me o pianista do grupo. O engraçado era que Stuart não tinha cordas de baixo sobressalentes, então, se uma das cordas do baixo arrebentasse, ele atacava o meu piano munido com um alicate e cortava uma das cordas.

Quando estávamos em Hamburgo, Stuart se apaixonou por uma jovem local, Astrid, e decidiu sair do grupo. Agora estávamos sem baixista. Não era possível ter três guitarras e nenhum baixo. Na época, ninguém queria ser baixista porque era sempre o gordinho que tocava o contrabaixo. Meio que havia um estigma em relação a isso. O fato é que comprei um baixo Höfner, uma coisinha linda em formato de violino que me agradou de cara. Sendo canhoto, eu sabia que ia tocá-lo invertido. A simetria dele foi um grande atrativo para mim. E era leve como uma pluma.

É engraçado o fato de eu ter me tornado baixista, porque meu pai sempre me ensinava a identificar o som do contrabaixo nas canções que ouvíamos. Ele tocava piano e trompete na Jim Mac's Jazz Band e nos educou, a mim e a meu irmão, na apreciação musical. Tocava algo no rádio e ele dizia: "Está ouvindo isto? Este é o contrabaixo!".

Na época, ninguém queria ser baixista porque era sempre o gordinho que tocava o contrabaixo. Meio que havia um estigma em relação a isso. O fato é que comprei um baixo Höfner, uma coisinha linda em formato de violino que me agradou de cara. Sendo canhoto, eu sabia que ia tocá-lo invertido. A simetria dele foi um grande atrativo para mim. E era leve como uma pluma.

Abaixo: Em um show com George Harrison, John Lennon, Pete Best e Stuart Sutcliffe. Indra Club, Hamburgo, 1960

À direita: Início dos anos 1960

She's Given Up Talking

COMPOSITOR Paul McCartney
ARTISTA Paul McCartney
GRAVAÇÃO Henson Studios, Los Angeles
LANÇAMENTO *Driving Rain*, 2001

She's given up talking
Don't say a word
Even in the classroom
Not a dickie bird
Unlike other children
She's seen and never heard
She's given up talking
Don't say a word

You see her in the playground
Standing on her own
Everybody wonders
Why she's all alone
Someone made her angry
Someone's got her scared
She's given up talking
Don't say a word

But when she comes home
It's yap-a-yap-yap
Words are running freely
Like the water from a tap
Her brothers and her sisters
Can't get a word in edgeways
But when she's back at school again
She goes into a daze

She's given up talking
Don't say a word
Even in the classroom
Not a dickie bird
Unlike other children
She's seen and never heard
She's given up talking
Don't say a word

She's given up talking
She don't say a word
Don't say a word
Don't say a word

Acima: Torre Ypres com Spike Milligan em primeiro plano, Sussex

ESSE FENÔMENO DO "MUTISMO SELETIVO" ME FASCINA. FIQUEI conhecendo essa família ao longo dos anos. O casal teve filhos, e vi os filhos crescerem. Às vezes, eu passeava com uma das crianças em meu cavalo, se eu fosse andar a cavalo.

Um dia, uma dessas crianças simplesmente parou de falar. Na escola, ela não fazia perguntas nem respondia. Essa ideia de que um dia alguém simplesmente resolve parar de falar é meio louca, mas corajosa. Aqui sou eu apenas imaginando como poderia ser. "*Not a dickie bird*", na gíria rimada *cockney*, significa algo como "nem um pio". Usávamos esse dialeto londrino em Liverpool. É legal topar com isso quando o verso anterior é "*Don't say a word*".

Adoro o modo como as pessoas simples preferem evitar palavras sofisticadas e, em vez disso, as adaptam a seu bel-prazer. Recusam-se a falar da maneira que deveria ser e apenas falam de outra maneira. No litoral sul da Inglaterra, perto de onde eu moro, existe um velho monumento que tem um nome francês, Ypres. O nome certo desse castelinho é Torre Ypres. Sem dar o braço a torcer à pronúncia francesa, os locais chamam a torre de "The Wipers".

Na verdade, não falei com a menina sobre o silêncio dela, mas conversei com a família e contei que havia escrito uma canção sobre isso. Anos depois, eles me contaram que foi só uma fase. Ela cresceu e voltou a falar.

Só outra fase, talvez.

She's Given Up Talkin'

① She's given up talkin'
(she) Don't say a word
Even in the classroom
Not a dickie bird
Unlike other children
She's seen and never heard
(she) Given up talkin'
Don't say a word

② You see her in the playground
Standin' on her own
Everybody wonders
Why she's all alone
Someone made her angry
Someone got her scared
(she) Given up talkin'
Don't say a word

Ah but when she comes home
It's yap-a-yap-yap
Words are running freely
Like the water from a tap
Her brothers and her sisters
Can't get a word in edgeways
But when she's back at school again
She goes into a daze

Repeat ①

Foto da capa do álbum *Driving Rain* tirada com uma câmera de pulso Casio, 2001

Adoro o modo como as pessoas simples preferem evitar palavras sofisticadas e, em vez disso, as adaptam a seu bel-prazer. Recusam-se a falar da maneira que deveria ser e apenas falam de outra maneira. No litoral sul da Inglaterra, perto de onde eu moro, existe um velho monumento que tem um nome francês, Ypres. O nome certo desse castelinho é Torre Ypres. Sem dar o braço a torcer à pronúncia francesa, os locais chamam a torre de "The Wipers".

She's Leaving Home

COMPOSITORES	Paul McCartney e John Lennon
ARTISTA	The Beatles
GRAVAÇÃO	Abbey Road Studios, Londres
LANÇAMENTO	*Sgt. Pepper's Lonely Hearts Club Band*, 1967

Wednesday morning at five o'clock as the day begins
Silently closing her bedroom door
Leaving the note that she hoped would say more
She goes downstairs to the kitchen clutching her handkerchief
Quietly turning the backdoor key
Stepping outside she is free

She
   (We gave her most of our lives)
Is leaving
   (Sacrificed most of our lives)
Home
   (We gave her everything money could buy)
She's leaving home
After living alone
For so many years
   (Bye-bye)

Father snores as his wife gets into her dressing gown
Picks up the letter that's lying there
Standing alone at the top of the stairs
She breaks down and cries to her husband, Daddy, our baby's gone
Why would she treat us so thoughtlessly?
How could she do this to me?

She
   (We never thought of ourselves)
Is leaving
   (Never a thought for ourselves)
Home
   (We've struggled hard all our lives to get by)
She's leaving home
After living alone
For so many years
   (Bye-bye)

Friday morning at nine o'clock she is far away
Waiting to keep the appointment she made
Meeting a man from the motor trade

She
   (What did we do that was wrong?)
Is having
   (We didn't know it was wrong)
Fun
   (Fun is the one thing that money can't buy)
Something inside
That was always denied
For so many years
   (Bye-bye)

She's leaving home
   (Bye-bye)

À EXCEÇÃO DE *WEST SIDE STORY*, JOHN ODIAVA MUSICAIS. Fomos juntos assistir a uma produção de *West Side Story* que fazia turnê nos palcos de Liverpool. Também vimos a adaptação para o cinema, *Amor, sublime amor*, com a famosa cena de abertura que mostra Nova York de um helicóptero. Gostamos daquilo e achamos que era ousado o suficiente para nós. Mas John abandonou a sessão do musical *Ao sul do Pacífico*: muito brega, muito puritano e água com açúcar. Embora "Lennon e McCartney" soasse como "Rodgers e Hammerstein", ficou bem claro desde o início que nunca escreveríamos musicais.

Mas escrevíamos, sim, canções que contavam histórias. Esta canção baseia-se um pouco em um artigo de jornal sobre uma moça desaparecida. A manchete era "*A-Level Girl Dumps Car and Vanishes*" ("Estudante abandona carro e desaparece"). Comecei a imaginar o que poderia ter acontecido, a sequência de eventos. O detalhe do bilhete que, na esperança dela, explicaria mais ("*hoped would say more*") é um dos momentos mais fortes da canção. (Como muitos escritores, sou fascinado pela peça que está faltando. Eu adorava escutar o rádio e ouvir o riso do público sem motivo aparente. O comediante não tinha contado uma piada, mas talvez tivesse feito uma careta. Você nunca sabia exatamente o que é que ele tinha feito.)

Além da reportagem do jornal, outra influência quase certa foi *The Wednesday Play*. Todas as quartas-feiras passava um filme na televisão abordando "grandes" questões sociais. O tipo de coisa que o povo comentava no ponto de ônibus na quinta-feira de manhã. Era uma parte muito importante da semana. Um desses filmes mais famosos foi *Cathy Come Home* (*Cathy, volte para casa*), dirigido por Ken Loach. Um quarto da população do Reino Unido assistiu a esse drama na noite em que ele foi ao ar, em novembro de 1966.

Quando gravamos "She's Leaving Home", parecia quase um roteiro para um desses filmes do *The Wednesday Play*. "*Clutching her handkerchief/ Quietly turning the backdoor key*". Primeiro, o narrador descreve a ação ("*She's leaving home*"); e logo outras pessoas estão no foco das atenções, um minicoro grego que vem e vai ("*We gave her most of our lives*"). E tinha um verso que acabou sendo cortado, ao estilo de "*Is this all the thanks that we get?*".

Agora percebo como é fácil imaginar um homem do ramo automotivo ("*man from the motor trade*") surgindo num poema de Philip Larkin com todos aqueles caixeiros-viajantes. Ela vai se encontrar com um cara do ramo de automóveis para comprar um carro ou para um romance? Isso fica em aberto.

Hoje em dia, eu não tenho certeza se uma canção como esta poderia ser escrita. Mas é engraçado, esse tipo de canção que conta uma história hoje se enquadra no gênero do teatro musical. No fim das contas, talvez Lennon e McCartney realmente escrevessem musicais.

SHE IS LEAVING HOME.

Wednesday morning at 5 o'clock as the day begins
Silently closing her bedroom door
Leaving the note that she hoped would say more
She goes downstairs to the kitchen clutching her handkerchief
Quietly turning the back door key
Stepping outside she is free

SHE,   we gave her most of our lives
IS LEAVING   Sacrificed most of our lives
HOME,   we gave her everything money could buy
She's leaving home after living alone for so many years

Father snores as his wife gets into her dressing gown
Picks up the letter that's lying there
Standing alone at the top of the stairs
She breaks down and cries to her husband
Daddy our baby's gone
Why would she treat us so thoughtlessly
How could she do this to me,
SHE   (Is this the thanks that we get) (We never thought of ourselves)
IS LEAVING (All of the thanks that we get) (Never a thought for ourselves)
HOME,   we struggled hard all our lives to get by

Friday morning at 9 o'clock she is far away
Waiting to keep the appointment she made
Meeting ~~the a~~ A MAN from the motor trade

SHE   What did we do that was wrong?
IS HAVING   We didn't know it was wrong
FUN   Fun is the one thing that money can't buy
        Something inside that was always denied for so many
                                                        years.

MIKE   CNR 5605

Esboço para a capa do álbum *Sgt. Pepper's Lonely Hearts Club Band* no verso da letra, 1967

665

Silly Love Songs

COMPOSITORES   Paul McCartney e Linda McCartney
ARTISTA   Wings
GRAVAÇÃO   Abbey Road Studios, Londres
LANÇAMENTO   *At the Speed of Sound*, 1976
                      Single, 1976

You'd think that people
Would have had enough
Of silly love songs
But I look around me
And I see it isn't so
Some people want to fill the world
With silly love songs
And what's wrong with that?
I'd like to know
'Cause here I go again

I love you

Ah I can't explain
The feeling's plain to me
Now can't you see?
Ah she gave me more
She gave it all to me
Now can't you see?
What's wrong with that?
I need to know
'Cause here I go again

I love you

Love doesn't come in a minute
Sometimes it doesn't come at all
I only know that when I'm in it
It isn't silly
No it isn't silly
Love isn't silly at all

How can I tell you about my loved one?

I love you

Ah I can't explain
The feeling's plain to me
Say can't you see?
Ah he gave me more
He gave it all to me
Say can't you see?

You'd think that people
Would have had enough
Of silly love songs
But I look around me
And I see it isn't so, oh no
Some people want to fill the world
With silly love songs
And what's wrong with that?

EM MEADOS DA DÉCADA DE 1970, AQUI E ALI ESPOCARAM ACUSAções - incluindo uma de John - de que eu só estava compondo canções de amor bobinhas ("*silly love songs*"). Suponho que era uma crítica para que eu me tornasse mais durão, um pouco mais conhecedor do mundo. Mas então de repente percebi que o amor é exatamente isso - conhecedor do mundo. "*Some people want to fill the world/ With silly love songs*". Ganhei essa reputação e resolvi defendê-la com unhas e dentes. Em vez de abandonar as canções de amor, siga em frente, embarque nelas e não se envergonhe, porque, mesmo se alguém disser que o amor é um tema piegas, na verdade é o oposto: essa coisa que sentimos uns pelos outros é o que torna a nossa vida melhor. Creio que esse é o ponto crucial, e se você quiser ser cínico, tudo bem, é fácil. "*Love doesn't come in a minute/ Sometimes it doesn't come at all*". Acho que muitas pessoas que são cínicas em relação ao amor não tiveram a sorte de senti-lo.

É mais fácil obter aprovação crítica quando você reclama das coisas e xinga bastante, porque assim você aparenta ser mais forte. Se você disser: "Ah, o dia está bonito; tudo é maravilhoso; eu gosto da chuva", então você é um piegas desgraçado. E se você disser: "Mas que droga de clima! Não acredito nessa porra! Odeio esses trovões malditos! Odeio esses raios malditos! Por que diabo Deus está fazendo isto?", o crítico pode exclamar: "Isso é incrível!".

Quem já viu meus shows sabe que eu não uso muitos "palavrões" no palco, e não muito na vida também. Quando éramos mais jovens, praguejávamos muito mais. Sejamos realistas: quando você é mais jovem, está mais apto a fazer isso porque se sente mais livre. Mas depois, quando tem filhos, você pensa: melhor não. Ou seja, é um ciclo de vida que se torna quase previsível. Mas em alguns momentos ainda soltei uma praga - "maldito isso, maldito aquilo" -, e eu me lembro de ter chocado meus convidados para o jantar e pensado: "O que é que estou fazendo?". É uma bravata, é tentar ser legal, cara.

Só que John sempre teve muito dessa fanfarronice. Era o escudo dele contra a vida. Discutíamos algum assunto e ele dizia algo particularmente cáustico; então eu ficava um pouco magoado e ele baixava os óculos, olhava para mim e dizia: "Só sou eu, Paul". John era assim. "Só sou eu." Tudo certo, você acabou de explodir e era outra pessoa, não é? Era o escudo dele falando.

Ele dizia: "Meu pai saiu de casa quando eu tinha três anos. A minha mãe foi atravessar a rua e foi atropelada e morta por um policial que estava de folga. E o meu tio George morreu. Sim, eu sou amargo". Uma vez ele me contou que pensava que era uma maldição na linhagem masculina da família porque o pai dele havia fugido, e daí ele foi morar com a tia Mimi e o tio George. Então George, de quem ele gostava muito, morreu. A mãe dele foi atropelada após visitá-lo, a caminho do ponto de ônibus, na rua onde ele morava. Ele a idolatrava. Ser obrigado a superar tudo isso aciona algumas defesas.

A questão é que as pessoas em geral não tendem a revelar suas emoções em público, mas, no fundo, elas *são* emotivas, e tudo que estou tentando dizer nesta canção é que o amor não é bobinho, de jeito nenhum - "*Love isn't silly at all*".

Wings no Checkpoint
Charlie. Berlim, 1976

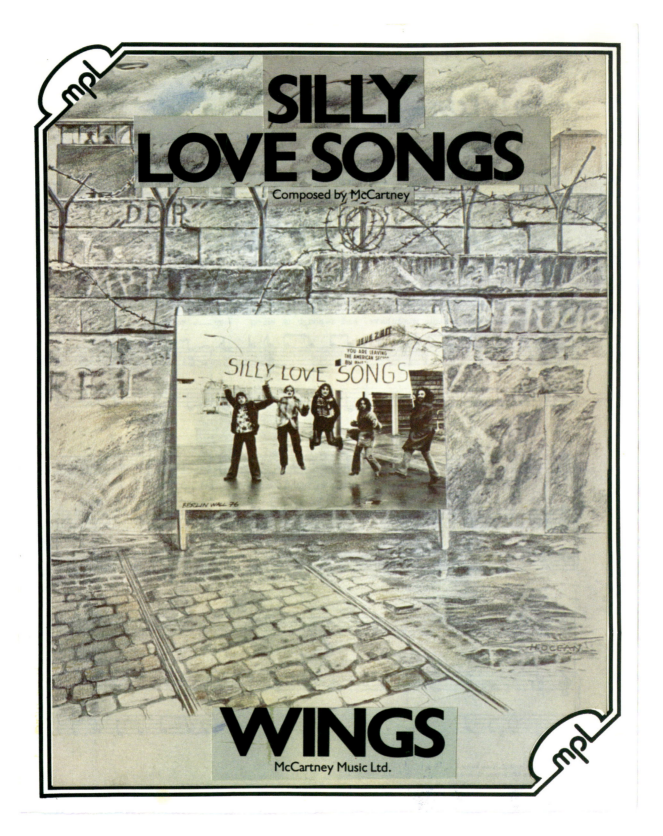

[SILLY LOVE SONGS]

You'd think that people would have had enough of (silly love songs)

HUSTLE BEAT.
♪♪ ♪♪♪ ♪
"OH YEAH"

But I look around me and I see it isn't so

[HOOK]
Some people want to fill the world with silly love songs
and what's wrong with that
I'd like to know (OR I'M ONE OF THEM!)
(AND) cos here I go
   again —

Chorus   FIRST LINE
   I love you
VERSE SECOND LINE.
   Ah — I can't explain
   the feeling plain to me   Ah she gave me more
         say — can't you see?   she gave it all to me
THIRD How can I tell you about
LINE.   my loved one

Chords
─────

You'd think that people would have
had enough of silly love songs

But I look around me
and I see it isn't so

Some people want to fill the world
    with silly love songs
    and whats wrong with that?
    I need to know   cos here I go – again
───
① I — love — you
   I — love — you
   I — love — you
   I — love — you

INTERMEZZO and whats wrong with that?
    I need to know cos here I go – again.
───
        BREAK
② Ah I cant explain the feelings plain to me
   say cant you see
Ah she gave me more she gave it all to me say cant you see'
    whats wrong with that –
INSTRUMENTAL going into E ──
        out.
───
① + ②

Simple as That

COMPOSITOR Paul McCartney
ARTISTA Paul McCartney
GRAVAÇÃO Hog Hill Mill, Sussex
LANÇAMENTO *The Anti-heroin Project: It's a Live-in World*, 1986

I know it isn't easy to refuse
A lot of thoughts are flying through your head
Tell me this before you have to choose
Would you rather be alive or dead?

It's as simple as that
Would you rather be alive or dead?
It's as simple as that
It's so simple
It makes you wanna cry

They ask you if you wanna join in
You linger for a minute or so
Well now's a perfect time to begin
Are you gonna say yes or no?

It's as simple as that
Are you gonna say yes or no?
It's as simple as that
It's so simple
It makes you wanna cry

And if you love your life
Everybody will love you too
Yes if you love your life
Everybody will love you too

It's harder when you start to get around
I want you to remember what I said
I know you never like to let them down
But would you rather be alive or dead?

It's as simple as that
Would you rather be alive or dead?
It's as simple as that
It's so simple
It makes me wanna cry
So simple
It makes you wanna cry

Yes if you love your life
Everybody will love you too
And if you love your life
Everybody will love you too

Would you rather be alive or dead?
Would you rather be alive or dead?
It's as simple as that
It's as simple as that
It's as simple as that

And if you love your life
Everybody will love you too
Yes if you love your life
Everybody will love you too

EM MEADOS DA DÉCADA DE 1980, A BBC ME PEDIU PARA COMPOR algo em prol de uma instituição de caridade anti-heroína. Queriam uma canção que transmitisse aos jovens a sensação de que talvez a heroína não fosse uma ideia tão boa. E a frase que me veio à mente foi: "*It's as simple as that!*".

O estilo é um dos meus favoritos – o reggae. Eu me lembro bem da primeira vez em que me interessei realmente pelo reggae. Eu estava pintando meu telhado na Escócia. Foi no verão, e tínhamos um álbum de reggae – *Tighten Up* –, uma coletânea com vários artistas. Era excelente e combinava com a atmosfera: um dia ensolarado na Escócia, pintando o telhado de verde, deixando o reggae rolar. Uma sensação maravilhosa.

Em família, íamos com frequência à Jamaica nas férias. Gostávamos de um hotel em Montego Bay, então ficávamos lá e ouvíamos rádio sem parar. A melhor estação de rádio da Jamaica, a RJR, tocava reggae o dia todo.

Na cidade havia uma lojinha muito descolada, a Tony's Record Shop, na Fustic Road. Você ia passando as capas dos discos de 45 rpm até que um lhe chamasse a atenção. Muitas vezes, era só um disco de acetato, um disco de demonstração; não tinham necessariamente as etiquetas oficiais de uma gravadora. Então, eu perguntava aos vendedores: "Que tal?". "Sim, cara, este é ótimo". Eu me lembro de um disco que comprei. O título da canção era "Lick I Pipe", e pensei: "Beleza. Seja lá quem inventou isso, e seja lá o que signifique, é muito bom". *Lick I pipe!*

Então, eu pegava uma pilha de discos, levávamos para casa e descobríamos pequenas canções fabulosas. Uma vez, vimos um álbum com a canção "Poison Pressure", creditada a Lennon e McCartney, então peguei e ouvi, mas nem de longe era parecida com uma de nossas canções. Mas daí pensei, bem, pode ser Bob Lennon e Charlie McCartney. Quem era eu para discutir? "Poison Pressure", de Lennon e McCartney. Um sucesso!

Bob Marley apareceu, solidificou o gênero do reggae e o trouxe ao mainstream. Infelizmente, não cheguei a conhecer Marley. Uma ou duas vezes isso quase aconteceu. Uma noite, ele ia tocar no Lyceum Theatre em Londres, e estávamos a caminho quando mudamos de ideia. Fiquei com receio de ser notado na multidão. É mesmo uma tolice, porque teria valido muito a pena ver o show e conhecê-lo pessoalmente.

Uma das pequenas tradições de nossa família era de vez em quando fazer uma gravação para o pai de Linda. Assim, nesta canção, contei com um fabuloso grupo de cantores de apoio: meus filhos. Era sempre muito divertido quando a família toda ia para o estúdio fazer bagunça. As crianças cantavam, cada uma ganhava um verso e elas adoravam aquilo. Falei: "Esta canção é para uma instituição de caridade, é por uma boa causa". Achei que não seria má ideia envolver as crianças em um projeto anti-heroína.

À esquerda: Jamaica, 1974

À direita, em cima: Jamaica, 1972

À direita, embaixo: Pintando o telhado. Escócia, 1971

Eu me lembro de um disco que comprei. O título da canção era "Lick I Pipe", e pensei: "Beleza. Seja lá quem inventou isso, e seja lá o que signifique, é muito bom". *Lick I pipe*!

Single Pigeon

COMPOSITORES	Paul McCartney e Linda McCartney
ARTISTA	Paul McCartney e Wings
GRAVAÇÃO	Olympic Sound Studios, Londres
LANÇAMENTO	*Red Rose Speedway*, 1973

Single pigeon through the railings
Did she throw you out?
Sunday morning fight about Saturday night

Single seagull gliding over
Regent's Park canal
Do you need a pal for a minute or two?
You do?
Me too (me too, me too)

I'm a lot like you
Me too (me too, me too)
I'm a lot like you

Did she turf you out in the cold morning rain
Again?
Me too (me too, me too)

I'm a lot like you
Me too (me too, me too)
I'm a lot like you

Sunday morning fight about Saturday night

A ORNITOLOGIA É UM DOS MEUS HOBBIES. NA REALIDADE, SOU E sempre fui um ornitólogo entusiasmado. Como já mencionei, um dos meus passatempos favoritos quando menino era pegar meu guia de observação de aves, sentar-me no campo e me perder na natureza. Eu gosto da minha passarada.

Eu tinha visto um pombo sozinho bicando ao redor - um pombo cerúleo-cinzento, isolado, perto de uma grade - e pensei na força dessa combinação de palavras: "*single pigeon*". Comecei a imaginar por que o pombo poderia estar solteiro.

No instante em que você decide inventar uma história assim, o pombo deixa de ser apenas um pombo. Vira o personagem de uma peça teatral. É um cara que brigou com a namorada na noite anterior e foi expulso de casa. E agora está ali. Agora está solteiro. Tudo por causa da briga da manhã dominical sobre a noite de sábado ("*Sunday morning fight about Saturday night*").

As segundas estrofes são sempre interessantes, porque você está indo a outro lugar, mas deseja manter o sentimento da primeira estrofe. Agora que criei o pombo solteiro, a segunda estrofe apresenta uma gaivota solteira ("*single seagull*") - outro personagem em minha pequena peça. Eu sempre via uma gaivota planando sobre o canal do Regent's Park, mas também é possível que ela tenha adejado diretamente da peça de Tchekhov, *A gaivota*. Na peça de Tchekhov, a gaivota não é só uma gaivota, mas o símbolo de um personagem, Konstantin, e a relação dele com Nina.

A ideia de que o protagonista da canção é igualzinho a você ("*a lot like you*") sugere que ele também foi rejeitado. Ele se identifica com o pombo e a gaivota porque também foi escorraçado na gélida chuva da manhã. Então eu faço a mudança: em vez de mera observação ornitológica é uma representação de mim mesmo. Aquele pombo sou eu, ou aquela gaivota sou eu, ou uma versão de mim.

A ironia é que esta canção foi escrita em um momento em que eu estava muito feliz em minha vida pessoal. As pessoas que escutaram a canção devem ter percebido os cantos da minha boca se erguendo num leve sorriso, porque o meu relacionamento com Linda era muito feliz. É por isso que foi tão bom ouvi-la no vocal de fundo: "*Me too/ I'm a lot like you*".

Eu já disse antes, mas não custa repetir: muitos compositores se baseiam apenas em seus pensamentos autobiográficos do dia a dia, mas eu gosto de dar asas à imaginação. Não importa o ramo da arte, essa é uma das melhores coisas em ser um artista. Eu aprecio poesias e canções que desprendem voo de maneiras inesperadas. Talvez seja por isso que eu admiro tanto Bob Dylan. Você nunca sabe o que ele vai fazer ou para que lado vai pular.

Linda e Mary.
Marrakesh, 1973

A ideia de que o protagonista da canção é igualzinho a você ("*a lot like you*") sugere que ele também foi rejeitado. Ele se identifica com o pombo e a gaivota porque também foi escorraçado na gélida chuva da manhã.

Somedays

COMPOSITOR	Paul McCartney
ARTISTA	Paul McCartney
GRAVAÇÃO	Hog Hill Mill, Sussex; e AIR Studios, Londres
LANÇAMENTO	*Flaming Pie*, 1997

Somedays I look
I look at you with eyes that shine
Somedays I don't
I don't believe that you are mine

It's no good asking me what time of day it is
Who won the match or scored the goal
Somedays I look
Somedays I look into your soul

Sometimes I laugh
I laugh to think how young we were
Sometimes it's hard
It's hard to know which way to turn

Don't ask me where I found that picture
    on the wall
How much it cost or what it's worth
Sometimes I laugh
I laugh to think how young we were

We don't need anybody else
To tell us what is real
Inside each one of us is love
And we know how it feels

Somedays I cry
I cry for those who live in fear
Somedays I don't
I don't remember why I'm here

No use reminding me, it's just the way it is
Who ran the race or came in first
Somedays I cry
I cry for those who fear the worst

We don't need anybody else
To tell us what is real
Inside each one of us is love
And we know how it feels

Somedays I look
I look at you with eyes that shine
Somedays I don't
I don't believe that you are mine

It's no good asking me what time of day it is
Who won the match or scored the goal
Somedays I look
Somedays I look into your soul

Acima: Com George Martin. AIR Studios, Londres, 1982

O TÍTULO VEIO JUSTAMENTE DO PRIMEIRO VERSO, "*SOMEDAYS I look*", que logo é seguido pela repetição de "*I look*". "*Somedays I look/ I look at you with eyes that shine/ Somedays I don't/ I don't believe that you are mine*".

É esse pequeno truque de repetir a frase, de reforçá-la, que faz a letra funcionar. Isso a impulsiona como um pequeno dínamo. No ensino médio, aprendi que esse dispositivo estilístico se chama anadiplose. Em essência, consiste em repetir o final do verso no começo do verso seguinte. Você acha que está indo para um lado, e então uma surpresinha o leva a outro. Eu gosto de brincar com as frases, fazer uma dança com as palavras, embaralhá-las como se fossem cartas.

Muitas vezes, quando estou compondo uma música, penso que estou seguindo um rastro de migalhas de pão. Alguém jogou fora essas migalhas, e eu localizo as primeiras, e "tem dias que eu olho" e avisto as próximas. Estou seguindo a canção em vez de compô-la. Penso no verso que está chegando e em como entrar nele, como quem atravessa um riacho por um caminho de pedras naturais. É assim que funciona o meu processo de pensamento: tenho que fazer isto para alcançar aquilo, e assim a coisa se encadeia. Eu adoro isso, é um processo interessante. Comparo com fazer palavras cruzadas. Meu pai era um grande fã delas e tinha um vasto vocabulário. Acho que herdei dele esse amor pelos vocábulos e pelas palavras cruzadas. Em geral é isto que as canções são: quebra-cabeças. Descobrir como uma palavra combina com a outra. Tipo, se você junta isso com aquilo e encaixa aquela palavra, a resposta será...

Tudo se resume a preencher as lacunas.

George Martin chamou esta canção de "enganosamente simples". Ele sabia do que estava falando, porque era um dos melhores em fazer o complexo parecer simples. Por isso, ele sempre foi meu arranjador preferido. Eu o conhecia havia muito tempo – na verdade, a maior parte da minha vida profissional –, desde que fizemos nosso teste de artista com ele, e a EMI acabou contratando os Beatles, poucos dias antes do meu vigésimo aniversário. Eu já havia trabalhado tanto com ele que eu já sabia que, se eu quisesse um bom arranjo em alguma coisa, era só ligar para ele e dizer: "Ei, George, está interessado em fazer algo juntos?". Ele era um autêntico cavalheiro, uma espécie de segundo pai para mim, e sempre o adulto na sala, com aquele seu sotaque inglês deliciosamente requintado. Sempre que possível, eu aproveitava a oportunidade de trabalhar com ele. No *Liverpool Oratorio*, porém, trabalhei com um pessoal mais especializado naquela área. Mas, desde aquele dia, em junho de 1962, em que ele nos ofereceu nosso primeiro contrato de gravação, até a última vez que nos vimos, George foi a pessoa mais generosa, inteligente e musical que eu tive o prazer de conhecer.

"Somedays" é uma cançãozinha bonita. Para mim, é muito significativa. Olhar para uma alma: é isso que você tenta fazer em um relacionamento, mas nem sempre é bem-sucedido. A letra contém ideias contraditórias, mas o propósito dela é apoiar a canção em vez de ser uma letra por si só, então isso é bastante libertador. Sei que pode parecer estranho, mas a letra e a canção são duas coisas ligeiramente diferentes.

Tão logo eu consigo me isolar (nesse caso foi em outro quartinho, enquanto Linda fazia uma tarefa culinária em outro lugar da casa), assim que eu começo a compor a canção, me embrenho nessa trilha. Realmente não sei qual é o objetivo, nem mesmo para onde estou indo, mas gosto de ir até o final e de ir descobrindo as coisas pelo caminho. Você pode fazer experimentos à medida que avança, então há uma fenda entre a pressa e a calma por onde, se você tiver sorte, escorrem algumas coisinhas: "*I look at you with eyes that shine/ Somedays I don't*". Parece um pensamento que brota em uma sessão de terapia. Eu continuo com "*I don't believe that you are mine*", e agora temos uma maravilhosa ambiguidade.

Com George Martin. AIR Studios, Londres, 1983

① (Bmin — A)
SOMEDAYS I LOOK
(Bmin — A)
I LOOK AT YOU
WITH EYES THAT SHINE (E)
(E min)
(Bmin — A)
SOMEDAYS I DONT
I DONT BELIEVE
THAT YOU ARE MINE

ITS NO GOOD ASKING ME
WHAT TIME OF DAY IT IS
WHO WON THE MATCH
OR SCORED THE GOAL
SOMEDAYS I LOOK
LOOK AT YOU WITH EYES THAT SHINE

② SOMETIMES I LAUGH
I LAUGH TO THINK
HOW YOUNG WE WERE

SOMETIMES IT'S HARD
ITS HARD TO KNOW
WHICH WAY TO TURN
DONT ASK ME WHERE
I FOUND THAT PICTURE
ON THE WALL
HOW MUCH IT COST
OR WHAT ITS WORTH
SOMETIMES I LAUGH
I LAUGH TO THINK
HOW YOUNG
   WE WERE.

③ MIDDLE.
WE DONT NEED
ANYBODY ELSE
TO TELL US WHAT IS REAL
INSIDE EACH ONE
OF US IS LOVE
AND WE KNOW
HOW IT FEELS.

F# E C#
D C# B A F#
G A B C# A D
repeat

④ F# B C# D
SOMEDAYS I CRY
F# B C# D
I CRY FOR THOSE
C# B A B
WHO LIVE IN FEAR
(same.)
SOMEDAYS I DONT

I DONT REMEMBER
WHY IM HERE
E E E E E
NO USE REMINDING ME
E D B D B
WHAT TIME OF DAY IT IS
(same)
WHO RAN THE RACE
OR CAME IN FIRST
SOMEDAYS I CRY
I CRY FOR THOSE
WHO LIVE IN FEAR.

SOMEDAYS

SOMEDAY'S I LOOK,
I LOOK AT YOU WITH EYES THAT SHINE
SOMEDAY'S I DON'T,
I DON'T BELIEVE THAT YOU ARE MINE
IT'S NO GOOD ASKING ME WHAT TIME OF DAY IT IS.
WHO WON THE MATCH OR SCORED THE GOAL
SOMEDAY'S I LOOK,
SOMEDAY'S I LOOK INTO YOUR SOUL.

SOMETIMES I LAUGH,
I LAUGH TO THINK HOW YOUNG WE WERE
SOMETIMES IT'S HARD,
IT'S HARD TO KNOW WHICH WAY TO TURN
DON'T ASK ME WHERE I FOUND THAT PICTURE ON THE WALL
HOW MUCH IT COST OR WHAT IT'S WORTH
SOMETIMES I LAUGH
I LAUGH TO THINK HOW YOUNG WE WERE

WE DON'T NEED ANYBODY ELSE
TO TELL US WHAT IS REAL
INSIDE EACH ONE OF US IS LOVE
AND WE KNOW HOW IT FEELS

SOMEDAY'S I CRY
I CRY FOR THOSE WHO LIVE IN FEAR,
SOMEDAY'S I DON'T,
I DON'T REMEMBER WHY I'M HERE
NO USE REMINDING ME WHAT TIME OF DAY IT IS,
WHO RAN THE RACE OR CAME IN FIRST,
SOMEDAY'S I CRY,
I CRY FOR THOSE WHO LIVE IN FEAR.

SOMEDAY'S I LOOK,
I LOOK AT YOU WITH EYES THAT SHINE

WE DON'T NEED ANYBODY ELSE
TO TELL US WHAT IS REAL
INSIDE EACH ONE OF US IS LOVE
AND WE KNOW HOW IT FEELS

SOMEDAY'S I LOOK
I LOOK AT YOU WITH EYES THAT SHINE
SOMEDAY'S I DON'T
I DON'T BELIEVE THAT YOU ARE MINE
IT'S NO GOOD ASKING ME WHAT TIME OF DAY IT IS
WHO WON THE MATCH OR SCORED THE GOAL
SOMEDAY'S I LOOK
SOMEDAY'S I LOOK INTO YOUR SOUL.

SOMEDAY'S I LOOK,
I LOOK AT YOU WITH EYES THAT SHINE.......

Partitura de "Somedays" manuscrita por George Martin, 1996

Spirits of Ancient Egypt

COMPOSITORES	Paul McCartney e Linda McCartney
ARTISTA	Wings
GRAVAÇÃO	Sea-Saint Recording Studio, Nova Orleans
LANÇAMENTO	*Venus and Mars*, 1975

You're my baby
And I love you
You can take a pound of love
And cook it in the stew
When you've finished doing that
I know what you'll want to do
'Cause you're my baby
And I love you

I'm your baby
Do you love me?
I can drive a Cadillac
Across the Irish Sea
But when I've finished doing that
I know where I'll want to be
'Cause I'm your baby
And you love me

Spirits of ancient Egypt
Shadows of ancient Rome
Spirits of ancient Egypt
Hung on the telly
Hung on the telly
Hung on the telephone

You're my baby
I know you know
You could sell an elevator
To Geronimo
And when you're finished doing that
I know where you'll want to go
'Cause you're my baby
I know you know

Spirits of ancient Egypt
Echoes of sunken Spain
Spirits of ancient Egypt
Hung on the phone
A-hung on the phone
A-hung on the phone again

Acima: Com Linda e George Melly comemorando a Semana Buddy Holly. Peppermint Club, Londres, 1978

C ONHECÍAMOS O GEORGE MELLY DE LIVERPOOL. REFINADO como só ele, George tinha nascido e começado a carreira em Liverpool, onde era vocalista de uma banda chamada Merseysippi Jazz Band. Era um sujeito muito legal, extravagante, ligeiramente excêntrico. Tinha uma boa coleção de quadros de René Magritte, o surrealista belga. Nos anos 1970, eu também curtia muito o surrealismo, em especial Magritte. Isso explica a natureza doida de algumas dessas canções.

Sempre achei o título "Spirits of Ancient Egypt" bem intrigante e místico, mas de alguma forma escolhi a direção oposta. *"You're my baby/ And I love you/ You can take a pound of love/ And cook it in the stew"*. Há momentos bem poéticos - *"Spirits of ancient Egypt/ Shadows of ancient Rome/ … / Echoes of sunken Spain"* -, todas essas lendas épicas. Mas, em contraposição com esses momentos, temos apenas uma canção de amor. É o simples contraposto ao extraordinário. De um lado, os espíritos do Egito Antigo, mas de repente temos um Cadillac, alguém fazendo um ensopadinho de amor, sem falar em Gerônimo. O que será que ele anda fazendo no Egito? Ou em Roma? Ou na Espanha? E como assim, um Cadillac atravessando o Mar da Irlanda? É uma pintura surrealista. Eu tinha essa convicção de que era possível juntar as palavras e elas teriam um significado. Não era preciso ficar quebrando a cabeça, talvez fosse melhor embaralhar tudo e ver o que acontece.

Na infância, eu mantive a história egípcia em meu radar: "Ah, as pirâmides, isso é muito legal". Mas fui crescendo, e o interesse arrefeceu. E daí alugamos uma fazenda perto de Nashville por seis semanas a trabalho, mas também para andar a cavalo e passar o verão no campo com a família. Linda e eu fizemos amizade com Chet Atkins e a esposa dele, e eles nos convidaram para jantar. Foi encantador. Ele tinha o violão dele, eu tinha o meu. Toquei duas canções minhas. Ele me pediu para tocar "Yesterday". (Ele me estimulou a gravar uma canção que o meu pai tinha composto, coisa que eu acabei fazendo com a participação de Chet, mas essa já é outra história.)

Só sei que, após o jantar, subitamente ele se virou para mim e disse: "Você se interessa por mitologia egípcia?". Foi abrupto, um verdadeiro *non sequitur*, mas eu não me atrapalho fácil. Eu disse: "Mais ou menos", e ele começou a falar no assunto.

Em seguida, ele me deu este livro de Peter Tompkins, *Os segredos da grande pirâmide*, e foi uma leitura fascinante. O livro traz teorias incríveis, incluindo a

À esquerda: Com Linda. Nashville, 1974

À direita: Com Chet e Leona Atkins. Nashville, 1974

de que os egípcios sabiam bem mais do que o pessoal imaginava. Por exemplo, as medidas da base da pirâmide estão de certa forma conectadas à circunferência da Terra. Como é que eles sabiam a circunferência da Terra? Você não podia contorná-la com uma fita métrica; mas eles a calcularam. Então, devorei o livro e o guardei como se fosse um tesouro, ainda mais por se tratar de um presente de Chet Atkins.

14. SPIRITS OF ANCIENT EGYPT.

~~

    You're my baby, and I love you
You can take a pound of love
  And cook it in the stew....
When you've finished doing that
I know what you'll want to do

Cos you're my baby and I love you

~~

~~Youre~~ I'm your baby
  do you love me?
 I can drive a cadillac
across the Irish sea
— but when I've finished doing that
I know where I'll want to be
I'm your baby, do you love me?

~~

15. SPIRITS OF ANCIENT EGYPT.

Spirits of ancient Egypt
Shadows of ancient Rome
Spirits of ancient Egypt
hung on the telly
hung on the telly
hung on the telephone.......

You're my baby
I know you know
You could sell an elevator
to Geronimo
And when you're finished doing that
I know where you'll want to go
cos' you're my baby
I know you know.
Spirits of Ancient Egypt
Echoes of sunken Spain
Spirits of ancient Egypt
Hung on the phone — a' hung on the
phone a — hung on the phone
.....again.......

T

Teddy Boy	694
Tell Me Who He Is	700
Temporary Secretary	704
Things We Said Today	712
Ticket to Ride	716
Too Many People	720
Too Much Rain	726
Tug of War	730
Two of Us	736

Teddy Boy

COMPOSITOR	Paul McCartney
ARTISTA	Paul McCartney
GRAVAÇÃO	Em casa, Londres; e Morgan Studios, Londres
LANÇAMENTO	*McCartney*, 1970

This is the story of a boy named Ted
If his mother said
Ted, be good, he would

She told him tales about his soldier dad
But it made her sad
Then she'd cry, oh my

Ted used to tell her he'd be twice as good
And he knew he could
'Cause in his head, he said

Momma, don't worry now
Teddy Boy's here
Taking good care of you
Momma, don't worry your
Teddy Boy's here
Teddy's gonna see you through

Then came the day she found herself a man
Teddy turned and ran
Far away, okay

He couldn't stand to see his mother in love
With another man
He didn't know, oh no

He found a place where he could settle down
And from time to time
In his head, he said

Momma, don't worry now
Teddy Boy's here
Taking good care of you
Momma, don't worry your
Teddy Boy's here
Teddy's gonna see you through

She said, Teddy, don't worry now
Mummy is here
Taking good care of you
Teddy, don't worry your
Mummy is here
Mummy's gonna see you through

This is the story of a boy named Ted
If his mother said
Ted, be good, he would

```
TEL. MOUNTWOOD 3391


The MIKE ROBBINS AGENCY
       (ENTERTAINMENTS)


171 MOUNT ROAD,
HIGHER BEBINGTON,
WIRRAL, CHESHIRE.          D. M. ROBBINS
```

MEU PRIMO EM SEGUNDO GRAU, TED, É FILHO DE MINHA PRIMA Betty Danher, e ela exerceu em mim uma grande influência musical. Ela adorava cantar e me apresentou a canções como "My Funny Valentine" e "Till There Was You", que mais tarde toquei com os Beatles. Ela era casada com um sujeito chamado Mike Robbins. Criaram os filhos deles cercados por muita música.

Ted era o primeiro menino deles, então isso explica em parte eu me referir a ele como "Teddy Boy". É um termo afetuoso. Afinal, ele é uma década mais novo do que eu. Mas os Teddy Boys também eram os rufiões de minha juventude, os caras que vestiam longas sobrecasacas com gola de veludo, calças justas e sapatos com espessos solados de borracha crepe corrugada. Por conta disso, esses sapatos eram apelidados de "*beetle crushers*" ("trituradores de besouro"). Seus usuários em geral frequentavam os inferninhos em King's Cross, e daí vem outra alcunha desses sapatos: "*brothel creepers*" ("crepes de bordel"). Esses Teddy Boys se tornaram famosos no Reino Unido por ficarem nas esquinas à espera de confusão.

Em suma, Ted é o ponto de partida para a canção, mas, como sempre, ela segue suas próprias deixas e faz seu próprio show. As histórias sobre seu pai soldado ("*tales about his soldier dad*") são pura imaginação. Os versos "*Teddy boy's here/ Teddy's gonna see you through*" representam o que eu imaginei que Teddy diria para a mãe dele quando tentava apoiá-la.

Não chega a ser um exagero conectar esse psicodrama a duas fontes. Uma delas é a terrível sensação de perda que eu ainda sinto em relação à minha mãe. Nesse sentido, Teddy representa uma versão de mim mesmo, tentando me consolar ao supostamente consolar a minha mãe. A outra é que "Teddy Boy" foi composta naquele período estranhamente produtivo que passamos na Índia em 1968. No início de 1969, os Beatles inclusive fizeram vários *takes* dessa canção para o filme *Let It Be*. Em sua maioria foram *takes* acústicos, com um pouco de guitarra elétrica de George Harrison, mas havia certa tensão entre todos nós, e ela só foi lançada em meu primeiro disco solo, *McCartney*, em 1970.

Na verdade, Ted teve uma carreira de sucesso como artista, como o pai dele. A família inteira está imersa no *showbiz*.

(10) Momma Miss America. 'instrumental.

(11) Teddy Boy

This is the story of a boy named Ted
If his mother said, Ted be good, he would,
She told him tales about his soldier dad,
but it made her sad, and she'd cry, oh my!
Ted used to tell her he'd be twice as good,
and he knew he could, 'cos in his head,
he said
CHORUS ~~Teddy~~ Momma don't worry your Teddy Boy's here,
Taking good care of you
Momma don't worry now Teddy is here,
Teddy's gonna see you through.

Then came the day she found herself
a man, Teddy turned and ran, far
away — O.K.
He couldn't stand to see his mother in love
with another man, he didn't know
oh no!

⑪ Teddy Boy continued.
He found a place where he could settle down, and from time to time, in his head, he said......
CHORUS Momma don't worry...

..... and she said.
Teddy don't worry, your mummy is here, taking good care of you....
Teddy don't worry, now mummy is here, mummy's gonna see you through.

— This is the story of a boy named Ted, if his mother said, Ted be good, he would.......

⑫ Singalong Junk
instrumental.

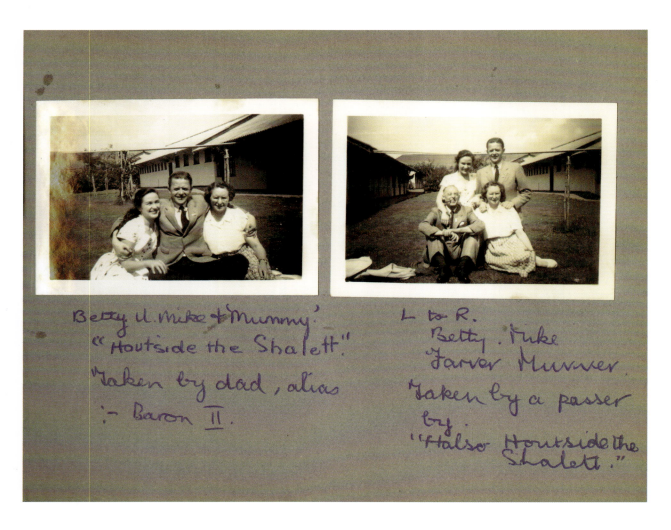

Fotos do álbum de recortes da infância de Paul

Mas os Teddy Boys também eram os rufiões de minha juventude, os caras que vestiam longas sobrecasacas com gola de veludo, calças justas e sapatos com espessos solados de borracha crepe corrugada.

TEDDY BOY.

This is the story of a boy named Ted,
if his mother said "Ted, be good" he would
B She told him tales about his soldier dad
but it made her sad, and she'd cry, oh my!

—

Ted used to tell her he'd be twice as good
and he knew he could 'cos in his head,
he said.

DT Mommy don't worry, your Teddy boy's here
Taking good care of you,
Mommy don't worry your Teddy boy's here
Teddy's going to see you through.

Then came the day she found herself a man
Teddy turned and ran far away, oh hey. O.K.
He couldn't stand to see his mother in love
with another man he didn't know oh oh! NO
He found a place where he could settle down
+ from time to time, in his head, he said...
Mommy don't worry, your Teddy Boy's here...
etc...
And she said — Teddy don't worry...etc..
& he said — Mommy don't worry. End.

Tell Me Who He Is

Canção inédita. A letra foi encontrada em um caderno. Tudo indica que a canção foi composta no final dos anos 1950 ou começo dos anos 1960.

Tell me who he is
Tell me that you're mine not his
He says he loves you more than I do
Tell me who he is

Tell him where to go
Tell him that I love you so
He couldn't love you more than I do
Tell me who he is

EU PRATICAMENTE NEM ME LEMBRO DESTA CANÇÃO. É PROVÁVEL que ela seja do comecinho dos anos 1960. E talvez ela tenha iniciado comigo levando ao John uma ideia para uma letra. É como se existisse apenas um determinado conjunto de assuntos. Um deles é o amor. O desejo. Os rompimentos. A vingança. Como é imenso o território que isso abrange! Aqui temos a ideia de uma moça que traiu o namorado, ou uma insinuação disso. É um terreno incrivelmente fértil.

Sem perceber, você está contando uma historinha. Sempre gostei de fazer isso. Eu me lembro de que um dia George Harrison me interpelou: "Como é que você consegue fazer isso?". Ele só conseguia compor (ou pelo menos *me disse* que só conseguia compor) com base em suas experiências pessoais. Algo acontecia com ele, e ele se sentia péssimo, depois as coisas melhoravam, e então ele fazia composições como "Here Comes the Sun" ou "Something".

Mas, para mim, tudo se resumia a inventar. Isso não quer dizer que eu não escreva autobiograficamente, mas também é ótimo compor ao estilo de Charles Dickens. Por exemplo, quando o romancista escrevia da perspectiva de uma moça pobre, estava se lembrando de sua própria infância. Do tempo em que o pai dele ficou preso. Das pessoas que conheceu. Existe necessariamente um componente autobiográfico naquilo tudo, mas nem sempre o *apenas* autobiográfico é tão cintilante. Você está fazendo tudo isso, mas coloca personagens "fictícios" em sua canção e brinca com eles - dá a eles um chapéu engraçado, um chapéu vermelho. Eu disse vermelho? Que tal encontrar uma palavra melhor?

Uma das coisas legais sobre nosso estilo de vida quando fomos a Londres pela primeira vez eram nossos turnos de gravação. Em geral, você entra às dez da manhã e tem um tempinho para se organizar. Começa às dez e meia e trabalha três horas. À uma e meia, tem uma hora de intervalo. Depois você trabalha das duas e meia às cinco e meia, e é isso. Nesses dois turnos de três horas, esperávamos fazer duas canções. Mas o melhor de tudo é que o trabalho encerrava às cinco e meia.

Isso significava que à noite você poderia ir ao teatro. Eram muitas opções: o Royal Court, o National Theatre (que ocupava as instalações do Old Vic) e todo o West End. Muita coisa legal. Assim, eu passava o dia gravando e à noite ia conferir as peças teatrais, como *Juno e o pavão*, com o excelente ator Colin Blakely. Você conferia a programação semanal em revistas como *Time Out*; era só folhear e selecionar o que gostaria de ver. E eu não só tinha tempo de ir ao teatro, mas tudo que eu ia ver servia de inspiração ao meu trabalho. Se eu tinha acabado de assistir a *Juno e o pavão* no National Theatre, no dia seguinte, quando estivesse compondo ou gravando uma canção, aquilo estaria em minha mente. E eu almejava alcançar um padrão desse tipo.

Tell me who he is
tell me that you're mine not his
he says he loves you more than I do
tell me who he is.

Tell him where to go
tell him that I love you so
he couldn't love you more than I do
tell me who he is,

Cartão-postal do começo da carreira dos Beatles, com John Lennon, George Harrison, Stuart Sutcliffe e Pete Best. Indra Club, Hamburgo, 1960

Temporary Secretary

COMPOSITOR	Paul McCartney
ARTISTA	Paul McCartney
GRAVAÇÃO	Lower Gate Farm, Sussex
LANÇAMENTO	*McCartney II*, 1980
	Single, 1980

Mister Marks, can you find for me
Someone strong and sweet fitting on my knee
She can keep her job if she gets it wrong
Ah but Mister Marks, I won't need her long

All I need is help for a little while
We can take dictation and learn to smile
And a temporary secretary
Is what I need for to do the job

I need a
Temporary secretary
Temporary secrétaire
Temporary secretary
Temporary secretary

Mister Marks could you send her quick
'Cause my regular has been getting sick

I need a
Temporary secretary
Temporary secretary

Mister Marks, I can pay her well
If she comes along and can stay a spell
I will promise now that I'll treat her right
And will rarely keep her til late at night

I need a

She can be a belly dancer
I don't need a true romancer
She can be a diplomat
But I don't need a girl like that
She can be a neurosurgeon
If she's doin' nothin' urgent
What I need's a temporary
Temporary secretary

I need a
I need a
Temporary secretary
Temporary secrétaire
Temporary secretary
Temporary secretary
Temporary secretary
Temporary secrétaire

Now Mister Marks, when I send her back
Will you please make sure she stays on the right track

Well, I know how hard it is for young girls these days
In the face of everything to stay on the right track

Temporary secretary
   (I need a)
Temporary secrétaire
Temporary secretary
Temporary secrétaire
   (I need a)
Temporary secretary
Temporary secretary
Temporary secretary

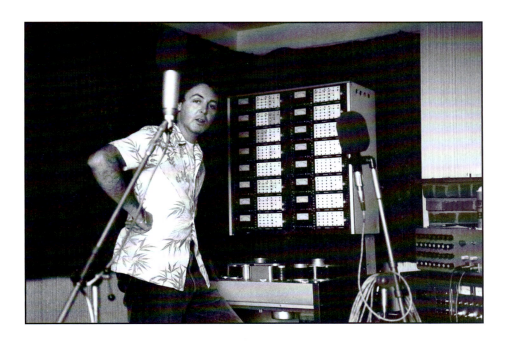

Acima: Sessões de gravação do álbum *McCartney II*. Lower Gate Farm, Sussex, 1979

O MELLOTRON ERA UM TECLADO DE REPRODUÇÃO DE AMOSTRAS de fita que os Beatles usaram em meados dos anos 1960 em "Strawberry Fields Forever". Eu me lembro de que estávamos no Abbey Road e fomos apresentados àquele grande e cinzento Mellotron. Parecia algo saído do tempo da guerra, embora fosse novinho em folha. A EMI era uma corporação muito organizada. Uma corporação muito tecnológica. Fabricavam suas próprias fitas para seus artistas, e até hoje é a melhor fita; não perdem os óxidos. A parte operacional tinha ótima qualidade. Então, colocaram o tal de Mellotron no meio do Studio 2 para nosso uso, e pensamos: "Uau". Ficamos ao redor dele. "Fantástico!". Foi simplesmente fascinante descobrir como usar aquilo em nossas canções. A nossa busca por novos sons e elementos era constante.

Depois surgiu o sintetizador Moog, e ele tinha o tamanho desta sala. O próprio Robert Moog veio à EMI fazer uma demonstração, por volta de 1968 ou 1969. Um inventor bacana em uma sala com milhões de botões e dispositivos. Ele nos mostrou como tocar, e acabei o utilizando em "Maxwell's Silver Hammer". Adoramos o quão futurista ele soava, e ainda soa. Anos atrás, trabalhei em um projeto com o Skype. A ideia era criar os primeiros emojis de áudio do mundo – ganharam o nome de "Love Mojis" porque o lançamento foi no Dia dos Namorados. Compus essas vinhetinhas de cinco ou seis segundos de duração para representar diferentes emoções. Foi um desafio divertido, algo que eu nunca tinha feito antes. Depois, o Skype acrescentou animações, e as pessoas compartilhavam em seus chats. Eu quis um som futurista para eles, e o Moog foi o ponto de partida.

Eu costumava fazer experiências com todo instrumento novo que aparecia, para ver se podíamos aproveitá-lo. Assim que esses sintetizadores começaram a chegar, no finzinho dos anos 1960, fizemos improvisos com eles e testamos o que cada um dos diferentes controladores era capaz de fazer para criar sons inéditos. Por fim, foi a vez dos sequenciadores conectados aos sintetizadores, o que deu início a novos gêneros musicais. Era fascinante como os sequenciadores permitiam criar uma permutação infinita de notas. Eu ficava brincando até encontrar algo interessante e depois construía uma canção em cima disso.

Anos depois, no final dos anos 1970, montei um quartinho na fazenda em Sussex com instrumentos e coisas que eu podia tocar. Encontrei essa sequência e pensei: "É um bom ritmo". Aquilo se tornou a base sônica, e compus esta canção inspirada nela.

Hoje em dia, pouca gente sabe ou recorda quem era Alfred Marks, mas existiam agências em Londres chamadas Alfred Marks Bureaus - não confundir com Alfred Marks, o antigo comediante. Essas agências colocavam anúncios em jornais e listas telefônicas. Então pensei: "Bem, o personagem será o sr. Marks".

O pessoal costuma dizer: "Ah, você trabalha duro", e eu respondo: "A gente não trabalha; a gente toca". Tento me lembrar disso quando a coisa começa a ficar cansativa. "Puxa vida, estamos trabalhando arduamente. Ou melhor: *tocando* arduamente". A ideia de precisar de uma secretária, mas apenas temporária, simplesmente me fez abrir um sorriso. Então brinquei com a ideia.

Há poucos anos, voltamos a tocar esta canção, porque um DJ em Brighton a redescobriu. A canção se tornou um sucesso com ele, então me perguntei se eu não poderia retomá-la também. Trabalhei com Wix Wickens, o nosso tecladista, e ele fez as programações necessárias para tocá-la ao vivo na turnê.

Seria possível compor uma canção destas hoje, com o MeToo? Duvido muito, e eu não gostaria de fazer isso. Mas os tempos eram outros, e nesse quesito o mundo vem progredindo apropriadamente desde então. Hoje, você pensa duas vezes (se é que pensa) antes de insinuar que gostaria de fazer serão com a secretária ou assistente até tarde da noite. Uma das coisas boas nesta canção, porém, é que ela nada tem de abertamente sexual; é apenas muito sarcástica. Qualquer inferência de que o protagonista está segurando a secretária até tarde da noite para fazer outras coisas está na mente do ouvinte.

À direita: Ficha com os canais de gravação de "Temporary Secretary"

Seria possível compor uma canção destas hoje, com o MeToo? Duvido muito, e eu não gostaria de fazer isso. Mas os tempos eram outros, e nesse quesito o mundo vem progredindo apropriadamente desde então.

ARTIST			TAPE BOX No. (2)
TITLE (7) TEMPORARY SECRETARY.			JOB No.

1	SEQUENCER.			
2	B/D			
3	SNARE.	DRY.		
4	ECHO SNARE (O/D)			
5	SYNTH (Secretary Bits.)			
6	BASS.			
7	BASS SYNTH	(Secretary Bits)		
8	VOICE (~~Harmon~~ CHORUS.)			
9	VOICE	(Chorus)		
10	VOICE	(Lead Chorus.)		
11	ACOUSTIC Gtr.			
12	OVATION Elec. "			
13	TOMS			
14	VOICE	Lead		
15	VOICE	Lead D/T.		
16	BANJO.			
17				
18				
19				
20				
21				
22				
23				
24				

REMARKS

Ref. No. 12527

ARE YOU BRIGHT, HARDWORKING, INTELLIGENT AND AMBITIOUS, WITH A KEEN INTEREST IN CONTEMPORARY MUSIC, A FRIENDLY PERSONALITY AND A SMART APPEARANCE?

Then what are you doing reading this?

If you are bright then you'll probably have realised that this is an advertisement for Paul McCartney's new single 'Temporary Secretary'.

Only available as a limited edition 12" record, the B-Side is the 10½ minute, previously unavailable "Secret Friend".

No previous experience necessary.

Apply in person at your local record store.

À direita, em cima: Mellotron Mark II

À direita, embaixo: Sintetizador Minimoog

À esquerda: Anúncio publicitário de "Temporary Secretary", 1980

O pessoal costuma dizer: "Ah, você trabalha duro", e eu respondo: "A gente não trabalha; a gente toca". Tento me lembrar disso quando a coisa começa a ficar cansativa. "Puxa vida, estamos trabalhando arduamente.
Ou melhor: *tocando* arduamente".

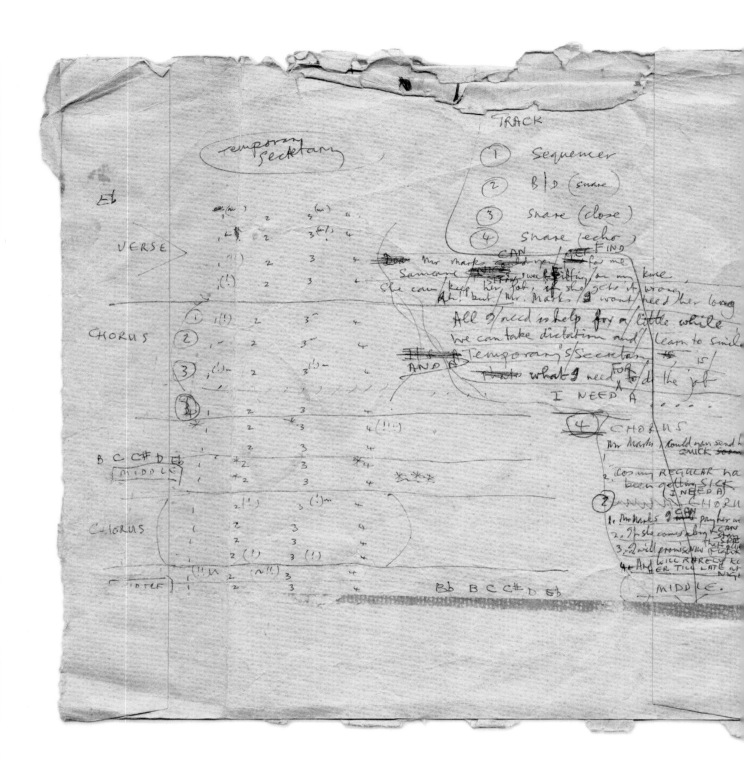

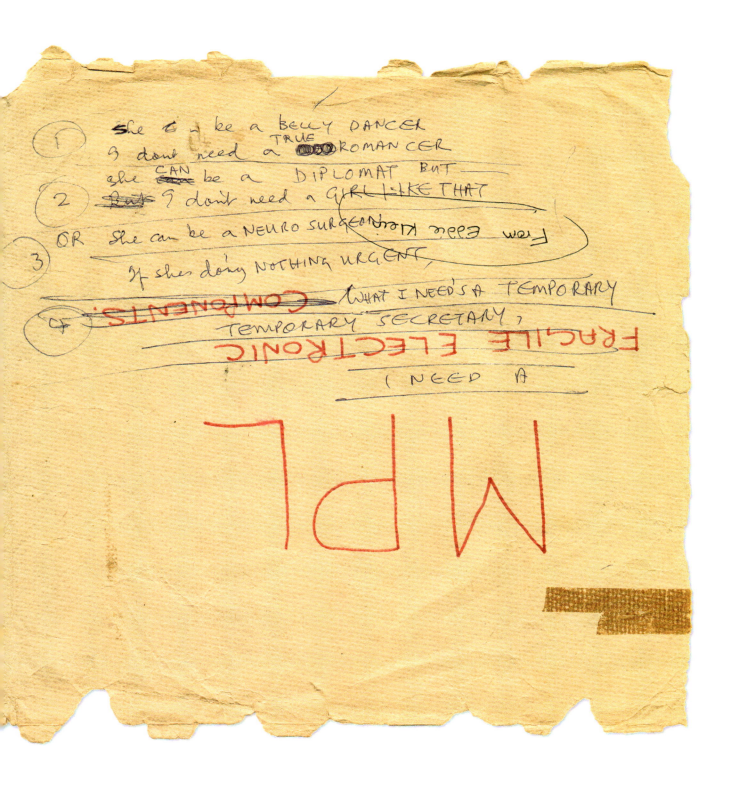

Letra e notas de gravação para "Temporary Secretary"

Things We Said Today

COMPOSITORES	Paul McCartney e John Lennon
ARTISTA	The Beatles
GRAVAÇÃO	Abbey Road Studios, Londres
LANÇAMENTO	Lado B do single "A Hard Day's Night" no Reino Unido, 1964
	A Hard Day's Night, 1964

You say you will love me
If I have to go
You'll be thinking of me
Somehow I will know

Someday when I'm lonely
Wishing you weren't so far away
Then I will remember
Things we said today

You say you'll be mine, girl
Til the end of time
These days, such a kind girl
Seems so hard to find

Someday when we're dreaming
Deep in love, not a lot to say
Then we will remember
Things we said today

Me, I'm just the lucky kind
Love to hear you say that love is love
And though we may be blind
Love is here to stay and that's enough

To make you mine, girl
Be the only one
Love me all the time, girl
We'll go on and on

Someday when we're dreaming
Deep in love, not a lot to say
Then we will remember
Things we said today

Me, I'm just the lucky kind
Love to hear you say that love is love
And though we may be blind
Love is here to stay and that's enough

To make you mine, girl
Be the only one
Love me all the time, girl
We'll go on and on

Someday when we're dreaming
Deep in love, not a lot to say
Then we will remember
Things we said today

"**THINGS WE SAID TODAY**" FOI COMPOSTA NUM BARCO, NAS Ilhas Virgens, durante férias que Jane Asher e eu tiramos na companhia de Ringo e Maureen, a esposa dele na época. Agora que estávamos nos Beatles, podíamos nos dar ao luxo de passar férias a bordo de um iate! Foi muito legal, exceto quando tomei um torrão do sol. Uma coisa que nós da classe trabalhadora desconhecíamos era o protetor solar. Uma de minhas tias passava óleo com vinagre.

Por mais agradável que fosse o barco, eu gostava de me refugiar em minha cabine. Um lugar em que ninguém pudesse me acessar. Eu bloqueava o mundo lá de fora, me sentava lá para dedilhar um pouco o violão e ver se algo acontecia.

A essa altura, eu já tinha uma guitarra Epiphone muito boa. Quando éramos garotos, fantasiávamos com as guitarras que nossos ídolos tinham. A Gibson, a Gretsch, a Fender. Mas esses instrumentos eram caros e tínhamos que modular as nossas aspirações. Tratei de modular bem as minhas: quando eu tinha cerca de dezoito anos, comprei a coisa mais horrível, uma Rosetti Solid 7 - basicamente só uma prancha de madeira com um braço. Não era um bom instrumento, mas era vermelha; parecia brilhante. Eu a comprei na loja Frank Hessy's, em Liverpool.

Eu a comprei no crediário, embora meu pai fosse totalmente contra compras a prazo, provavelmente porque acabou se estrepando e conheceu muita gente que se estrepou. Então fui a Hamburgo em 1960 com essa Rosetti Solid 7, que durou um ou dois meses e depois se desmanchou toda. Foi por isso que mudei para o piano, e é por isso que toquei mais piano do que os outros caras do grupo. Mais tarde, quando ganhamos um pouco de dinheiro, comprei uma Epiphone acústica, e em 1964 eu já tinha uma guitarra muito boa.

Naquele dia no barco, dedilhei um acorde de Lá menor. Lá menor para Mi menor para Lá menor, o que me levou a um mundo folclórico e caprichoso. E na parte do *"Me, I'm just the lucky kind"*, a tonalidade sobe e se torna esperançosa. O que sempre amei e ainda amo em compor uma canção é que, ao fim de duas ou três horas, tenho uma recém-nascida para mostrar ao mundo. Quero mostrar esse bebê ao mundo, e naquela hora o mundo consistia no pessoal a bordo.

Tive que recordar a letra de cabeça, é claro, porque eu não tinha tomado nota. E a melodia eu não escrevia - porque eu não sabia. Tudo estava em minha cuca. Desde então, eu fico me perguntando de onde vinha essa facilidade para me lembrar dessas coisas. Quando eu usava um gravadorzinho de fita cassete ou outro dispositivo de gravação, era mais difícil lembrar das canções, porque não me obrigava a lembrá-las. Em retrospectiva, adoro o fato de minhas circunstâncias terem sido aquelas. Anos depois, quando tento explicar por que não leio nem escrevo partituras musicais, eu ponho a culpa em minha tradição celta, a tradição bárdica. Lá de onde eu venho, o povo treinou para confiar em suas memórias.

①

YACHT HAPPY DAYS
Yacht Haven
St. Thomas, U. S. Virgin Islands

Dear Dad and Mike,

I've been meaning to write but you know how it is.

Well, as you will have noticed the press got us, but apart from that one incident we've been left alone.

We are, of course, having a great time the boat is nice, and weather etc... is luverly.

We've been doing quite a bit of snorkelling and I've seen one or two barracudas (they're the ones that sometimes get you — mind you, the ones I saw were about 1½ feet long.

P.T.O.

À direita: Carnê de crediário da guitarra Rosetti Solid 7 de Paul. Frank Hessy's, Liverpool, 1960

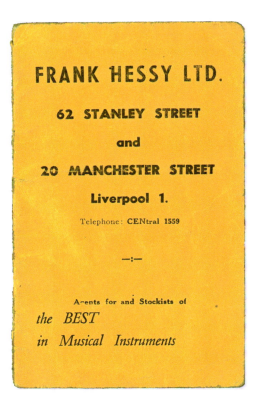
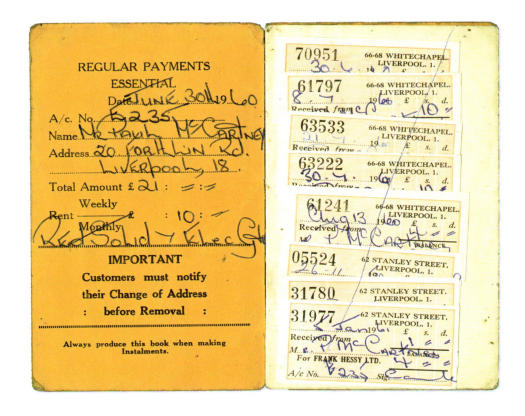

Ticket to Ride

COMPOSITORES	Paul McCartney e John Lennon
ARTISTA	The Beatles
GRAVAÇÃO	Abbey Road Studios, Londres
LANÇAMENTO	Single, 1965
	Help! 1965

I think I'm gonna be sad
I think it's today, yeah
The girl that's driving me mad
Is going away

She's got a ticket to ride
She's got a ticket to ride
She's got a ticket to ride
And she don't care

She said that living with me
Is bringing her down, yeah
For she would never be free
When I was around

She's got a ticket to ride
She's got a ticket to ride
She's got a ticket to ride
But she don't care

I don't know why she's ridin' so high
She oughta think twice
She oughta do right by me
Before she gets to sayin' goodbye
She oughta think twice
She oughta do right by me

I think I'm gonna be sad
I think it's today, yeah
The girl that's driving me mad
Is going away, yeah

She's got a ticket to ride
She's got a ticket to ride
She's got a ticket to ride
But she don't care

I don't know why she's ridin' so high
She oughta think twice
She oughta do right by me
Before she gets to sayin' goodbye
She oughta think twice
She oughta do right by me

She said that living with me
Is bringing her down, yeah
For she would never be free
When I was around

She's got a ticket to ride
She's got a ticket to ride
She's got a ticket to ride
But she don't care
My baby don't care
My baby don't care

Acima: Em Paris, 1961

JOHN E EU FOMOS VIAJAR PEGANDO CARONA. GEORGE E EU TAMbém fizemos isso algumas vezes. Era um jeito de tirar férias. Nossos pais talvez tivessem reservado hotéis, mas não sabíamos fazer isso. Portanto, saíamos, só nós dois, com os nossos violões. John era mais velho, mas eu ajudava a decidir para onde iríamos. Em seu aniversário de 21 anos, ele ganhou cem libras do tio dele, que era dentista em Edimburgo, e decidimos que íamos pegar carona até a Espanha, passando por Paris. O ponto de partida seria nas imediações de uma ponte com maior fluxo de caminhões de longa distância. Usávamos pequenos chapéus-coco para chamar a atenção deles!

Quando conseguíamos carona, sentávamos juntos na boleia e íamos conversando com o motorista do caminhão. Fizemos a travessia do ferry e passeamos juntos em Paris. Caminhamos quilômetros e mais quilômetros pela cidade, sentamos em bares perto da Rue des Anglais, visitamos Montmartre e o Folies Bergère. Com o que aprendemos lá em uma semana, ficamos nos sentindo existencialistas até o tutano dos ossos, capazes de escrever um romance. Ou seja, nunca chegamos à Espanha. Andamos tanto tempo juntos que, se você nos fizesse uma pergunta, a resposta de cada um seria praticamente a mesma.

É um pouco cruel, mas é justo dizer que, em linhas gerais, eu havia tido uma boa vida e John não. A vida dele tinha sido mais difícil, e ele teve que desenvolver uma carapaça mais dura do que a minha. Ele era um cara bem cáustico, mas,

como dizem, com um coração de ouro. Manteiga derretida, mas de couraça dura. E isso foi muito bom para nós dois. Opostos se atraem. Eu o acalmava e ele me incendiava. Enxergávamos coisas um no outro que precisavam ser completadas.

Quando o assunto era compor rock'n'roll, sempre estávamos na mesma página. Você não quer compor algo como: "*She said that living with me is* upsetting". Isso simplesmente não é rock'n'roll. É muito enfeitadinho, é muito cortina de renda. É por isso que tem que ser "*She said that living with me is* bringing her down".

John e eu sempre apreciamos jogos de palavras. Portanto, a expressão "*She's got a ticket to ride*" claramente se refere a viagens de ônibus ou de trem, mas - se você quiser saber mesmo - também pode se referir a Ryde, a cidade na Ilha de Wight, onde minha prima Betty e o marido dela, Mike, gerenciavam um pub. É isso que eles faziam: administravam pubs. Ele acabou se tornando gestor de entretenimento em uma das unidades do Butlin's, a rede de colônias de férias. Betty e Mike entendiam tudo de *showbiz*. Era muito divertido visitá-los, então John e eu pegávamos carona até Ryde, e incluímos na canção reminiscências dessa viagem. Hoje é fofo pensar em nós dois deitados na mesma caminha de solteiro - um travesseiro na cabeceira da cama, o outro nos pés dela - esperando Betty e Mike nos darem boa-noite.

Acima: John Lennon. Museu do Louvre, Paris, 1961

À direita: Diário de Paris e esboços para o logotipo dos Beatles, 1961

It was 10 o'clock, o'clock it was, when we are entering the "Olympia" in Paris, to see the Johnny Halliday rock show, 'cos we remember thinking at the time.

The cheapest seats in les theatre (French) were 7/6 (English) so we followed the woman with the torch.

Halliday came, everybody went wild and many was the stamping & cheering in the aisles; and dancing too. But the man said sit down, so we had to.

The excitement rose, and so did the audience and in the end there were many boys and girls dancing along the back rows. Also old men, which is even stranger, isn't it?

This was a real rock and roll riot — and we were exciting to watch rock hitting the French town of Paris.

Meanwhile, later the same week we go to Les Rock Festival featuring Danny et les Pirates, and many more, groups for your evening's entertainment.

Topping the bill was Vince ("Come back Ron") Taylor, star of English screen and "Two I's."

The atmosphere is many a night club, but the teenagers stand round the dancing floor which you use as a stage. They jump on a woman who sings with golden trousers and a microphone and then hit the man when he says go away.

A group follows, and so do the rest of them — playing Apache worse than Joe Loss, or his brother Geraldo Loss. When the singer joins the band — the leather jacket fiends who are the audience join in dancing and banging tables with the leg of a chair and joining in.

The singers have to go one better than the audience, so they lie on the floor, or jump on a passing drum, or kiss one of the guitars and then hit the man playing it. The crowd like this and many stand on chairs to see the fun, and soon the audience are all singing and shouting like one man. But he didn't mind.

Vince ("Ron,") Taylor finally appears and joins the fun, and in the end he has so much fun that he passes out, raising a cry of "Il cest unconscious" from the French people in the audience. But in spite of this it has been a wonderful show, lovely show, ... lovely.

Too Many People

COMPOSITOR	Paul McCartney
ARTISTA	Paul e Linda McCartney
GRAVAÇÃO	CBS Studios, Nova York
LANÇAMENTO	*RAM*, 1971
	Lado B do single "Uncle Albert/ Admiral Halsey", 1971

Too many people going underground
Too many reaching for a piece of cake
Too many people pulled and pushed around
Too many waiting for that lucky break

That was your first mistake
You took your lucky break and broke it in two
Now what can be done for you
You broke it in two

Too many people sharing party lines
Too many people never sleep in late
Too many people paying parking fines
Too many hungry people losing weight

That was your first mistake
You took your lucky break and broke it in two
Now what can be done for you
You broke it in two

Too many people preaching practices
Don't let them tell you what you want to be
Too many people holding back
This is crazy and baby, it's not like me

That was your last mistake
I find my love awake and waiting to be
Now what can be done for you
She's waiting for me

E STA CANÇÃO FOI COMPOSTA MAIS OU MENOS UM ANO APÓS A separação dos Beatles, numa época em que John estava disparando mísseis contra mim por meio de suas canções, e um ou dois deles foram bastante cruéis. Não sei o que ele esperava ganhar com isso, além de me acertar um soco na cara. Fiquei muito chateado com tudo aquilo.

Decidi lançar meus mísseis contra ele também, mas não sou esse tipo de escritor, então foi uma coisa bastante velada. Nos anos 1970, isso não tinha nome, mas hoje é chamado de "*diss track*", uma canção para atacar outras pessoas. Canções assim, em que você cancela alguém por seu comportamento, hoje são bastante comuns, mas naquela época era um "gênero" bastante novo. A ideia de muita gente pregando práticas ("*preaching practices*") com certeza tinha como alvo a mania de John dizer a todo mundo o que deveria ser feito – por exemplo, me dizendo que eu deveria entrar em acordo com Allen Klein. Simplesmente me cansei de ficarem me dizendo o que eu deveria fazer, então escrevi esta canção. Com o verso "*You took your lucky break and broke it in two*", basicamente eu estava dizendo: "Você que fez esse rompimento, então boa sorte com ele". Mas foi algo bem de leve. Eu realmente não saí falando uma selvageria qualquer, e na verdade esta canção é bem otimista; ela não soa mesmo tão corrosiva. Se você não soubesse a história, não sei se seria capaz de adivinhar a raiva por trás das palavras.

Era tudo um pouco estranho e desagradável, e em essência eu estava dizendo: "Vamos ser sensatos. Nos Beatles, tínhamos muita coisa a nosso favor, o que realmente nos separou foi a parte comercial, e isso é mesmo patético, então vamos tentar ser pacíficos. Vamos tentar *dar uma chance à paz*".

A primeira estrofe e o refrão têm praticamente toda a raiva que eu pude reunir, e quando gravei o vocal no segundo verso: "*Too many reaching for a piece of cake*", eu lembro que em vez de "*piece of*" eu cantei "*piss off*", ou seja, vai se danar. Era um novo revide aos ataques de John, mas não fiz aquilo de coração. Sou eu dizendo com todas as letras: "Muita gente compartilhando a linha telefônica. Muita gente disputando um pedaço do bolo, uma fatia da torta". A coisa de dormir até tarde ("*sleep in late*") – se era assim mesmo, se John e Yoko dormiam até tarde ou não, eu não tenho certeza (mas John muitas vezes acordava tarde quando eu ia até Weybridge para compormos juntos). Eram todas referências a pessoas que achavam que a sua própria verdade era a única verdade, e era justamente esse tipo de coisa que estava vindo de John.

A questão é que boa parte do que eles consideravam verdade era bobagem. Acabou a guerra? Não acabou, não. Mas entendo a ideia: a guerra acabou, se você quiser que ela acabe. Assim, se um número suficiente de pessoas quiser que a guerra acabe, ela acabará. Não posso garantir que isso seja mesmo verdade, mas é um excelente sentimento; é uma coisa boa de se pensar e dizer. Aprendi a aceitar Yoko no estúdio, sentada na coberta diante do meu amplificador. Trabalhei arduamente para me adaptar a isso. Mas então, quando nos separamos e todos estavam com os nervos à flor da pele, John ficou desagradável. Não consigo entender o porquê. Talvez porque tenhamos crescido em Liverpool, onde dar o primeiro soco na luta sempre foi a melhor estratégia.

Em poucas palavras, a história é a seguinte: estávamos fazendo uma reunião em 1969, e John veio e falou que tinha conhecido esse cara, Allen Klein, que havia prometido a Yoko uma exposição em Syracuse, e então, sem papas na língua, John nos contou que ia deixar a banda. Basicamente foi isso que aconteceu. E o resultado foi três a um, porque os outros dois apoiaram John, então parecia que Allen Klein estava prestes a açambarcar todo o nosso império dos Beatles. Essa ideia não me agradou nem um pouco.

Na realidade, John colocou Allen Klein e Yoko na sala, sugerindo letras nas sessões de composição. Ao que parece, na canção "How Do You Sleep?", de John, foi Allen Klein quem sugeriu o verso *The only thing you done was yesterday*", e John disse: "Legal, coloca isso aí". Posso imaginá-los dando risada ao fazer isso, e tive que me esforçar bastante para não levar muito a sério, mas lá no fundo fiquei pensando: "Peraí um pouquinho, 'Yesterday' é tudo que eu consegui fazer? O trocadilho até pode ser engraçado, mas tudo que eu consegui fazer foi 'Yesterday', 'Let It Be', 'The Long and Winding Road', 'Eleanor Rigby', 'Lady Madonna', etc. - vai se ferrar, John".

Tive que brigar com eles por minha parte dos Beatles e, na verdade, pela parte deles dos Beatles, coisa que muitos anos depois eles perceberam e pela qual quase me agradeceram. Hoje em dia as pessoas entendem, mas na época acho que os outros tiveram a sensação de que as vítimas eram eles, de que eram eles que estavam sendo prejudicados por meus atos. Allen Klein já tinha uma trajetória com os Rolling Stones. Pensei apenas: "Ai, ai, não, esse cara tem péssima reputação". E o bom e velho John diz: "Ah, se o pessoal fala tão mal dele, vai ver que ele não é tão ruim assim". John apreciava esse tipo de pensamento contraditório, o que, às vezes, era divertido. Mas não quando alguém está prestes a abiscoitar tudo aquilo que John, George, Ringo e eu tínhamos, tudo aquilo que havíamos conquistado à custa de nosso árduo trabalho.

Então, eu me levantei como única pessoa sensata e disse: "Isso não é bom". Klein queria 20%, e eu disse: "Diga a ele que pode ficar com dez, se vocês fazem questão de fechar com ele". "Não, não", eles responderam, "ele quer vinte". A impressão que eu tive é que eles estavam colocando os pés pelas mãos, sem nem sequer tentar fazer algo sensato. Rolou muita mágoa nessa fase do início dos anos 1970 - eles ficaram magoados, eu fiquei magoado -, mas John era John, e foi ele quem compôs uma canção corrosiva. Isso vinha junto no pacote dele.

À direita: John Lennon e Yoko Ono. Escritório da Apple, Londres, 1969

Tive que brigar com eles por minha parte dos Beatles e, na verdade, pela parte deles dos Beatles, coisa que muitos anos depois eles perceberam e pela qual quase me agradeceram. Hoje em dia as pessoas entendem, mas na época acho que os outros tiveram a sensação de que as vítimas eram eles, de que eram eles que estavam sendo prejudicados por meus atos.

TOO MANY PEOPLE

Too many people going underground

Too many reaching for a piece of cake

Too many people pulling pushed around *...ed and*

Too many waiting for that lucky break

That was your first mistake

You took your lucky break and broke it in two

Now what can be done for you

You broke it in two

That was your first mistake

You took your lucky break and broke it in two

Now what can be done for you

You broke it in two

Too may people sharing party lines

Too many people never sleeping late *sleep in*

Too many people paying parking fines

Too many hungry people losing weight

Too many people preaching practices

Don't let them tell you what you want to be

Too many people holding back -this is crazy

And, baby, it's not like me.

That was your last mistake

I find my love awake and waiting to be

Now what can be done for you

She's waiting for me.

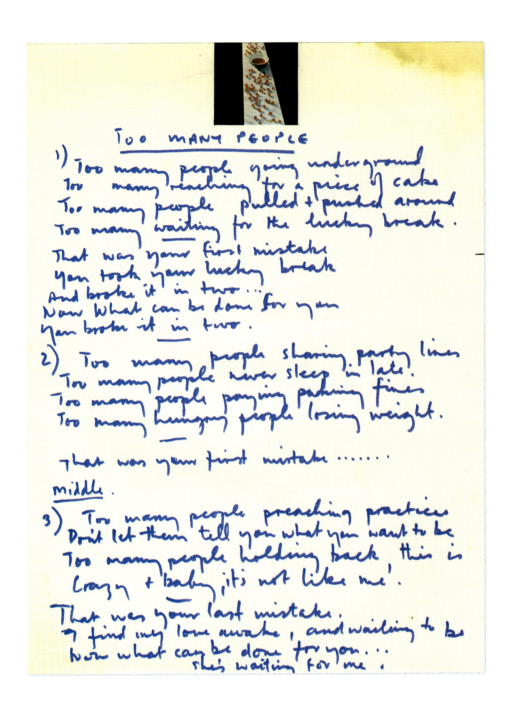

Decidi lançar meus mísseis contra ele também, mas não sou esse tipo de escritor, então foi uma coisa bastante velada. Nos anos 1970, isso não tinha nome, mas hoje é chamado de "*diss track*", uma canção para atacar outras pessoas.

Too Much Rain

COMPOSITOR   Paul McCartney
ARTISTA   Paul McCartney
GRAVAÇÃO   AIR Studios, Londres
LANÇAMENTO   *Chaos and Creation in the Backyard*, 2005

Laugh when your eyes are burning
Smile when your heart is filled with pain
Sigh as you brush away your sorrow
Make a vow
That it's not going to happen again
It's not right, in one life
Too much rain

You know the wheels keep turning
Why do the tears run down your face?
We used to hide away our feelings
But for now
Tell yourself it won't happen again
It's not right, in one life
Too much rain

It's too much for anyone
Too hard for anyone
Who wants a happy and peaceful life
You've got to learn to laugh

Smile when you're spinning round and round
Sigh as you think about tomorrow
Make a vow
That you're going to be happy again
It's all right, in your life
No more rain

It's too much for anyone
Too hard for anyone
Who wants a happy and peaceful life
You've got to learn to laugh

CRESCENDO EM LIVERPOOL NOS ANOS 1950 E SENDO MENINO, com certeza você precisava esconder seus sentimentos. Um cara nunca diria "eu te amo" para outro cara. Estávamos muito ocupados tentando ser machões e não percebíamos que isso poderia nos deixar um pouco indelicados às vezes. Só mais tarde, à medida que fomos amadurecendo, é que notamos: só fazíamos aquilo porque estávamos tentando ser jovens durões de Liverpool. Acho que muita gente ainda esconde seus sentimentos, mas a sorte minha é que superei isso. Talvez não por completo.

A inspiração inicial para esta canção veio de Charlie Chaplin. Além de grande comediante, ele também era ótimo em criar melodias. A canção "Smile", que ele compôs para seu filme *Tempos modernos*, sempre foi uma de minhas favoritas. Essa ideia de sorrir mesmo com o coração partido. Aqui temos um incentivo simples: quando você está triste, pode dar a volta por cima. "*Make a vow/ That you're going to be happy again*". Às vezes, eu digo que esse é o tipo de canção de "virar a página".

Esta canção traz uma imagem bem básica. Se a coisa não vai bem, associamos com a chuva; quando a situação melhora, o sol volta a brilhar. Na realidade a essência é essa. Em minhas canções, já usei versos como "encontrar você no meio da chuva", "aquele glorioso dia de chuva" ou "é incrível tomar um banho de chuva e estar apaixonado", mas no geral a chuva é má notícia. Em outras palavras, não é legal que em uma vida chova demais.

A maioria de nós aceita um pouco de chuva caindo em nossas vidas, porque um pouco de chuva é normal. Mas outros seres humanos - digamos, refugiados em retirada ou pessoas em países em desenvolvimento em situação de vulnerabilidade social ou literalmente passando fome - têm, em termos básicos, chuva demais. Não é justo que algumas pessoas tenham que suportar tanto sofrimento, enquanto o restante de nós tenha tanto a agradecer.

Assim, embora eu originalmente tenha sido criado para ser aquele cara durão de Liverpool, aprendi ao longo dos anos a tentar me abrir e a entender que muitos corações e vidas recebem muita chuva e muita dor. Quero acreditar que certas canções minhas fizeram o mesmo: despertaram nas pessoas sentimentos que elas nem sabiam que estavam lá. Pessoas me contaram sobre essa experiência. E muitas canções fizeram o mesmo por mim. É verdade. Às vezes, a vida pode ser demais para qualquer um ("*too much for anyone*"), mas é por isso que temos canções - para fazer a chuva passar ou, ao menos, servir de guarda-chuva por um tempo.

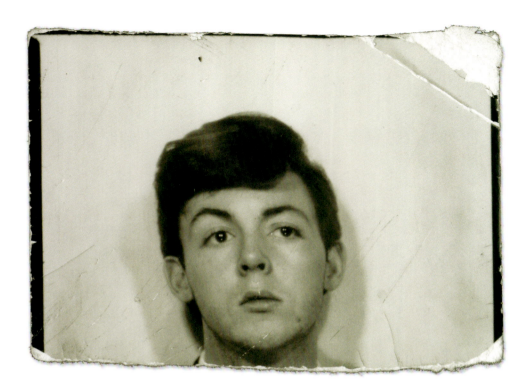

À esquerda: Foto do passaporte, fim dos anos 1950

À direita: Fotografado pelo irmão Mike em casa. Liverpool, início dos anos 1960

Um cara nunca diria "eu te amo" para outro cara. Estávamos muito ocupados tentando ser machões e não percebíamos que isso poderia nos deixar um pouco indelicados às vezes. Só mais tarde, à medida que fomos amadurecendo, é que notamos: só fazíamos aquilo porque estávamos tentando ser jovens durões de Liverpool.

Tug of War

COMPOSITOR	Paul McCartney
ARTISTA	Paul McCartney
GRAVAÇÃO	Park Gate Studios, Sussex; e AIR Montserrat
LANÇAMENTO	*Tug of War*, 1982
	Single, 1982

It's a tug of war
What with one thing and another
It's a tug of war
We expected more
But with one thing and another
We were trying to outdo each other
In a tug of war

In another world
In another world we could stand on top of the mountain
With our flag unfurled
In a time to come
In a time to come we will be dancing to the beat
Played on a different drum

It's a tug of war
Though I know I mustn't grumble
It's a tug of war
But I can't let go
If I do you'll take a tumble
And the whole thing is going to crumble
It's a tug of war

Pushing and pushing
Pulling and pulling
Pushing and pulling

In years to come they may discover
What the air we breathe and life we lead
Are all about
But it won't be soon enough
Soon enough for me
No it won't be soon enough
Soon enough for me

In another world we could stand on top of the mountain
With our flag unfurled
In a time to come we will be dancing to the beat
Played on a different drum
We will be dancing to the beat
Played on a different drum
We will be dancing to the beat
Played on a different drum

It's a tug of war
What with one thing and another
It's a tug of war
We expected more
But with one thing and another
We were trying to outscore each other
In a tug of war

Pushing and pushing
Pulling and pulling
Pushing and pulling

Acima: Stella na gincana escolar. Sussex, 1984

O CABO DE GUERRA ERA UM EVENTO MUITO POPULAR EM MINHA infância. Na verdade, já foi um esporte olímpico. Inclusive, em 1908, um grupo de policiais de Liverpool ganhou uma medalha nos Jogos Olímpicos. O esporte consiste em dois times com compleição de jogadores de rúgbi, cada time em uma ponta de uma corda grossa e comprida, e ficam puxando até um dos times puxar o adversário além de uma marca e ganhar a competição. Parecia uma metáfora legal.

Quando somos crianças, achamos que as coisas vão ser diretas, mas quando ficamos mais velhos e adquirimos mais experiência de vida, percebemos que a guerra entre o bem e o mal é eterna. Eu achava que todos tinham ótimas famílias, mas não tinham. Achava que o sol ia sempre brilhar, mas não brilhava. Achava que a vida sempre seria boa, mas, infelizmente, não era. Então, vira e mexe, estamos em um cabo de guerra. Você tem que dar o seu melhor pelas outras pessoas e, se não fizer isso, elas podem cair.

A canção foi escrita antes da morte de John em dezembro de 1980, mas quando o álbum foi lançado, em abril de 1982, muita gente achou que era sobre ele, sobre um tentar vencer o outro, como num cabo de guerra ("*We were trying to outscore each other/ In a tug of war*"). Muitas vezes, significados são atribuídos para criar uma narrativa conveniente, embora, é claro, não sejam necessariamente válidos. Mas não me importo. A canção pertence aos ouvintes assim que eu a lanço. Cabe a eles interpretar como quiserem, e eu não costumo sair por aí dizendo: "Olha só, não é bem isso que significa".

É claro que posso ver como essa interpretação se encaixa, porque John e eu realmente tentávamos superar um ao outro – essa era a natureza da nossa competitividade –, e nós dois éramos muito sinceros quanto a isso. Entretanto, também é importante perceber que, de muitas maneiras, a nossa obra se beneficiou desse cabo de guerra. Um exemplo disso é esta história que me contaram e da qual eu sempre gosto: quando John escutou "Coming Up", a reação dele

À esquerda: Sessões de gravação do álbum *Tug of War*. AIR Studios, Londres, 1981

À direita: Com o engenheiro Eddie Klein. Hog Hill Mill, Sussex, 1985

Página 734: Anotações para o videoclipe de "Tug of War", 1982

foi voltar aos estúdios e gravar o disco *Double Fantasy*. A canção "Beautiful Boy (Darling Boy)" é uma das minhas favoritas. Ou seja, é verdade. Se ele lançasse uma boa canção, eu tinha a sensação de que eu precisava lançar uma ainda melhor, e essa é uma forma de inspiração tão válida quanto qualquer outra.

Sentimo-nos motivados quando alguém que respeitamos surge com algo bom. No início do século 20, Picasso e Braque desafiavam-se mutuamente. Na história dos artistas, sempre houve essas colaborações de cabo de guerra – Shakespeare e Marlowe, Van Gogh e Gauguin, por exemplo. Artistas inspirando uns aos outros é a maneira mais positiva de pensar nisso. Você não precisa necessariamente contar a ninguém, mas pensa com seus botões: "Bem, eu posso fazer isso, e posso fazer melhor".

Mas talvez esse yin e yang, essa coisa de ver os dois lados, venha de eu ser geminiano. Na realidade, nunca dei muita bola aos signos astrológicos, mas sei que o geminiano comum tem duas metades, cada qual puxando para um lado, e isso se encaixa com a minha personalidade. Ao que parece, somos habitualmente curiosos, inteligentes, adaptáveis e sociáveis. Penso que todo e qualquer geminiano analisa a dupla face das coisas. Já notei que essa tensão é uma constante em muitas canções minhas: "Ebony and Ivory", digamos, ou "Hello, Goodbye" – *"You say yes, I say no/ You say stop and I say go, go, go"*.

Quis começar "Tug of War" com efeitos sonoros, para ajudar a definir o cenário. Então, por um feliz acaso do destino, ouvi falar de um campeonato nacional de cabo de guerra em locais fechados que estava ocorrendo nas proximidades. Enviei Eddie, meu engenheiro, que sempre teve um aguçado senso de humor, para fazer umas gravações, e o grunhido que você ouve na abertura da faixa – aquela colagem sonora – é de um verdadeiro cabo de guerra. Portanto, a canção faz uma suave e maravilhosa transição do literal ao metafórico.

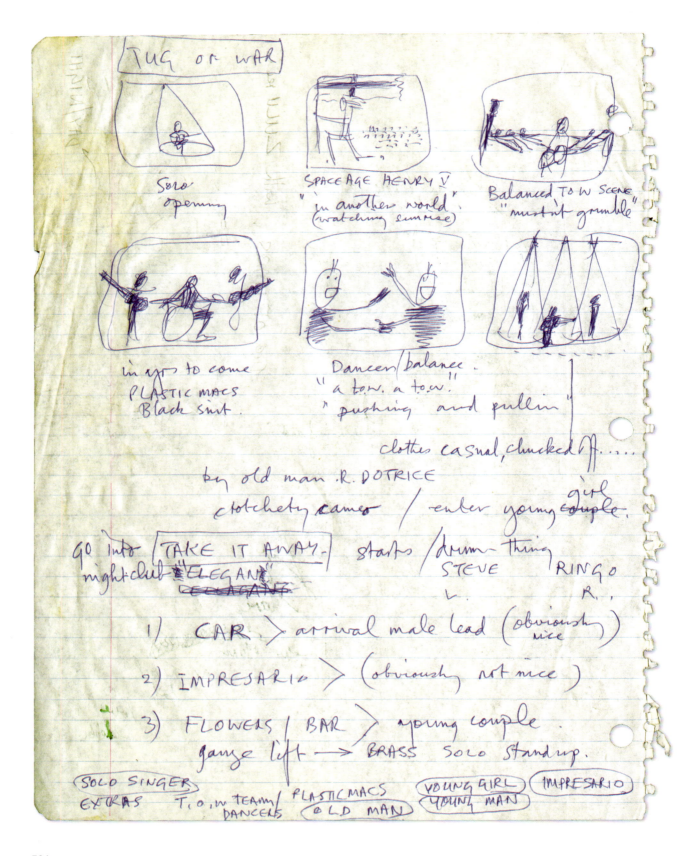

TUG OF WAR.

1. It's a tug of war
   what with one thing and another
   it's a tug of war
   we expected more
   but with one thing and another
   we were trying to outdo each other
   IN it's a tug of war

   →

   In another world —
   In another world we could stand on top of the mountain
   with our flag unfurled —
   In a time to come
   In a time to come we will be dancing to the beat
   played on a [STOP] different drum [STOP]

2. It's a tug of war
   Though But I know I musn't grumble
   It's a tug of war
   But And I can't let go
   If I do you'll take a tumble
   and the whole thing is going to crumble
   It's a tug of war
            (pulling and pushing) C, B, A (F)
                    DAYLIGHT
   In years to come they may discover
   what the air we breathe & the life we lead
   are all about.
   but it won't be soon enough — soon enough for me
   soon enough (REPEAT) soon enough for me
   SOLO (another world) —   STOP
                        DANCING BEAT 3 TIMES. different drum
                                              STOP

3. It's a tug of war
   .... we were trying to outscore each other. IN...
                                        C
                        PULLING & PUSHING (CHORD
                        C, B, A   END.

Two of Us

COMPOSITORES	Paul McCartney e John Lennon
ARTISTA	The Beatles
GRAVAÇÃO	Apple Studio, Londres
LANÇAMENTO	*Let It Be*, 1970

Two of us riding nowhere
Spending someone's hard-earned pay
You and me Sunday driving
Not arriving on our way back home

We're on our way home
We're on our way home
We're going home

Two of us sending postcards
Writing letters on my wall
You and me burning matches
Lifting latches on our way back home

We're on our way home
We're on our way home
We're going home

You and I have memories
Longer than the road
That stretches out ahead

Two of us wearing raincoats
Standing solo in the sun
You and me chasing paper
Getting nowhere on our way back home

We're on our way home
We're on our way home
We're going home

LINDA E EU ADORÁVAMOS PEGAR A ESTRADA E PASSEAR SEM RUMO ("*Two of us riding nowhere*"). Não importava para qual direção fôssemos. Qualquer lugar nos arredores de Londres onde houvesse um arvoredo, um campo ou uma colina. Na infância, tanto ela quanto eu tínhamos crescido como amantes da natureza, e entrávamos nas matas em busca de um córrego. Linda fazia isso onde ela morava no condado de Westchester, Nova York, encontrando um riacho nos fundos de algum terreno. Eu morava em um bairro de Liverpool, mas descobri meu próprio riacho e, uma coisa típica de menino, eu fazia uma represa e a destruía no fim do dia. Linda achava salamandras embaixo das pedras. Compartilhávamos essa fonte de histórias da infância um com o outro.

Uma das coisas legais de Linda era falar coisas inusitadas. Por exemplo, quando eu estava dirigindo e dizia: "Meu Deus, acho que estou perdido", ela respondia apenas: "Maravilha!". Ela adorava se perder. E ela me fez ver, com absoluta razão, que sempre aparecia uma placa em algum lugar dizendo "Londres", então bastava segui-la.

Um dia, saímos para o meio rural e encontramos um bosque ideal para passear. Estacionei o carro. Tem uma foto minha sentado no Aston Martin, a porta do motorista aberta, os pés para fora. Estou com o meu violão. Foi nesse dia que eu compus "Two of Us".

Tem um verso que diz: "*Spending someone's hard-earned pay*". Não tenho ideia de onde veio isso, nem do que significa. Nem sempre eu quero um significado. Não anseio o tempo inteiro por significados. Às vezes somente soa bem. Certa vez, eu estava falando com Allen Ginsberg sobre poesia e canções, e Allen me contou sobre uma conversa que teve com Bob Dylan. Ele queria corrigir a gramática de uma letra de Dylan, que teria dito: "É uma canção, não um poema". Sei exatamente o que ele quer dizer. Às vezes, algo simplesmente soa bem cantando. É o caso de "*Spending someone's hard-earned pay*". Por outro lado, "*Spending someone's weekly pay packet*" não iria funcionar. Você acabaria tropeçando nas palavras.

A frase "*We're on our way home*" tem a ver menos com o sentido literal de voltar a Londres e mais com entrar em contato com as pessoas que já fomos um dia. Entretanto, a remessa do cartão-postal transmite uma atmosfera muito literal. Sempre que Linda e eu íamos viajar, comprávamos muitos cartões-postais e enviávamos a todos os nossos amigos. John também era um ótimo remetente de cartões-postais, e a gente sempre recebia coisas ótimas dele.

Por fim, temos "*You and me burning matches*". Eu me lembro de que na infância acendíamos fósforos por mera diversão. Meu irmão e eu éramos meio incendiários quando crianças, e meu pai, preocupado com a possibilidade de atearmos fogo na casa, nos fez riscar uma caixa inteira de fósforos até ficarmos totalmente fartos daquilo.

Perdido no Aston Martin compondo "Two of Us". Em algum lugar do Reino Unido, 1968

TWO OF US (on our way home.)

① Two of us riding nowhere
Spending someone's hard earned pay
You and me Sunday driving
Not arriving on our way back home

CHORUS
We're on our way home
... ... we're going home.

② Two of us sending postcards,
Writing letters on my wall
You and me burning matches
Lifting latches on our way home.

CHORUS.

MIDDLE   You and I have memories
Longer than the road
That stretches out ahead.

③ Two of us wearing raincoats
Standing solo in the sun
You and me chasing paper, getting nowhere,
On our way home

CHORUS and OUT.. A Quarrymen Original.

U

Uncle Albert/Admiral Halsey

Uncle Albert/Admiral Halsey

COMPOSITORES	Paul McCartney e Linda McCartney
ARTISTA	Paul e Linda McCartney
GRAVAÇÃO	CBS Studios, Nova York
LANÇAMENTO	*RAM*, 1971
	Single, 1971

We're so sorry, Uncle Albert
We're so sorry if we caused you any pain
We're so sorry, Uncle Albert
But there's no one left at home
And I believe I'm gonna rain

We're so sorry, but we haven't heard a thing all day
We're so sorry, Uncle Albert
But if anything should happen
We'll be sure to give a ring

We're so sorry, Uncle Albert
But we haven't done a bloody thing all day
We're so sorry, Uncle Albert
But the kettle's on the boil
And we're so easily called away

Hands across the water
Heads across the sky
Hands across the water
Heads across the sky

Admiral Halsey notified me
He had to have a berth or he couldn't get to sea
I had another look and I had a cup of tea
And a butter pie
A butter pie?
The butter wouldn't melt
So I put it in the pie, alright?

Hands across the water
Heads across the sky
Hands across the water
Heads across the sky

Live a little, be a gypsy, get around
Get your feet up off the ground
Live a little, get around
Live a little, be a gypsy, get around
Get your feet up off the ground
Live a little, get around

Hands across the water
Heads across the sky
Hands across the water
Heads across the sky

Acima: Com Linda. Escócia, 1971

O TIO ALBERT TRABALHAVA COM MEU PAI NA FIRMA DE ALGO-dão. Papai trabalhava no setor de vendas, e o tio Albert exercia um cargo um pouco superior. Com certeza tinha mais dinheiro e morava em Birkenhead, a parte sofisticada de Liverpool.

Nossas reuniões familiares eram ocasiões muito amigáveis e bem-humoradas. Talvez houvesse um pouco de reclamação nos bastidores, mas não que eu tenha visto. Mas sabe, sempre que se reuniam, se animavam. Muitos tios eram chamados de "beberrões", ou seja, bebiam um pouquinho além da conta. O tio Harry, muito além da conta. E o tio Albert também. O tio Albert subia em cima da mesa, podre de bêbado, e recitava a Bíblia. Também queria manter todo mundo na linha.

Tenho certeza de que esta canção reflete as saudades que eu sentia de minha família na época em que me mudei de Liverpool. Passei a ver os familiares com menos frequência. Eu marcava presença nas festas do Ano-Novo, mas no geral me afastei disso tudo. Ficou para trás. De todos os Beatles, eu era o único que voltava. Os outros raramente voltavam.

Nesse ponto, estou imaginando o tio Albert como personagem de uma peça, e então me coloco na pele do personagem – um sujeito chique e arrogante, em vez de um simples pirralho de Liverpool. Basta mudar o sotaque. Os versos "*Hands across the water/ Heads across the sky*" referem-se ao fato de Linda ser americana e eu, britânico.

O almirante William Halsey Jr. é um personagem de importância histórica: foi nomeado comandante da Terceira Frota dos Estados Unidos em 1944. Não sei bem por que cargas d'água ele entrou na canção. Devo ter lido sobre ele em algum lugar. A faixa entrou em nosso álbum *RAM* e, meses depois, foi lançada como single. Tornou-se o meu primeiro número um pós-Beatles nos Estados

À esquerda: Com a mãe, Mary, o tio Albert, a tia Anne e o irmão, Mike, no fim dos anos 1940

À direita: Na fazenda com Linda. Escócia, 1970

Unidos. Talvez eu também tenha sido influenciado pelo título de um filme de 1970 sobre motociclistas: *Little Fauss and Big Halsy* [no Brasil, *As máquinas quentes*]. Halsy era interpretado por Robert Redford, e a trilha sonora tinha uma canção de Carl Perkins na voz de Johnny Cash. "Uncle Albert" traz muitos trocadilhos ligados ao Almirante Halsey, como "*berth/birth*" (cais/nascimento) e "*sea/see*" (mar/ver): "*He had to have a berth or he couldn't get to sea*".

"*Butter pie*" nos remete de volta a Linda. Como bons vegetarianos, tínhamos que adaptar a ceia de Natal. Fizemos uma variante de macarrão com queijo, deixamos esfriar e solidificar, depois cortamos. Esse prato substituiu o peru recheado. Estávamos inventando tudo que é tipo de receita.

A nossa geração agia diferente da de nossos pais. Por exemplo, a geração de meus pais se embriagava nos encontros, enquanto nós explorávamos outras áreas recreativas – como fumar maconha –, que eles achavam estranhas e esquisitas. O nosso estilo de vida era muito livre e solto, muito hippie. Aqui eu me refiro a essa vida como "cigana". Rebeldia com senso de humor. Linda e eu queríamos a nossa liberdade pessoal.

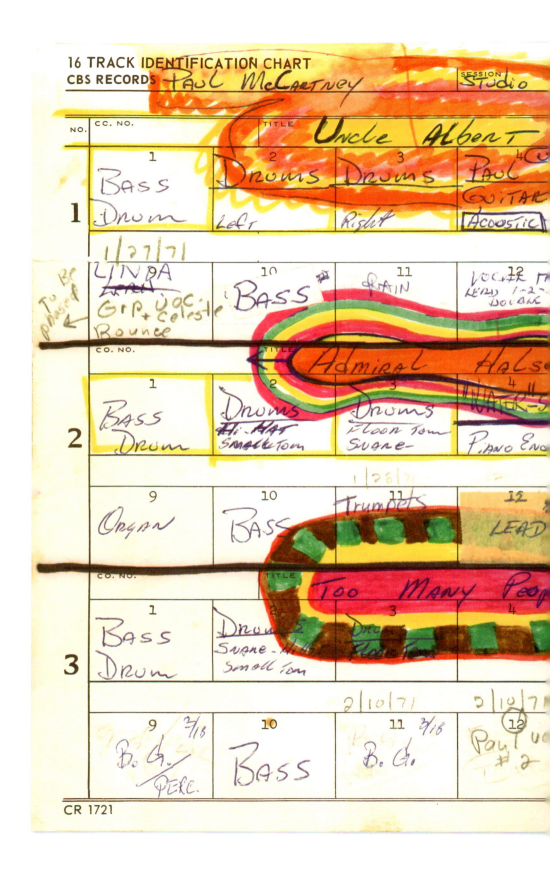

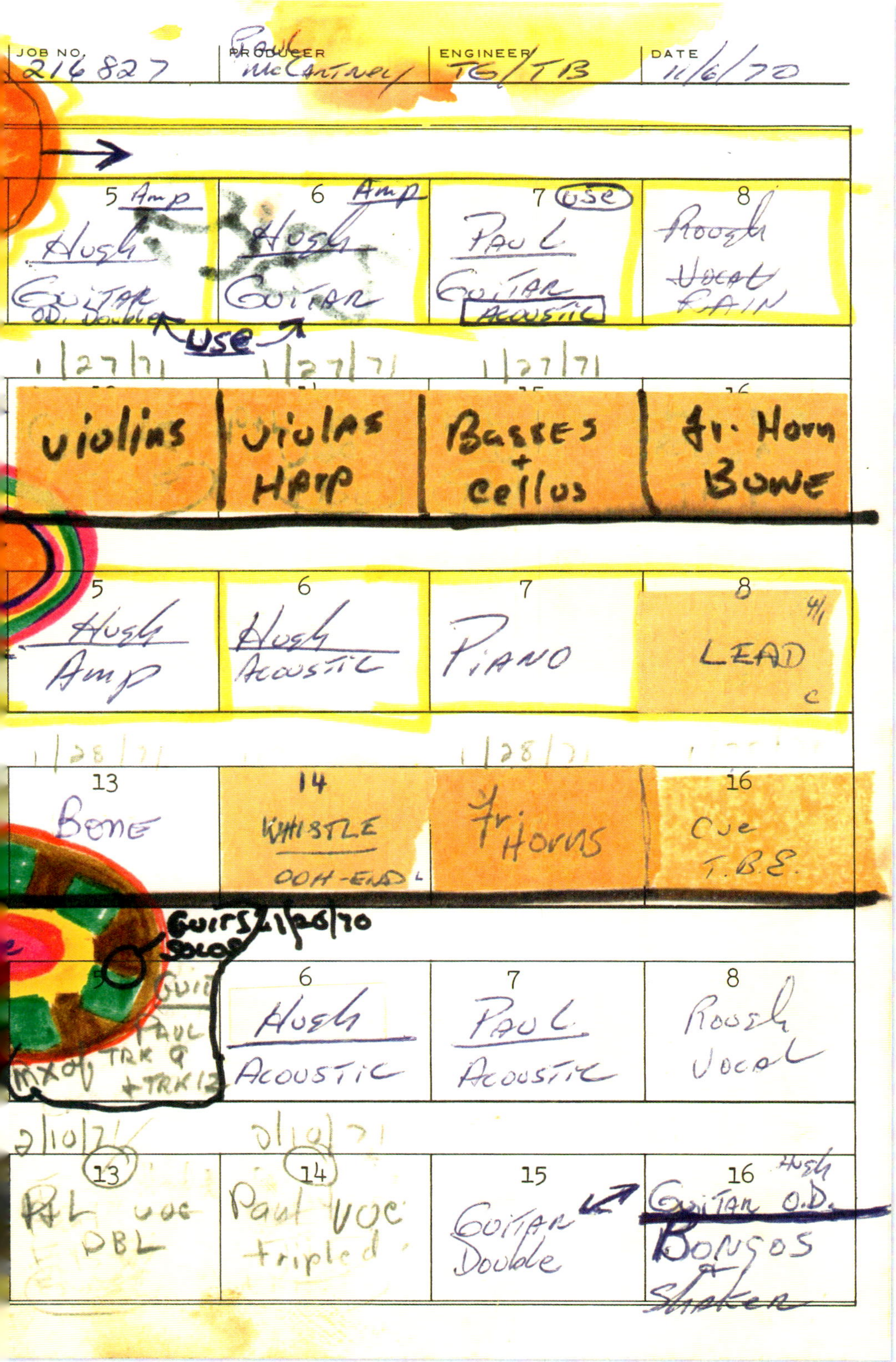

Ficha com canais das sessões de gravação do álbum *RAM*, 1970

Uncle ALBERT   Part II

Piano..
Trumpet.. Horns...

Chorus   Hands across the water. (water)
      Heads across the sky
    Hands across the water (water)
    Heads across the sky

1) Admiral Halsey notified me
   He had to have a birth or he couldn't get to sea
   I took another, & I had a cup of tea
   and butter pie.. Butter pie?...
  (the butter wouldn't melt so I put it in a pie.)

  Chorus Hands across the water....

Tempo change....
    Live a little, be a (gypsy) ① (taxi) ②
   get around (get around)
   Get your feet up off the ground
   live a little get around.

2) Trumpet + trumpet imitation
   CHORUS Hands across the water (tempo. FIN.)
           ...fussafied...

Admiral Halsey notified me
~~I hadn't~~ He had to have
~~He couldn't~~ a birth (berth)
or ~~I~~ he couldn't get to see (sea)
I ~~had~~ took another look, + I had a cup of tea
and ~~a~~ butter pie (butter pie?)
(the butter wouldn't melt so I put ~~tea~~ it in ~~the~~ a pie)
— trumpets.

① Hands across the water
    Heads across the ~~sea~~ sky

② Hands across the table
    Heads across the sea

A fussafied person fussafied me,
~~I had to be doing on account of my~~
~~I would have liked bourbon, I had to~~ drink tea,
I'm fussafied —— (fussafied?)

V

Venus and Mars/Rock Show/Venus and Mars - Reprise

Venus and Mars/Rock Show/Venus and Mars – Reprise

COMPOSITORES	Paul McCartney e Linda McCartney
ARTISTA	Wings
GRAVAÇÃO	Sea-Saint Recording Studio, Nova Orleans
LANÇAMENTO	*Venus and Mars*, 1975
	Single "Venus and Mars"/ "Rock Show", 1975

VENUS AND MARS
Sitting in the stand of the sports arena
Waiting for the show to begin
Red lights, green lights, strawberry wine
A good friend of mine follows the stars
Venus and Mars are alright tonight

ROCK SHOW
What's that man holding in his hand?
He looks a lot like a guy I knew way back when
It's silly willy with the Philly band
Could be, oo-ee
Tell me, what's that man movin' cross the stage?
It looks a lot like the one used by Jimmy Page
It's like a relic from a different age
Could be, oo-ee

If there's a ROCK SHOW
At the Concertgebouw
They've got long hair
At the Madison Square
You've got Rock and Roll
At the Hollywood Bowl
We'll be there
Oh yeah

The lights go down
They're back in town, okay
Behind the stacks
You glimpse an axe
The tension mounts
You score an ounce, olé
Temperatures rise as
You see the whites of their eyes

If there's a ROCK SHOW
At the Concertgebouw
You've got long hair
At the Madison Square
They've got Rock and Roll
At the Hollywood Bowl
We'll be there
Oh yeah

In my green metal suit
I'm preparing to shoot up the city
And the ring at the end of my nose
Makes me look rather pretty
It's a pity there's nobody here
To witness the end
Save for my dear old friend and confidante
Mademoiselle Kitty

What's that man movin' to and fro?
That decibel meter doesn't seem to be reading low
But they was louder at the Rainbow
Could be, oo-ee

If there's a ROCK SHOW
At the Concertgebouw
They've got long hair
At the Madison Square
You've got Rock and Roll
At the Hollywood Bowl
We'll be there
Oh yeah

Who's that there? Oh, it's you, babe
Come on now, we're going down to the rock show
Remember last week when I promised I was gonna buy a good seat at the rock show?
Well I bought it
Come on now get your dress on, place your wig on straight
We can't be late, come on, we've got a date
We're goin' down to the rock show

VENUS AND MARS – REPRISE
Standing in the hall
Of the great Cathedral
Waiting for the transport to come
Starship 21ZNA9

A good friend of mine
Studies the stars
Venus and Mars
Are alright tonight

Come away on a strange vacation
Holiday hardly begun
Run into a good friend of mine
Sold me her sign
Reach for the stars
Venus and Mars
Are alright tonight

Às vezes, você compõe uma canção para abrir um show, porque fica se perguntando: "Com qual canção vou abrir?". "Magical Mystery Tour" é boa para isso porque convida as pessoas para um show: "*Roll up, roll up for the mystery tour*". É um convite para a galera entrar. Hoje em dia usamos "A Hard Day's Night" por causa daquele acorde explosivo. Certas canções funcionam bem simplesmente porque são acolhedoras, e me faz bem saber que irei tocá-las ao vivo. Às vezes, tento criá-las com isso em mente.

Fiz isso de modo intencional algumas vezes e, sem dúvida, "Venus and Mars" é uma destas canções - "*Sitting in the stand of the sports arena/ Waiting for the show to begin*". Tem uma introduçãozinha atmosférica e depois fica animada, com um arranjo meio de ópera. Mas não curto muito o resto da canção, a parte do "Rock Show". Atualmente eu meio que saio dela e rapidinho emendo outra canção, tipo "Jet".

Quando você compõe algo como "Magical Mystery Tour" - "*Roll up, roll up*", você é o pregoeiro de um parque de atrações, anunciando o início do espetáculo. "Rock Show" é uma canção sobre o universo de uma banda, e a letra descreve os shows e todas as coisas de um festival. Em geral tocamos em arenas esportivas - Estádio de Wembley, Madison Square Garden -, mas também já fizemos shows na Concertgebouw, a sala de concertos da Holanda, e em anfiteatros como o Hollywood Bowl. Estou pensando no verso "*What's that man movin' to and fro?*". Era comum usarmos medidores de decibéis. Hoje o público parece que não se importa com o som alto, mas nos anos 1970 se importava. Os governos locais enviavam um cara que ficava ali em nossa frente e, se o medidor ultrapassasse o limite, ele nos denunciava. Ainda assim, tem algo romântico em estar na estrada. Não só o pessoal envolvido com as bandas, mas todo mundo que cresceu querendo fazer parte de uma banda sente-se fascinado por esse mundo. Acho que isso ajuda a explicar por que as pessoas gostam desta canção.

Ela foi composta em 1974 e, naquela época - e em parte isso se mantém até hoje -, muitas pessoas que gostavam dos shows também eram adeptas do pensamento alternativo. Queriam saber qual era o seu signo e davam certa relevância a isso. Nunca fui assim. Para mim, Vênus e Marte não passavam de dois planetas aleatórios. Mas, quando lançamos o álbum, percebi que, além de planetas, também são personagens.

Na época, os caras do Wings sempre queriam tocar "Rock Show", mas eu hesitava um pouco: "Sei, não. Machados, Jimmy Page e Silly Willy... Não sei bem se estou a fim de fazer tudo isso". Para falar a verdade, esta canção me deixa um pouco constrangido. Estou descrevendo um show de rock, mas eu jamais teria usado o termo "show de rock". Teria usado "show de rock'n'roll". "Você toca em uma banda de rock?". "Não, eu toco em uma banda de rock'n'roll". E não fico chamando uma guitarra de "*axe*". "Ei, cara, como está o seu machado?". Tinha uma gíria que a gente usava muito: "*gas*". "*It's a gas, man*" ("Troço bacana, meu"). Em Liverpool tudo era "*gear*" ("maneiro"). "Gear" era algo excelente. Você pegava todas essas gírias, usava por um tempo e então passava para as próximas. Nem sempre elas envelhecem bem.

Ou seja, misturei todas essas ideias sobre planetas, "astros" e shows - todas essas palavras comuns na época - nesta canção, e ela só não é tocada mais vezes ao vivo pelo fator constrangimento. Mas conheço gente que adora esta canção, então meio que aprendi a não tocar no assunto.

À direita, em cima: Cena de palco desenhada a lápis por Humphrey Ocean. Turnê *Wings Over America*, 1976

À direita, embaixo: Desenho em pastel do Cow Palace em São Francisco, feito por Humphrey Ocean. Turnê *Wings Over America*, 1976

1. **VENUS AND MARS.**

   Sitting in the stand of the sports arena
   Waiting for the show to begin
    Red lights green lights
    Strawberry wine,
    A good friend of mine
    Follows the stars —
    Venus and Mars
are alright ~~tonight~~

ROCK SHOW.

Whats that man holding in his hand?
He looks a lot like a guy I knew way back when
Its silly willy with the Philly band
   Could be,.... Oo-ee.....

Whats that man wheeling cross the stage
It look a lot like the one used by Jimmy Page
Looks like a relic from a different age
    Could be,.... oo — ee.....
   If theres a ROCK SHOW
    at the Concertgebow —

2. ROCK SHOW

There'll be long hair
at the Madison Square,
They got rock and roll
at the Hollywood Bowl.......

We'll be there....
Oh yeah...

The lights go down
They're back in town O.K.
Behind the stacks
You glimpse an axe
The tension mounts
You score an ounce, ole!

Temperatures rise as
you see the whites of their eyes...

In my green metal suit
I'm preparing to shoot up the city
And the ring at the end of my nose
Makes me look rather pretty
It's a pity, there's nobody here
To witness the end......
Save for my dear old friend and confidante
mademoiselle KITTY.

3. ROCK SHOW.

What's that man movin' to and fro
His decibel meter doesn't seem to be reading low
But they was louder at the Rainbow
Could be — oo ee.....

If there's a ROCK SHOW
at the Concertgebouw
They've got long HAIR
At the Madison Square
You got ROCK AND ROLL
at the Hollywood Bowl
We'll be there...
Oh yeah....

Repeat   ROCK SHOW
         Chorus

         Chorus

         Chorus

12. MEDECINE JAR.

Dead on your feet
You don't go far
If you keep on sticking your hand
In the Medicine Jar.

Dead on your feet
You don't go far
If you keep on sticking your hand
In the medecine jar.

What can I do?
I can't let go
You say time will heal
But very slow

13. VENUS AND MARS

Standing in the hall
Of the great cathedral
Waiting for the transport to come

Starship 21ZNA9.

A good friend of mine
Studies the stars,
Venus and Mars
are alright tonight

Come away on a strange vacation
Holiday hardly begun
Run into a good friend of mine
Sold me her sign
Reach for the stars
Venus and Mars
are alright tonight

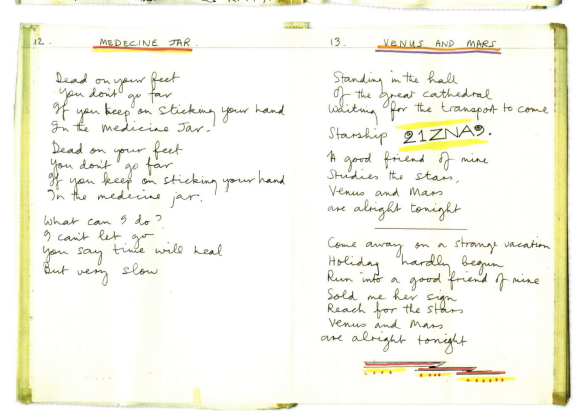

À esquerda e acima: Turnê *Wings Over America*. Filadélfia e Denver, 1976

À direita: Impressão em cibacromo da foto da capa do álbum *Venus and Mars*, 1975

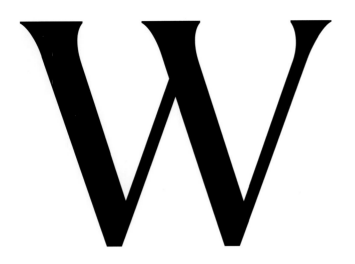

Warm and Beautiful	762
Waterfalls	768
We All Stand Together	774
We Can Work It Out	782
We Got Married	786
When I'm Sixty-Four	790
When Winter Comes	794
Why Don't We Do It in the Road?	800
With a Little Help from My Friends	804
Women and Wives	810
The World Tonight	816
The World You're Coming Into	822

Warm and Beautiful

COMPOSITORES	Paul McCartney e Linda McCartney
ARTISTA	Wings
GRAVAÇÃO	Abbey Road Studios, Londres
LANÇAMENTO	*At the Speed of Sound*, 1976

A love so warm and beautiful
Stands when time itself is falling
A love so warm and beautiful
Never fades away

Love, faith and hope are beautiful
When your world is touched by sadness
To each his own is wonderful
Love will never die

Sunlight's morning glory
Tells the story of our love
Moonlight on the water
Brings me inspiration ever after

A love so warm and beautiful
Stands when time itself is falling
A love so warm and beautiful
Never fades away
Never fades away

E STA É UMA DAS MINHAS CANÇÕES PREDILETAS. É UMA BALADA com seção de metais, mas sempre me soou de estilo vitoriano. É muito profunda. "*A love so warm and beautiful/ Stands when time itself is falling*". Gosto dessa ideia, em vez de só dizer: "Vai durar para sempre". Tive uma sensação boa ao compor esta canção, e agora, ao ouvi-la, ainda tenho. "*Love, faith and hope are beautiful*".

Acho o solo de metais adorável porque remete às bandas de metais de quando eu era criança; era comum vermos naipes de metais nos parques ou nas ruas. Como eu não perco a oportunidade de mencionar, meu pai tocava trompete em sua própria bandinha – a Jim Mac's Jazz Band. O primeiro instrumento que ele comprou para mim foi um trompete. Ele me ensinou a escala de Dó, a qual, quando você vai ao piano, torna-se Si bemol. É tudo bastante complicado. Por essas e outras que nem nos importamos em aprender música. Percebi que eu queria trocar o trompete por um violão, então pedi a permissão dele, e ele falou: "Sim, tudo bem".

"Warm and Beautiful" foi composta bem depois do término dos Beatles, e nessa época já conhecíamos a tristeza. Eu sabia como mergulhar em minha mente em busca de ajuda ou de um tipo de consolo em forma de canção. Gostei da ideia de compor uma canção com abordagem universal para dissipar a tristeza. Você escreve sobre as coisas maravilhosas que conhece no mundo e tenta fazer uma letra que soe bem cantando e seja bem recebida pelas pessoas que lidam com a dor – algo que inevitavelmente nos cerca em um momento ou outro.

Em um nível mais pessoal, Linda foi a principal inspiração para a canção. Não há tristeza associada a Linda, exceto quando mais tarde ela adoeceu. Assim, acho esta canção estranhamente profética. O nosso relacionamento era ótimo, mas, como em todos os relacionamentos, não era perfeito. Às vezes, discordávamos e nos irritávamos um com o outro, mas é assim que as famílias funcionam. Era divertido conviver com Linda, uma pessoa engraçada e muito espirituosa. Ela encarava a vida com otimismo e, é claro, era muito artística. Realmente esse lance de tristeza não tinha muito a ver com ela. Linda era uma mulher alegre.

Mais de vinte anos depois, remodelei a canção para ser tocada por um quarteto de cordas na cerimônia de homenagem póstuma a Linda.

Acima: Com a Black Dyke Mills Band. Bradford, 30 de junho de 1968

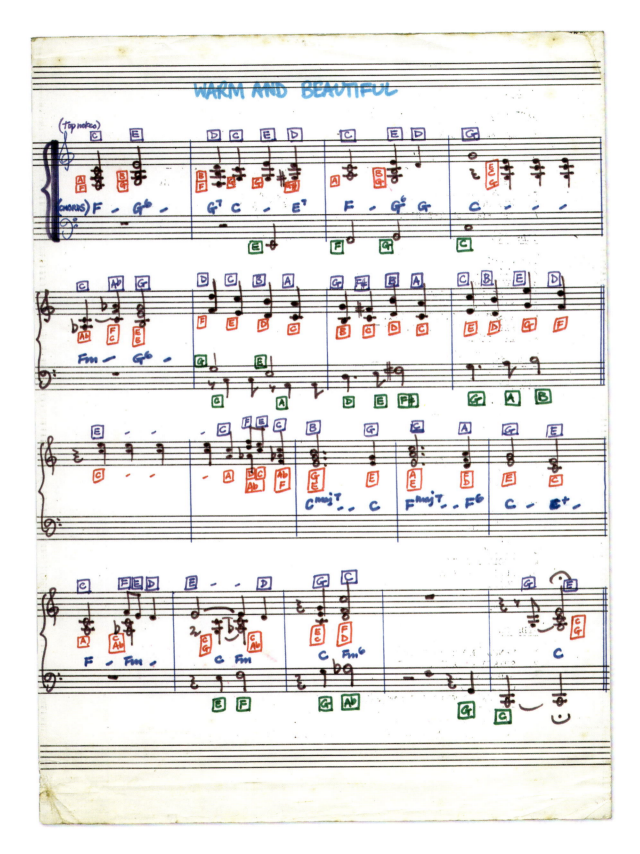

À esquerda: Partitura manuscrita da canção "Warm and Beautiful", 1976

Acima: Com Joe English e Denny Laine durante as sessões de gravação do álbum *At the Speed of Sound*. Abbey Road Studios, Londres, 1976

Linda. Escócia, 1970

Ela encarava a vida com otimismo e, é claro, era muito artística. Realmente esse lance de tristeza não tinha muito a ver com ela. Linda era uma mulher alegre.

Waterfalls

COMPOSITOR Paul McCartney
ARTISTA Paul McCartney
GRAVAÇÃO Lower Gate Farm, Sussex; e Spirit of Ranachan Studio, Escócia
LANÇAMENTO *McCartney II*, 1980
Single, 1980

Don't go jumping waterfalls
Please keep to the lake
People who jump waterfalls
Sometimes can make mistakes

And I need love
Yeah I need love
Like a second needs an hour
Like a raindrop needs a shower
Yeah I need love
Every minute of the day
And it wouldn't be the same
If you ever should decide to go away

And I need love
Yeah I need love
Like a castle needs a tower
Like a garden needs a flower
Yeah I need love
Every minute of the day
And it wouldn't be the same
If you ever should decide to go away

Don't go chasing polar bears
In the great unknown
Some big friendly polar bear
Might want to take you home

And I need love
Yeah I need love
Like a second needs an hour
Like a raindrop needs a shower
Yeah I need love
Every minute of the day
And it wouldn't be the same
If you ever should decide to go away

Don't run after motorcars
Please stay on the side
Someone's glossy motorcar
Might take you for a ride

And I need love
Yeah I need love
Like a castle needs a tower
Like a garden needs a flower
Yeah I need love
Said I need love
Like a raindrop needs a shower
Like a second needs an hour
Every minute of the day
And it wouldn't be the same
If you ever should decide to go away

Don't go jumping waterfalls
Please keep to the lake

"NÃO ENTRE NO CARRO DE QUALQUER UM. NÃO FALE COM estranhos." Esta canção foi escrita quando Linda e eu, ao que parece, como pais, passávamos um bom tempo dando a nossos filhos o tipo de conselho que os pais costumam dar.

O protagonista da canção se parece muito comigo conversando com meus filhos, aconselhando-os a ficarem em segurança e a não se meterem em encrencas. Você quer que eles cresçam saudáveis e façam suas aventuras, mas não quer que se envolvam em coisas perigosas, porque não quer correr o risco de perdê-los. Heather devia ter uns dezessete anos quando esta canção foi composta, e é sempre interessante ser pai e mãe de filhos nessa idade. Mary devia estar com uns dez anos, ainda não era bem adolescente, mas prestes a se tornar uma e a querer mais independência. Stella tinha uns oito anos, e James, por volta de dois anos, e basicamente só faziam o que a gente mandava fazer. Mas então, como acontece em muitas de minhas canções, ela só vagueia a seu bel-prazer e acaba se tornando quase uma canção de amor.

Acho que o meu trecho favorito é este:

Don't go chasing polar bears
In the great unknown
Some big friendly polar bear
Might want to take you home

E acho que essa ideia da cachoeira surgiu quando eu estava de férias com a família nos Estados Unidos. Comecei a trabalhar nesta canção quando ainda estava no Wings, mas só foi lançada em meu disco solo, *McCartney II*. Na verdade, foi a única canção daquele álbum que não foi criada nas sessões de gravação.

Acima: Com Stella, Linda, James, Mary e Heather. Barbados, 1981

Acho que a deixei de fora do álbum do Wings porque não estava feliz com a letra; ela me veio num jorro e achei que provavelmente a mudaria. Mas então, com o tempo, comecei a gostar dela assim como ela era. Limpei tudo para deixá-la bem simples, e ela se tornou uma das minhas canções favoritas na época. Poderia ter sido chamada de "I Need Love", mas me parece muito banal.

Fizeram uma variante, uma canção bem diferente, que fez um grande sucesso na voz de outro artista. Fiquei pensando: "Será que escutaram a minha?". Sei que o refrão era igualzinho, mas então também pensei: "Joia. Algo de bom havia em minha canção". Era isso ou "Processe os desgraçados". Mas, como sempre digo, compositores estão sempre roubando um pouquinho daqui e dali.

Certa vez, um cara em Los Angeles garantiu ser o compositor de todas as nossas canções dos Beatles, e dissemos: "Claro que não é!". Mas para o sujeito que fez a falsa alegação de nos processar valeu a pena, porque chamou a atenção para si. Ele afirmava: "Fui eu que escrevi as canções dos Beatles", e as pessoas podiam acreditar nele ou não, mas certamente ouviram falar no cara que disse isso. *McCartney II* foi lançado em 1980. Em dezembro daquele ano, ficou evidente que os Beatles tinham mais do que o nosso quinhão normal de fãs obsessivos. É claro que esta canção foi composta antes do assassinato de John, mas a fama tem seus prós e contras, e algumas pessoas estranhas surgem do nada. Mas o conselho dos pais angustiados no início da canção é universal - todos os pais se preocupam.

Na época em que lancei *McCartney II*, declarei que o álbum meio que aconteceu por acidente. Eu estava um pouco cansado da formalidade de gravar um álbum com uma banda e fazer tudo certinho. Eu só queria me divertir e experimentar, então peguei emprestados equipamentos de gravação do Abbey Road por duas semanas, mas gostei tanto que os mantive por seis. Fiquei naquela alquimia de cientista louco trancado no laboratório e por acaso concluí cerca de dezoito canções. Mostrei a algumas pessoas, que me disseram: "Tire esta, tire aquela. Aí está o seu disco novo". Eu não tinha tanta certeza e só estava pensando que seria um som novo e dançante para tocar para os amigos no carro. Mas claro, a desvantagem de fazer aquele disco com tanta espontaneidade foi que uma canção como "Waterfalls" acabou sem o arranjo que ela talvez merecesse. Nos primórdios dos sintetizadores, você se iludia pensando que as sequências de sintetizador sempre soavam bem, o que não era verdade.

"Não entre no carro de qualquer um. Não fale com estranhos." Esta canção foi escrita quando Linda e eu, ao que parece, como pais, passávamos um bom tempo dando aos filhos o tipo de conselho que os pais costumam dar.

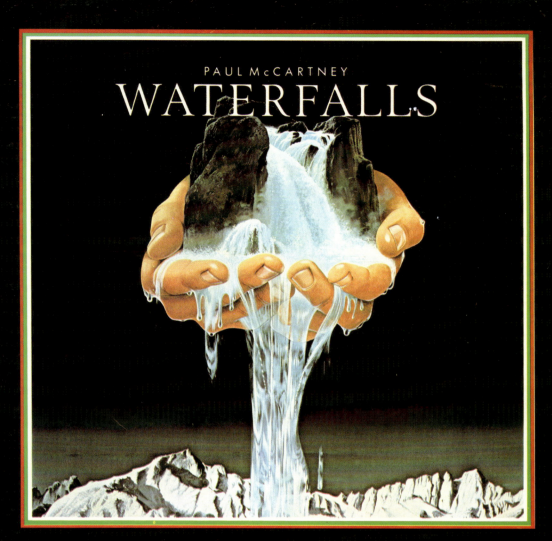

① Dont go jumping waterfalls
   Please ~~to~~ KEEP to the lakes
   People who jump waterfalls
   Sometimes can make mistakes

CHORUS and I need love
yes — I need ~~your~~ love ~~~~ HOUR
   like a second needs an ~~hour~~
Ⓐ like a raindrop ~~needs~~ a shower
   I ~~love~~ ~~every~~ ~~~~ ~~the~~ ~~sun~~ ~~the day~~ ever should
   might ~~want~~ ~~be the sun~~ if you   decide to
                                            go away.

② Dont go ~~~~ CHASING polar bears
SOLO In the great unknown
    Some big friendly polar bear
    Might want to take you home
    — and I need love

③ ~~~~ VERSE
    — I need love

④ Dont run after motor cars
   Please stay ~~on~~ the side
   Someone's ~~glossy~~ motor car
   might take you for a ride.

   —

   I need love
        End... Dont go (chasing,)
                      (jumping,)

Rascunho da letra da canção "Waterfalls"

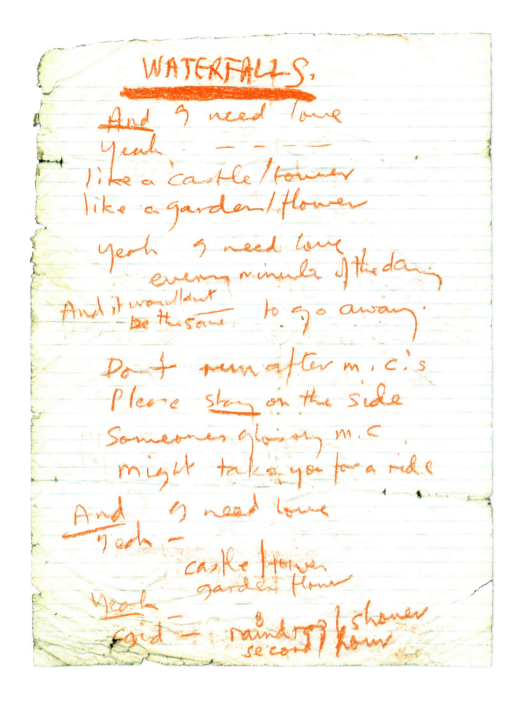

O protagonista da canção se parece muito comigo conversando com meus filhos, aconselhando-os a ficarem em segurança e a não se meterem em encrencas.

We All Stand Together

COMPOSITOR	Paul McCartney
ARTISTA	Paul McCartney & The Frog Chorus
GRAVAÇÃO	AIR Studios, Londres
LANÇAMENTO	Single, 1984

Win or lose, sink or swim
One thing is certain we'll never give in
Side by side, hand in hand
We all stand together

Play the game, fight the fight
But what's the point on a beautiful night?
Arm in arm, hand in hand
We all stand together

La–
Keeping us warm in the night
La la la la
Walk in the light
You'll get it right

Win or lose, sink or swim
One thing is certain we'll never give in
Arm in arm, hand in hand
We all stand together

We all stand together

Acima: Paul no set do vídeo para "We All Stand Together"

DESDE CRIANÇA EU GOSTAVA DO RUPERT BEAR, PERSONAGEM DE uma tirinha publicada no *Daily Express*. Ele é um ursinho de pelúcia branco trajado com roupas britânicas antiquadas e meio extravagantes, e sua marca registrada é o cachecolzinho amarelo com quadriculado preto.

Eu conhecia Rupert principalmente das tirinhas do jornal, mas todos os anos eles lançavam uma coletânea que eu ganhava de presente no Natal. Havia nisso algo muito reconfortante. Meu pai fumava cachimbo e sempre ficava no jardim, e o pai de Rupert fumava cachimbo e sempre ficava no jardim. Eu imaginava que a família de Rupert era um pouco mais elegante do que a nossa, mas não me ressentia com isso. Não importa a missão, Rupert sempre conseguia fazê-la. Ele tinha uma ótima postura de "podemos fazer isso", típica do pós-guerra.

Eu estava folheando um desses anuários, e me lembro de ter visto a folha de rosto: uma página dupla colorida (ao contrário do restante do livro, que era em preto e branco, as colunas do jornal reimpressas com pequenas fotos e legendas com dísticos rimados embaixo de cada uma). Eu quase pude ouvir a música. Um sapo violinista cantava com outros sapos, em uma espécie de coro. Tive a ideia de fazer um longa-metragem com Rupert, e escrevi umas canções com isso em mente, sem perceber o quanto seria difícil essa tarefa. Eu me lembro de quando os Beatles ainda estavam juntos, e falei ao John: "Como eu gostaria de fazer um

775

longa-metragem com o Rupert!". E ele disse: "Ótimo. Então vá em frente". Foi um bom incentivo, mas na prática você precisa mais do que um "vá em frente".

Acontece que dei um passo maior do que a perna, mas foi um bom aprendizado. O projeto envolvia muita coisa, como obter os direitos do jornal, e tudo se tornou burocrático demais. Por isso, decidi fazer um curta com um amigo meu, Geoff Dunbar, um animador que eu admirava. Basicamente, a inspiração para a música e sua instrumentação foi essa grande ilustração na folha de rosto.

Em "We All Stand Together", cantei o vocal principal, mas também fiz várias outras vozes no refrão dos sapos, porque eu gosto de fazer imitações e, em filmes de animação, pode ser dificílimo conseguir um ator e ensiná-lo exatamente o que você quer. Fizemos teste de palco com centenas de crianças de Londres. Todas corriam porta adentro, ganhavam alguns diálogos para dizer, e o estranho é que quase todas falavam: "Wupert, Wupert, Wupert". E eu insistia: "A pronúncia certa é *Rupert*. 'Olá, meu nome é Rupert'". Até que Geoff disse: "Você é quem deveria fazer isso". Foi assim que também acabei fazendo a voz do Rupert.

A gravação com o grupo The King's Singers e o coro da Catedral de St. Paul foi um aspecto memorável. Quem supervisionou a gravação foi ninguém menos que George Martin, com quem eu não trabalhava desde "Live and Let Die", em 1973, então eu não perderia a sessão por nada neste mundo. Quando alguém como George Martin se envolvia em um projeto, ele estava no comando, e você estava lá como espectador. Se ele dissesse: "Paul, o que você acha?", até podia levar em conta a minha opinião, mas a responsabilidade não era minha. O grupo The King's Singers cantou as partes dos sapos - em harmonia, então tiveram que cantá-las impecavelmente. Coisa que eles fizeram, afinal, eram "Os Cantores do Rei"!

A sessão foi muito agradável, e o disco fez um grande sucesso, alcançando a terceira posição nas paradas do Reino Unido. Anos depois, soube que uma famosa comediante inglesa ia se casar, e ela e o futuro marido tinham escolhido um trecho desta canção para o casamento: "*Win or lose, sink or swim/ One thing is certain, we'll never give in/ Side by side, hand in hand/ We all stand together*". Ela se divertiu tanto com a canção que resolveu usá-la no casamento deles. Isso foi muito legal.

Tem uma versão mais longa do vídeo com os sapos, em que Rupert começa em casa com a mãe dele, sai e conhece Edward Trunk, o elefante, e Bill Badger. June Whitfield interpretou a mãe de Rupert. Ela ficou conhecida no seriado *Absolutely Fabulous* e no sitcom dos anos 1980 *Terry and June*, e ela era simplesmente adorável. Por isso, eu tive que contracenar com June Whitfield. Imagine só!

A canção foi gravada em 1980, pois demorou um tempinho para fazermos o filme de Rupert. Mas "We All Stand Together" era a canção em que eu queria me concentrar. Ela honra aquela tradição de canções voltadas a ouvidos mais jovens, como "Yellow Submarine". Quando eu a escrevi, Stella e James ainda eram bem pequenos, então é provável que eu tenha cantado com eles em mente. É uma canção de incentivo, sobre não desistir. A letra é bem comunitária e estimulante, o tipo de coisa que imagino crianças cantando empolgadas no parquinho escolar.

À esquerda, em cima: June Whitfield nas sessões de gravação de *Rupert and the Frog Song*. AIR Studios, Londres, 1982

À esquerda, embaixo: Sessões de gravação de *Rupert and the Frog Song* com Roy Kinnear e o diretor Geoff Dunbar. AIR Studios, Londres, 1982

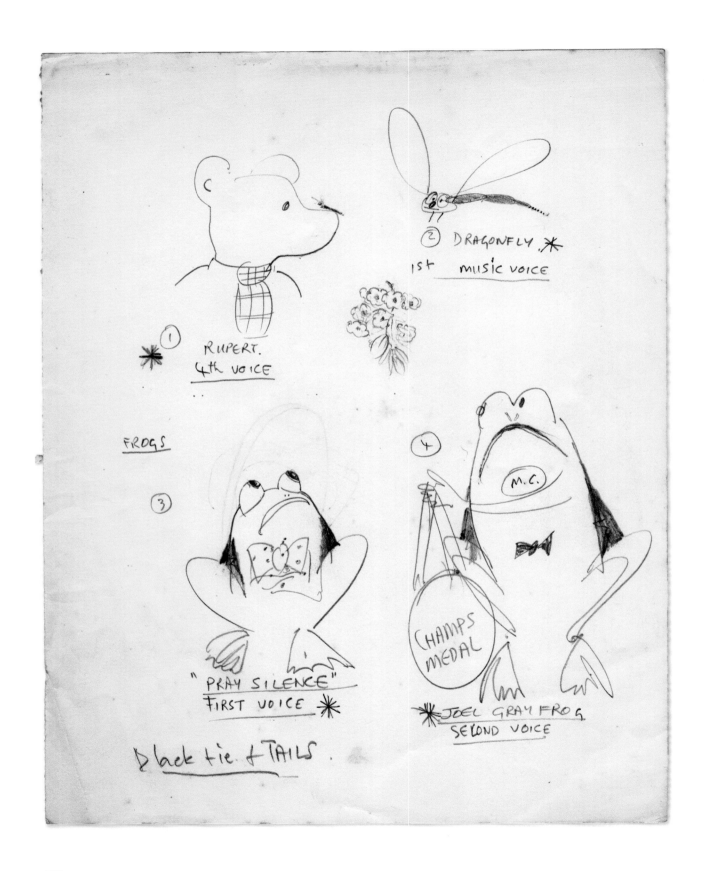

ABCDEFGHIJKLMNOPQRSTUVWXYZ
... PULL TOGETHER

INTRO ① Win or lose
sink or swim
one thing is certain
we'll never give in
side by side
hand in hand
we all (stand) together
~~pull~~
___intro ...___

② Play the game
fight the fight
But what's the point on a beautiful night
arm in arm
hand in hand
we all stand together.

③ love... keeping us warm in the night
lalala love ...... walk in the light
___slow   you'll get it right! ....___

④ ___SOLO___ — cats — owl — sh......
Rupert "they're very good,
___aren't they?___"

⑤ love ... keeping us warm in the night
lalala love ... walk in the light. you'll get it right.
REPEAT. ① → pause on STAND TOGETHER
all stand — DIVE. BALLET music

Com Alfred Bestall, o ilustrador das tirinhas de Rupert Bear, e George Martin. AIR Studios, Londres, 1982

Eu conhecia Rupert principalmente das tirinhas do jornal, mas todos os anos eles lançavam uma coletânea que eu ganhava de presente no Natal. Havia nisso algo muito reconfortante. Meu pai fumava cachimbo e sempre ficava no jardim, e o pai de Rupert fumava cachimbo e sempre ficava no jardim.

We Can Work It Out

COMPOSITORES	Paul McCartney e John Lennon
ARTISTA	The Beatles
GRAVAÇÃO	Abbey Road Studios, Londres
LANÇAMENTO	Single com duplo lado A: "We Can Work It Out"/ "Day Tripper", 1965

Try to see it my way
Do I have to keep on talking til I can't go on?
While you see it your way
Run a risk of knowing that our love may soon be gone
We can work it out
We can work it out

Think of what you're saying
You can get it wrong and still you think that it's alright
Think of what I'm saying
We can work it out and get it straight or say goodnight
We can work it out
We can work it out

Life is very short and there's no time
For fussing and fighting, my friend
I have always thought that it's a crime
So I will ask you once again

Try to see it my way
Only time will tell if I am right or I am wrong
While you see it your way
There's a chance that we might fall apart before too long
We can work it out
We can work it out

FOI EM 1965. AS COISAS ENTRE MIM E JANE ASHER NÃO ANDAVAM às mil maravilhas. Todo mundo tem umas briguinhas em que pensa: "Minha nossa, como eu queria explicar o meu ponto de vista" ou "Como seria bom se me entendessem". Obviamente, não querem me entender, pensam que sou um tipo de idiota, um tirano ou coisa que o valha. Era só uma coisa normal entre namorado e namorada; ela quis de um jeito, e eu, de outro. Tentei persuadi-la, e ela tentou me persuadir. No geral nos dávamos muito bem, mas de vez em quando um de nós se magoava.

A vida me ensinou que milhões de pessoas enfrentam essas pequenas rusgas o tempo todo, e elas vão reconhecer o quanto isso é comum, mas esta canção em particular não era bem assim. Era: "*Try to see it my way*". Se você é compositor, é bom simplesmente desabafar e colocar o seu ponto de vista em uma canção e, no caso de uma canção dos Beatles, se ela vai ser ouvida por milhões de pessoas, você pode difundir uma boa mensagem: "*We can work it out*". Se eu quisesse dizer em um verso, seria: "Não vamos brigar". E em dois versos: "Não vamos brigar/ Ouça-me". Claro, isso é muito egoísta, mas a canção também é.

Comecei a compor a canção após uma briga, tentando descobrir um modo de não me sentir mal. Aquilo ainda estava muito fresco em minha mente. Você não consegue compor esse tipo de canção duas semanas depois. Tem que fazer isso logo. Compor uma canção é uma boa maneira de expressar seus pensamentos e de se permitir falar coisas que não diria à outra pessoa.

Escrevi as duas primeiras estrofes e depois a parte do contraste com John, na casa dele. Quando a levamos ao estúdio, George Harrison sugeriu que experimentássemos o padrão de valsa, com tercinas suspensas, o que acabou dando à canção uma profunda atmosfera de fricção e fratura.

Mas a fratura era autêntica, e realmente acabamos por nos separar sem demora ("*fall apart before too long*"). É uma pena, mas Jane e eu nos separamos. E isso significou romper com a mãe dela também. Margaret Asher era muito maternal e, como eu tinha perdido a minha mãe, ela preencheu esse papel para mim. Foi assim que, pela segunda vez, perdi uma mãe.

Acima: Os Beatles no programa *Thank Your Lucky Stars*. Londres, 1964

783

WE CAN WORK IT OUT

① Try to see it my way
do I have to keep on talking till I can't go on.
While you see it your way
~~you run the risk of knowing~~ that our love may soon be gone.
   we can work it out   etc.

② Think of what you're saying
You can get it wrong and still you think that it's alright
Think of what I'm saying
we can work it out & get it straight or say goodnight
      we can work it out

À esquerda: Com Jane Asher, 1965

We Got Married

COMPOSITOR Paul McCartney
ARTISTA Paul McCartney
GRAVAÇÃO Hog Hill Mill, Sussex
LANÇAMENTO *Flowers in the Dirt*, 1989

Going fast
Coming soon
We made love in the afternoon
Found a flat
After that
We got married

Working hard
For the dream
Scoring goals for the other team
Times were bad
We were glad
We got married

Like the way you open up your hearts to each other
When you find a meeting of the minds
It's just as well love was all we ever wanted
It was all we ever had

Further on
In the game
Waiting up til the children came
Place your bets
No regrets
We got married
We got married
We got married

Nowadays
Every night
Flashes by at the speed of light
Living life
Loving wife
We got married

I love the things that happen when we start to discover
Who we are and what we're living for
Just because love was all we ever wanted
It was all we ever had

It's not just a loving machine
It doesn't work out
If you don't work at it

Acima: Com Linda após a cerimônia de casamento. Cartório de Marylebone, Londres, 12 de março de 1969

L INDA E EU NOS CASAMOS NO CARTÓRIO DE MARYLEBONE, EM março de 1969. Suponho que eu poderia ter escrito algo como "no cartório com o juiz assinamos os papéis", usando lembranças bem literais e descrições simplórias. Mas escrevi esta canção muitos anos depois de nosso casamento e comecei a pensar de forma mais universal, imaginando um casamento qualquer. É a história de um casamento, não necessariamente o meu – embora possa ter muita coisa do meu.

"*Going fast/ Coming soon/ We made love in the afternoon/ Found a flat/ After that/ We got married*". Isso soa como um casamento a toque de caixa. John foi o primeiro da banda a se casar, e foi mesmo um casamento às pressas. Na época, isso era mais constrangedor. Hoje em dia, as pessoas nem se dão mais ao trabalho de casar; não há um motivo particular para isso. Mas John achou um apê em Londres e se casou com a primeira esposa, Cynthia. Tenho certeza de que canalizei um pouco a história deles aqui também.

"*Working hard/ For the dream/ Scoring goals for the other team*". Por mais que você se esforce, não consegue fazer tudo certo. Mesmo trabalhando duro para realizar seus sonhos, pode acabar marcando um gol para o outro time. É o popular "gol contra". Esse verso pode ser uma alusão ao rompimento dos Beatles – a ideia de que todo mundo comete erros. "*It's just as well love was all we ever wanted/ It was all we ever had*". Esse é o trecho de que eu mais gosto. Tem uma atmosfera muito blues, um pouco como os versos de Albert King: "*If it wasn't for bad luck/ You know, I wouldn't have no luck at all*".

Compor canções tem dessas magias: certas coisas simplesmente acabam caindo em seu colo. Não fiquei pensando muito nesta canção, mas ela me veio, e quando as coisas fluem assim docemente, você se sente muito sortudo, muito abençoado. É comum ouvir os compositores dizendo: "A canção simplesmente me veio". Não é meu estilo me sentar e ficar analisando, mas você aprende a permitir que cadências, ritmos e rimas venham até você. Acho que "We Got Married" é uma

Com Linda e Heather. Cartório de Marylebone, Londres, 12 de março de 1969

destas canções que – como se diz – "simplesmente me veio", e você se sente um felizardo quando isso acontece. Você pensa: "Sim, vai ser legal cantar isto".

No início da canção, falamos no time adversário e depois comentamos: "*Further on/ In the game*". A meu ver, essa é uma coisa bem típica de pais jovens: "*Waiting up til the children came*" – esperar a chegada de um neném e, num piscar de olhos, esperar que os filhos cheguem em casa em segurança. As duas interpretações são válidas.

Você aprende muitos truques quando compõe tantas canções quanto eu. Quer dizer, chamá-los de truques pode ser um pouquinho pejorativo. Poderíamos chamá-los de "recursos", mas não passam de truques. Não é preciso listá-los e pensar: "Os meus truques são estes", mas estão armazenados na sua cabeça e, quando está compondo a canção, você aplica aquele de que mais gosta. Um dos meus truques é colocar dois versinhos seguidos por um verso mais longo:

Going fast
Coming soon
We made love in the afternoon

Sem dúvida, há milhões de ecos e paralelos com coisas que eu li, ou até mesmo com canções de ninar do tipo:

Rain, rain
Go away
Come again another day

Going fast coming soon
we made love in the afternoon
found a flat   after that   (2nd time
                                    simple as that!)
we got married.

                              N.B.
                           (● backing sounds)
                            "a" "oo" etc...
                              "uh"...

Working hard —   for the dream
Scoring goals for the other team
(things!)   we were
 when it was bad   ~~bad~~ glad
we got married.

Like the way you ●●● open up your hearts,
— WHEN to each other
       YOU FIND ●●●● A "meeting of the minds,

Early days, later on, children came to us one by one
Now we may — bless the day
we got married — — — ....) ..

When I'm Sixty-Four

COMPOSITORES Paul McCartney e John Lennon
ARTISTA The Beatles
GRAVAÇÃO Abbey Road Studios, Londres
LANÇAMENTO *Sgt. Pepper's Lonely Hearts Club Band*, 1967

When I get older, losing my hair
Many years from now
Will you still be sending me a valentine
Birthday greetings, bottle of wine?
If I'd been out til quarter to three
Would you lock the door?
Will you still need me, will you still feed me
When I'm sixty-four?

You'll be older too
And if you say the word
I could stay with you

I could be handy, mending a fuse
When your lights have gone
You can knit a sweater by the fireside
Sunday mornings, go for a ride
Doing the garden, digging the weeds
Who could ask for more?
Will you still need me, will you still feed me
When I'm sixty-four?

Every summer we can rent a cottage
In the Isle of Wight
If it's not too dear
We shall scrimp and save
Grandchildren on your knee
Vera, Chuck and Dave

Send me a postcard, drop me a line
Stating point of view
Indicate precisely what you mean to say
Yours sincerely, wasting away
Give me your answer, fill in a form
Mine for evermore
Will you still need me, will you still feed me
When I'm sixty-four?

Q UANDO O ASSUNTO ERA CONSERTAR UM FUSÍVEL (*"MENDING A FUSE"*), eu meio que era um faz-tudo. Com certeza, comparado com John, eu era um pau para toda obra. Ele não tinha nem ideia de como trocar uma tomada elétrica. Nessa época, na década de 1950, a maioria das pessoas sabia trocar uma tomada! E fusíveis explodiam o tempo todo.

A melodia de "When I'm Sixty-Four" foi totalmente elaborada quando eu tinha uns dezesseis anos. Era uma das minhas pequenas peças festivas e, quando estávamos em busca de canções para os Beatles, achei que seria ótimo criar uma letra para ela. A melodia em si tem uma atmosfera dos espetáculos de variedades do *music hall*. Lampejou-me a ideia de que 64 anos seria mais divertido do que 65. Um ano antes da idade mínima para a aposentadoria na Inglaterra. Eu sempre tentava dar um toque especial às coisas e, nesse caso, eu quis ir além de compor uma simples canção de *music hall*.

Hoje eu fico impressionado com a relativa sofisticação das minhas canções dessa época, em parte talvez porque eu lia muito. Uma das influências foi o humor do poema de Louis MacNeice, "Bagpipe Music":

John MacDonald found a corpse, put it under the sofa,
Waited till it came to life and hit it with a poker,
Sold its eyes for souvenirs, sold its blood for whisky,
Kept its bones for dumb-bells to use when he was fifty.

As poesias de MacNeice são ótimas para o dia a dia. Acho que ele reconheceria a sua influência em "*You can knit a sweater by the fireside/ Sunday mornings, go for a ride*". Todas essas coisinhas bem tranquilas que os aposentados fazem. Então sigo com "*Doing the garden, digging the weeds*". "Cavoucar a erva" também é uma forma de dizer "curtir um pouco de maconha". Sempre inseríamos essas piadinhas sabendo que nossos amigos as entenderiam.

Se você observar o esquema de rimas aqui, temos ABCC (*hair/ now/ valentine/ wine*). O mais convencional seria ABAB. Em muitas das canções dessa época, eu resisto à estrutura da estrofe convencional. É uma das coisas que dá a essa canção, que é mesmo bem simples, um toque especial. Outro ponto forte de MacNeice é administrar um elenco de personagens. Todo mundo até chegar aos netos: "Vera, Chuck e Dave". "Chuck" é um nome incomum no Reino Unido, mas havia muitos "Chucks" na televisão. Chuck Connors, do seriado *O homem do rifle*, é claro, que passou de 1958 a 1963. É um nome divertido por natureza - "*chuck*" pode significar "vomitar". Sem falar em Chuck Berry. Quando você diz "Chuck Berry", não soa divertido; é tudo uma questão de contexto.

E temos o verso "*Send me a postcard, drop me a line/ Stating point of view*". Teve uma época em que cheguei a pensar que a BBC tinha pinçado o título de *Points of View*, o programa de tevê com cartas dos telespectadores, da letra de "When I'm Sixty-Four". Alguém da BBC inclusive tinha me falado isso. Mas o programa estreou em 1961, então o contrário é mais provável.

Certa vez conheci uma dama que tocava piano em lares de pessoas idosas. Ela me disse: "Sr. McCartney, espero que não se importe, mas tive que atualizar o título 'Quando eu tiver 64' para 'Quando eu tiver 84'. E, às vezes, até para 'Quando eu tiver 94'." Aquela turminha acha que 64 anos é jovem demais. Escrevi "When I'm Sixty--Four" quando eu tinha 24 anos, então uma pessoa de 64 anos me parecia bem velha. Hoje me parece bem vivaz.

When I get older losing my hair,
 Many years from now
Will you still be sending me a Valentine
Birthday Greetings bottle of wine,
If I'd been out till quarter to three
Would you lock the door
Will you still need me, will you still feed me,
 When I'm sixty four.

Middle. ....
 You'll be older too,
And if you say the word, I could stay with you

I could be handy, mending a fuse
 When your lights have gone.
You can knit a sweater by the fireside
 Sunday mornings. go for a ride
Doing the garden, digging the weeds
 Who could ask for more?
Will you still need me, etc......

Mid. Every summer we can rent a cottage.
 in the Isle of Wight, it its not too dear.
 We shall scrimp and save
...Grandchildren on your knee
 Vera, Chuck and Dave.
   ....
Send me a postcard, drop me a line,
 Stating point of view
 Indicate precisely what you meant to say
          waiting for you.
           wasting away
Yours sincerely   in a form
   me your answer fill in a form
          mine for ever more...
                    etc...

Evento de imprensa para o programa especial *Our World*, primeira transmissão via satélite e ao vivo. Abbey Road Studios, Londres, 25 de junho de 1967

When Winter Comes

COMPOSITOR	Paul McCartney
ARTISTA	Paul McCartney
GRAVAÇÃO	Hog Hill Mill, Sussex
LANÇAMENTO	*McCartney III*, 2020

Must fix the fence by the acre plot
Two young foxes have been nosing around
The lambs and the chickens won't feel safe
　until it's done

I must dig a drain by the carrot patch
The whole crop spoils if it gets too damp
And where will we be with an empty store
When winter comes

When winter comes
And food is scarce
We'll warn our toes
To stay indoors
When summer's gone
We'll fly away
And find the sun
When winter comes

I must find the time to plant some trees
In the meadow where the river flows
In time to come they'll make good shade
　for some poor soul

When winter comes
And food is scarce
We'll warn our toes
To stay indoors
When summer's gone
We're gonna fly away
And find the sun
When winter comes

Must fix the fence by the acre plot
Two young foxes have been nosing around
And the lambs and the chickens won't feel safe
　until it's done

When winter comes
And food is scarce
We'll warn our toes
To stay indoors
When summer's gone
We're gonna fly away
And find the sun
When winter comes

And find the sun
When winter comes

Acima: Na fazenda. Escócia, 1973

QUANDO A SITUAÇÃO DOS BEATLES SE TORNOU DEPRESSIVA demais, Linda e eu decidimos sair de Londres e viver em tempo integral em nossa pequena propriedade rural na Escócia. Foi um período dificílimo por causa da separação da banda, mas me permitiu desenvolver outro lado de minha personalidade.

Primeiro, porque fazíamos tudo por nós mesmos e, a essa altura, éramos Linda, Heather, Mary - ainda neném - e eu. Se precisássemos de algo para comer, íamos buscar na cidade, a bordo da pequena Land Rover, e na volta cozinhávamos. Ninguém nos ajudava, exceto o moço que trabalhava como pastor; a fazenda tinha uma pequena criação de ovelhas. Essa experiência me permitiu ser o homem da casa. Pendurar um quadro? O encarregado era eu. Alguma lida na fazenda? Era eu. Mesa nova? Comigo mesmo.

"When Winter Comes" é uma série de recordações dessas atividades que me enriqueceram como pessoa; cada uma compõe uma pequena e agradável cena. Eu consertava cercas, abria valas de drenagem, cuidava das galinhas, tentava cultivar uma horta. Fui aprendendo essas coisas. Você tem que fazer uma cerca, senão a raposa captura as suas galinhas. É preciso escavar uma vala porque, se o solo da horta fica muito encharcado, nada vai crescer nela. Todas essas novas experiências foram alimentando as canções que eu compus na época, como "Heart of the Country".

Cresci em Liverpool e peguei a estrada com os Beatles. Dei uma volta ao mundo e depois uma segunda volta, e agora ali estava eu, em uma fazenda no meio do nada, e era sensacional. Não havia banheira na casinha da fazenda, mas tinha uma grande cuba de aço usada para limpar o equipamento de ordenha, então começávamos a encher esse negócio e duas horas depois estava pronto. Não era rápido, mas isso aumentava a diversão. Pegávamos toalhas e saíamos correndo - porque a cuba ficava no celeiro ao lado da casa, e fazia um frio danado no inverno. Corríamos e pulávamos nessa banheira, coisa que não era fácil de fazer. Mas éramos jovens e vigorosos, e as crianças eram muito pequenas para ensaiar qualquer reclamação. Pulávamos na grande banheira e tomávamos um banho fantástico ao estilo japonês. Esse era o

Na fazenda. Escócia, 1973

tipo de coisa que eu nunca, mas nunca mesmo, tinha feito em minha vida, e foi incrivelmente libertador. Fiz tudo aquilo que muitos jovens sonham fazer ainda hoje – o famoso "ano sabático". Sinto que muita gente deseja essa liberdade, fugir da correria.

"*I must find the time to plant some trees*". Arregacei as mangas e plantei árvores por conta própria, embora tecnicamente o plantio tenha deixado a desejar. Mas estávamos aprendendo essas novas habilidades e foi divertido, e hoje eu já estou familiarizado com isso. Eu só erguia as leivas de grama, enfiava as raízes da muda com 30 cm de altura e compactava a grama de volta. Na Escócia, o clima pode ser inóspito, e o relevo da fazenda era repleto de colinas, com poucas árvores dignas de nota. Naquelas colinas, as únicas árvores que vingavam eram o abeto-de-douglas e o espruce-da-noruega, espécies bem rústicas. Na época em que eu compus esta canção, no início dos anos 1990, aquelas mudas de 30 cm que eu tinha plantado na Escócia já eram imponentes gigantes de dez metros de altura.

Redescobri esta canção em 2019, quando eu estava ouvindo demos antigas antes de lançar a versão remasterizada do disco *Flaming Pie* na *Archive Collection*. A canção me pareceu especial, então trabalhei nela no meu estúdio de gravação para ser lançada com um vídeo de animação, tudo isso durante o primeiro *lockdown* no Reino Unido relacionado à pandemia em 2020. Na verdade, esta canção acabou sendo a inspiração para o que veio a se tornar o álbum *McCartney III*.

WHEN WINTER COMES

① Must fix the fence by the acre plot
Two young foxes have been nosing around
The lambs and the chickens won't feel safe
Until it's done.

② Must dig a drain by the carrot patch
The whole crop spoils if it gets too damp,
And where will we be with an empty store
When winter comes

CH. When winter comes
and food is scarce
will warm our toes
To stay indoors
When summer's gone
will fly away
And find the sun
When winter comes

③ I must find the time to plant some trees
In the meadow where the river flows
In time to come they'll make good shade
For some poor soul

When winter comes...
etc....
Repeat ① ... & CH

Na fazenda. Escócia, 1969-73

Why Don't We Do It in the Road?

COMPOSITORES	Paul McCartney e John Lennon
ARTISTA	The Beatles
GRAVAÇÃO	Abbey Road Studios, Londres
LANÇAMENTO	*The Beatles*, 1968

Why don't we do it in the road?
Why don't we do it in the road?
No one will be watching us
Why don't we do it in the road?

Why don't we do it in the road?
Why don't we do it in the road?
No one will be watching us
Why don't we do it in the road?

Why don't we do it in the road?
Why don't we do it in the road?
No one will be watching us
Why don't we do it in the road?

Estávamos fazendo a mixagem no Studio 2, que era na prática o estúdio dedicado aos Beatles no Abbey Road, e comecei a me entediar de ficar sentado. Os outros já tinham ido para casa, mas permanecemos ali, e o tempo foi passando. Dez, onze, meia-noite. Ninguém mais por perto, exceto um segurança e talvez um porteiro. Então nos esgueiramos no Studio 3, só Ringo e eu, e ninguém mais. Eu queria fazer uma canção bem descontraída e desinibida com base em um mantra ou pouco mais do que isso.

O termo "mantra" não é aleatório, porque eu tive a ideia para esta canção quando estava na Índia com Maharishi Mahesh Yogi, no início daquele ano. Presenciei um casal de símios copulando na selva em Rishikesh, e a experiência me deixou impressionado. A ideia de como aquilo parecia natural, a coisa mais natural do mundo. Estavam totalmente livres e desinibidos.

Quando Linda estava prestes a dar à luz a nossa primeira filha, Mary, eu fui à Associação de Planejamento Familiar. Eu queria ser um pai responsável e obter mais informações sobre a aventura em que tínhamos embarcado. Claro que eu conhecia os fatos da vida, mas antes de eu me dar conta eu estava dizendo: "Vamos ter um filho. Têm alguma informação?". Eles me deram um livrinho chamado *Da concepção ao nascimento*. Mas que experiência alucinante. Nele descobri que, em média, a ejaculação humana contém mais de quarenta milhões de espermatozoides. E não é só isso. O espermatozoide está obcecado em encontrar o óvulo, em criar esse novo organismo. E o fato de que a genitália do feto se forma tão cedo em seu desenvolvimento? Fiquei de queixo caído com tanta informação.

Tomei conhecimento desses detalhes após fazer esta canção, é claro, mas o livreto explicava tudo. Explicava a minha obsessão pelas moças em roupas de verão e por que eu não conseguia desviar o meu olhar delas. O porquê daquele desejo primitivo de passar o rodo. Agora eu entendia que um dos primeiros impulsos desse novo organismo é se replicar.

Portanto, a atmosfera desta canção é um pouco mais direta - um pouco mais "na cara" - do que eu normalmente seria. Mas isso é devido ao desejo primitivo que ela está expressando. E esse é um dos grandes pontos fortes do rock'n'roll. Pode ser cru ao extremo. É muito simples - bruto até - e se conecta com algo bem em nosso íntimo. Talvez até com o sistema nervoso de forma mais ampla.

Acima: Macacos. Rishikesh, 1968

À direita: Na mesa de mixagem com Ringo durante as sessões de gravação do álbum *The Beatles*. **Abbey Road Studios, Londres, 1968**

With a Little Help from My Friends

COMPOSITORES Paul McCartney e John Lennon
ARTISTA The Beatles
GRAVAÇÃO Abbey Road Studios, Londres
LANÇAMENTO *Sgt. Pepper's Lonely Hearts Club Band*, 1967

What would you think if I sang out of tune?
Would you stand up and walk out on me?
Lend me your ears and I'll sing you a song
And I'll try not to sing out of key

Oh I get by with a little help from my friends
I get high with a little help from my friends
I'm gonna try with a little help from my friends

What do I do when my love is away?
Does it worry you to be alone?
How do I feel by the end of the day?
Are you sad because you're on your own?

No, I get by with a little help from my friends
Get high with a little help from my friends
I'm gonna try with a little help from my friends

Do you need anybody?
I need somebody to love
Could it be anybody?
I want somebody to love

Would you believe in a love at first sight?
Yes I'm certain that it happens all the time
What do you see when you turn out the light?
I can't tell you but I know it's mine

Oh I get by with a little help from my friends
Get high with a little help from my friends
I'm gonna try with a little help from my friends

Do you need anybody?
I just need someone to love
Could it be anybody?
I want somebody to love

Oh I get by with a little help from my friends
I'm gonna try with a little help from my friends
Oh I get high with a little help from my friends
Yes I get by with a little help from my friends
With a little help from my friends

UMA GRACINHA COM O RINGO NA VERDADE SE TORNAVA ALGO *bem* engraçado. "*What would you do if I sang out of tune?*". Na realidade, John e eu escrevemos esta canção dentro de um alcance vocal que não causasse problemas a Ringo, pois ele tinha um estilo de cantar diferente do nosso. Nós a personalizamos especialmente para ele, e acho que esse é um dos motivos pelo qual a canção fez um sucesso tão grande na voz dele no álbum *Sgt. Pepper*.

A canção foi gravada seguindo à risca o estilo do álbum *Sgt. Pepper* como um todo – o estilo de um show ao vivo em que a canção é entoada por um tal de "Billy Shears". Para quem tem idade suficiente para se lembrar, Billy Shears é o nome do cara que supostamente me substituiu nos Beatles quando eu "morri" em um acidente rodoviário em 1966. Naquele ano correu esse boato maluco. E agora Billy Shears aparecia, grande como a vida, sob o disfarce de Ringo Starr! Assim, esta canção serve para apresentar Ringo como personagem dessa opereta.

"*Lend me your ears*" – bem, você deve saber de onde tiramos isso. O aniversário de quatrocentos anos do nascimento de Shakespeare caiu em abril de 1964, e naquele ano passou uma adaptação de *Júlio César* na televisão. Isso ainda estava fresco em nossas mentes.

Aqui, John e eu incluímos uma ou duas piadinhas privadas: "*I get high with a little help from my friends*". Normalmente, se estivéssemos mesmo "altos", não fazíamos composições. Isso só aconteceu em uma canção. Ela se chamava "The Word", e a meu ver ela nem era tão boa assim. E nem tenho bem certeza se a escrevemos chapados. Acho que só ficamos chapados após terminá-la.

Um ano mais tarde, quando Joe Cocker gravou "With a Little Help from My Friends", ele a levou a lugares inimagináveis. Eu conhecia um cara, Denny Cordell, e ficamos amigos em festas noturnas. Ele curtia ficar lá tocando discos, e ouviu a canção. Um dia, ele me ligou e disse: "Fiz a canção de vocês, essa que o Ringo canta, com o Joe Cocker, e acho que ficou bem legal. Posso tocar a gravação para vocês?". Eu disse: "Sim, claro", e ele veio nos mostrar. Acho que isso foi no Apple Studio, na 3 Savile Row. E, uau, quero dizer, eu sabia que ele ia fazer uma cover, mas não sabia que o arranjo seria radicalmente desacelerado, porque a nossa era até bem animadinha. Mais tarde, ela se tornou uma espécie de canção subversiva nos Estados Unidos, porque Spiro Agnew, vice-presidente dos EUA na época, tentou proibi-la, sob a alegação de que incentivava o uso de drogas. E mais famosa ainda se tornou a imitação que o John Belushi fez de Joe Cocker. Ele a cantou com um humor escrachado. Ficou muito divertido.

O verso de que eu mais gosto é: "*What do you see when you turn out the light?*". Imaginei a pessoa apagando a luz quando está na cama, debaixo das cobertas. Estamos falando de nossos órgãos genitais, pode crer. Todo mundo faz isto: tocar-se quando a luz se apaga. Mas eu não poderia dizer: "O que você enxerga ao apagar a luz? Seu pau". Não soa bem.

Com Ringo e John no evento de imprensa para o lançamento do álbum *Sgt. Pepper's Lonely Hearts Club Band*. Londres, 19 de maio de 1967

A LITTLE HELP FROM MY FRIENDS (BAD FINGER BOOGIE)

What would you think if I sang out of tune
Would you throw ~~Stand up and walk~~ ~~a tomato at me~~ out on me
lend me your ears and I'll sing you a song,
+ I'll try not to SING out of key

! Oh I'll get by with a little help from my friends
     high - - - - - -
     try - - - - - -

What do I do when my love is away
(does it worry you to be alone)
How do I feel by the end of the day
(are you sad because you're on your own)
! No, I get by with a little help from my friends.
(etc. - - - - - - -

     Do you need anybody
+ I just need somebody to love
     could it be anybody
+ Yes, I just want somebody to love

H Would you believe in a love at first sight,
   Yes I'm certain that it happens ~~every day~~ ALL THE TIME,
H What do you see when you turn out the light,
   I can't tell you but I know it's mine,
     Oh I get by - - - - - - -
+ _____

H Do you need anybody
+ I just need somebody to love,
     could it be anybody - - - etc. - -
  Oh I get by with a little help from my friends
     End. -

À esquerda: Ringo no evento de imprensa para o lançamento do álbum *Sgt. Pepper's Lonely Hearts Club Band*. Londres, 19 de maio de 1967

À direita: Joe Cocker. Londres, 1969

Um ano mais tarde, quando Joe Cocker gravou "With a Little Help from My Friends", ele a levou a lugares inimagináveis.

Women and Wives

COMPOSITOR Paul McCartney
ARTISTA Paul McCartney
GRAVAÇÃO Hog Hill Mill, Sussex
LANÇAMENTO *McCartney III*, 2020

Hear me, women and wives
Hear me, husband and lovers
What we do with our lives
Seems to matter to others
Some of them may follow
Roads that we run down
Chasing tomorrow

Many choices to make
Many chains to unravel
Every path that we take
Makes it harder to travel
Laughter turned to sorrow
Doesn't get me down
Chasing tomorrow

When tomorrow comes around
You'll be looking at the future
So keep your feet upon the ground
And get ready to run

Now hear me, mothers and men
Hear me, sisters and brothers
Teach your children and then
They can pass it to others
Some of them may borrow
Tales you handed down
Chasing tomorrow

Hear me, women and wives
Hear me, husband and lovers
What we do with our lives
Seems to matter to others
Some of them may follow
Roads that we run down
Chasing tomorrow
Get ready to run

Chasing tomorrow
Get ready to run

Acima: Fotografado pela filha Mary. Hog Hill Mill, Sussex, 2020

SEM DÚVIDA, HUDDIE LEDBETTER, O LEAD BELLY, É UM DOS MEUS ídolos. Eu estava lendo uma obra muito interessante sobre a vida dele, com muitas fotos. Comecei a brincar nas teclas – o livro estava em cima do piano – e fiquei ali, fitando o livro e procurando ideias. Comecei a me lembrar do estilo dele, e diziam que sua voz de barítono era tão potente que você tinha que baixar o volume do toca-discos.

Comecei a cantar com a voz mais pesada, um pouco mais blues, e brotou esta canção: "*Hear me, women and wives/ Hear me, husband and lovers/ What we do with our lives/ Seems to matter to others*". O tipo de pensamento "ensine seus filhos direito", como na canção "Teach Your Children", de Crosby, Stills, Nash & Young. Ela surgiu ao natural e fiquei feliz com isso.

Quando levei a canção ao estúdio, tentei manter em mente a inspiração do Lead Belly. É uma cançãozinha muito simples, e tentei manter essa simplicidade na hora de gravá-la. Toquei o contrabaixo que Bill Black tocava originalmente nos discos de Elvis Presley, e esse instrumento tem um tom maravilhoso. Não consigo tocá-lo muito bem, então teve que ser uma linha simples; na maior parte do tempo, notas abertas. Eu gosto de tocar esse contrabaixo – desde que eu não tenha que fazê-lo a noite toda em um clube de jazz. Primeiro eu tive que praticar um pouco.

A minha sorte é que eu guardo uma boa lembrança associada a esta canção. Enquanto eu a escrevia, no primeiro semestre de 2020, a minha filha Mary entrou na sala. Ela falou: "Ah, eu gostei desta", e então começou a cantarolar a melodia a seu modo. Ajuda muito se alguém diz: "Ah, eu gostei desta". Um elogio desses não é algo que se compra na ferragem.

À direita: Com o contrabaixo de Bill Black. Sussex, 2020

Toquei o contrabaixo que Bill Black tocava originalmente nos discos de Elvis Presley, e esse instrumento tem um tom maravilhoso. Não consigo tocá-lo muito bem, então teve que ser uma linha simples; na maior parte do tempo, notas abertas.

WOMEN and WIVES

1) Hear me women and wives
   Hear me husbands and lovers
   What we do with our lives
   Seems to matter to others
   Some of them may follow
   Roads that we run down
   — Chasing tomorrow

2) Many choices to make
   Many chains to unravel
   Every path that we take
   Makes it harder to travel
   Laughter turned to sorrow
   Doesn't get me down
   — Chasing tomorrow

MID — When tomorrow comes around
      You'll be looking at the future
      — Keep your feet upon the ground
      And get ready to run

3) Hear me mothers and men
   Hear me sisters and brothers
   Teach your children and then
   They can pass it to others
   Some of them may borrow
   Tales you handed down
   — Chasing tomorrow —— (SOLO)

Repeat 1. Get ready to run
         Chasing tomorrow —— get ready to run.

Hear me (women/~~daughters~~) and wives
Hear me husbands and lovers
What we do with our lives
Seems to matter to others.
Some of them (~~will~~/may) follow
Roads that we run down
... CHASING ~~making~~ tomorrow ...

Many choices to make
(Heavy/~~many~~) chains to unravel
Every path that (we/~~you~~) take
(MAKES IT/~~getting~~) harder to travel
Laughter turn~~s~~ to sorrow
Doesn't get me down
... CHASING ~~making~~ tomorrow ...

(I'm/~~told~~) you tell me
When tomorrow comes around
That you set a (cool/~~good~~) example
To the children (~~who will be~~/~~that~~) listening to you
(you can/~~will~~) help them
Keep their feet upon the ground
& ~~you~~ simply love them more
Than you ever loved ~~before~~

Hear me mothers and ~~men~~
Hear me brothers and sisters

The World Tonight

COMPOSITOR	Paul McCartney
ARTISTA	Paul McCartney
GRAVAÇÃO	Hog Hill Mill, Sussex
LANÇAMENTO	*Flaming Pie*, 1997
	Single, 1997

I saw you sitting at the centre of a circle
Everybody, everybody wanted
Something from you
I saw you sitting there

I saw you swaying to the rhythm of the music
Caught you playing, caught you praying to the
Voice inside you
I saw you swaying there

I don't care what you want to be
I go back so far I'm in front of me
It doesn't matter what they say
They're giving the game away

I can see the world tonight
Look into the future
See it in a different light
I can see the world tonight

I heard you listening to a secret conversation
You were crying, you were trying not to
Let them hear you
I heard you listening in

No never mind what they want to do
You've got a right to your point of view
It doesn't matter what they say
They're giving the game away

I can see the world tonight
Look into the future
See it in a different light
I can see the world tonight

I can see the world tonight

I saw you hiding from a flock of paparazzi
You were hoping, you were hoping that the
Ground would swallow you
I saw you hiding there

I don't care what you want to be
I go back so far I'm in front of me
It doesn't matter what they say
They're giving the game away

I can see the world tonight
Look into the future
See it in a different light
I can see the world tonight

Acima: Fotógrafos da imprensa. *The New World Tour*, Santiago, 1993

U MA CANÇÃO SOBRE UMA PESSOA SENTADA NO CENTRO DE UM círculo, e todo mundo quer algo dele? Quase pode ser eu.

Nos Beatles, assim que ficamos famosos e nossos familiares e amigos começaram a nos ver na tevê, a primeira coisa que nos disseram foi: "Ah, como você mudou". E a nossa resposta: "Não mudamos. O que mudou foi a percepção de vocês em relação a nós. Continuamos a ser os mesmos quatro jovens, dando a volta ao mundo, se divertindo, mas vocês nos enxergam diferente".

Até aí, tudo bem, mas logo se tornou uma sangria de pedidos. Coisinhas simples. Ajuda com problemas médicos ou ajuda na compra de uma casa, sabe – "Não recebi o depósito" ou "Preciso de um empréstimo-ponte", e assim por diante. No começo, você só concordava com isso, porque não era algo tão doloroso assim, e eram pessoas ótimas, familiares e amigos. E, por ter origens humildes, eu sabia que ninguém era abastado, então era legal ter condições de ajudar o pessoal, principalmente em questões médicas. Sempre digo que uma das grandes vantagens de ter algum dinheiro é que, se a pessoa estiver em apuros por causa de uma doença ou problema de saúde, você pode mandá-la consultar um bom médico, e depois ela não precisa esperar seis meses para ser operada.

Então isso era muito gratificante. Mas depois, com o passar do tempo, surgiram coisas do tipo: "Pode nos emprestar essa quantia? No fim do ano te reembolsamos". E você emprestava, sem juros, sem enrosco. Chegava o final do ano, e agora você estava em uma sinuca de bico, obrigado a cobrar: "Ãhn, mas e aquele empréstimo? Alguma ideia a respeito disso?". Em outras palavras: "Pague, seu sonso!". Mas, em diversas vezes, a coisa azedou. Entrei nisso inocentemente, e amadureci na marra.

Eu me lembro de meu pai me dizendo que, se um dia ele ganhasse na loteria esportiva – na época, setenta e cinco mil libras, o equivalente a um milhão hoje –, ele daria mil libras a cada um de seus parentes e pronto. Claro, ele era

À direita: Sussex, 1994

mais velho e mais experiente nesse tipo de coisa. Subitamente descobri: "Agora eu entendo. É disso que ele estava falando". Foi aí que eu comecei a notar que eu não tinha obrigação de ajudar todo mundo. Até hoje é assim.

"*I saw you hiding from a flock of paparazzi*". Conviver com isso era nossa rotina, por isso coloquei o protagonista se escondendo de um bando de *paparazzi*. Estes versos resumem tudo: "*You were hoping that the/ Ground would swallow you*". Você torce para ser engolido pelo chão ou para que *eles* sejam engolidos. Gosto de usar expressões comuns e inseri-las no tipo de contexto em que elas pareçam incomuns. Acho que muita gente criativa faz isso.

Paparazzi só causam dissabores, na verdade. Quando me tornei famoso com os Beatles, eu pensava que muitos jornalistas eram adoráveis marotos. Conhecíamos muitos deles, e eles admitiam que eram marotos. E *eram* adoráveis – ao menos alguns –, então pensei que esse era o melhor viés que eu poderia dar. Eu tinha muitos amigos na imprensa, tudo bem, mas os fotógrafos na época, bem no começo dos Beatles, tentavam tirar fotos de Jane e de mim. Era uma intromissão, uma espécie de esconde-esconde – só que não queríamos participar dessa brincadeira. Isso acaba alterando todo o seu jeito de ser, porque você sabe que em cada esquina pode haver uma teleobjetiva.

Isso acontece até hoje, a diferença é que eu já vivi uma vida disso e fiquei acostumado. Na semana passada, estávamos caminhando na praia, e eu avisei Nancy: "Lá estão eles". E estavam mesmo. Dois caras atrás do capô de um carro. Tento não ficar muito angustiado com isso, mas é sempre irritante. Você está fazendo algo e pensa que está livre, acha que é um momento privado. Antigamente, eu falava com eles e dizia: "Percebem o emprego horrível que vocês têm? Meu Deus, vocês são como os alcaguetes da escola". Continuo sem gostar deles e mudei minha opinião sobre serem adoráveis marotos. Agora representam uma parte do mundo sobre a qual eu simplesmente nem quero ficar sabendo.

Esta canção tem um verso que é um dos meus favoritos de todos os versos que já escrevi: "*I go back so far I'm in front of me*". É um desses versos que você sabe e ao mesmo tempo não sabe o que significa. E eu não tenho a mínima ideia de onde ele veio!

Você torce para ser engolido pelo chão ou para que *eles* sejam engolidos. Gosto de usar expressões comuns e inseri-las no tipo de contexto em que elas pareçam incomuns. Acho que muita gente criativa faz isso.

SAW YOU SITTING

① I saw you sitting
~~(at)~~ ~~At~~ The centre of a circle
Everybody .... everybody
wanted something from you
I saw you sitting

② I saw you swaying
To the rythum of the music
Caught you playing
Caught you praying
(with) To the voice inside you
I saw you ~~swaying~~ (there)

(BR) I don't care how it used to be
I go back so ~~far~~, it's in front of me
I don't ~~care~~ what ~~people~~ say   (you're GONNA)
As long as the music goes hey hey hey
            ~~people~~

(CH) I can see the future
I can feel the world tonight
Love can make me happy
~~it gives me an appetite~~
LIVING IN THE MOONLIGHT

③ I heard you ~~talking~~ WHISPER
to a group of ~~xxxxx xxxxx~~
They were hanging
They were hanging
On your every syllable
I heard a whisper

(BR) Never mind what they think of you
you be anything that you wanna do
~~let them~~ have it all their way
as long as the music goes hey hey hey

I CAN SEE THE WORLD TONIGHT.

① I saw you sitting at the centre of a circle,
Everybody, everybody
wanted something from you
(I) saw you sitting, there.

② Saw you swaying
To the rhythm of the music
Caught you playing
Caught you praying
To the voice inside you.
Saw you swaying, there.

[BR] I don't care, what you wanna be
I go back so far, I'm in front of me.
It doesn't matter what they say,
They're ~~don't~~ giving the game away.

(CH:) I can see the world tonight
Look into the future
See it in a different light
I can see the world tonight

③ I heard you ~~talking to a secret conversation~~
listening to a secret conversation,
You were crying
~~You were trying~~
Not to let them hear you
I heard you listening in.

[BR] Never mind, what they want to do
You've got a right, to your point of view
It doesn't matter what they say
They're ~~doesn't~~ giving the game away

The World You're Coming Into

COMPOSITORES	Paul McCartney e Carl Davis
ARTISTA	Royal Liverpool Philharmonic Orchestra
GRAVAÇÃO	Catedral de Liverpool
LANÇAMENTO	Single, 1991
	Paul McCartney's Liverpool Oratorio, 1991

MARY DEE
The world you're coming into
Is no easy place to enter
Every day is haunted
By the echoes of the past
Funny thoughts and wild, wild dreams
Will find their way into your mind

The clouds that hang above us
May be full of rain and thunder
But in time they slide away
To find the sun still there
Lazy days and wild, wild flowers
Will bring some joy into your heart
And I will always love you
I'll welcome you into this world

MARY DEE E MENINO
You're mine and I will love you

Acima: Mãe Mary com colega

Esta canção, essencialmente uma ária, pertence ao *Liverpool Oratorio*, mas, com o tempo, passou a significar mais para mim. Não componho muitas canções nesta forma clássica; o *Liverpool Oratorio* foi realmente minha primeira experiência desse tipo. Mas fiquei mesmo comovido porque a filarmônica da cidade onde cresci me procurou em uma ocasião tão importante - seu 150º aniversário - e me convidou para participar da celebração. A canção começa em forma de solo para a soprano. No disco, essa parte foi cantada pela *Dame* Kiri Te Kanawa. Ela está cantando para o neném dela. "*The world you're coming into/ Is no easy place to enter*". Fisicamente, para ela e para o neném, o choque físico do nascimento já é o suficiente para tirar o fôlego. Cada um de nós tem de sobreviver ao mistério do nascimento. É uma experiência traumática.

E isso sem falar no trauma da vida em que somos jogados. Como quase todo mundo logo percebe e, cada vez mais, vamos descobrindo em nossa história atual, o mundo não é um lugar fácil. "*Every day is haunted/ By the echoes of the past/ Funny thoughts and wild, wild dreams/ Will find their way into your mind*".

Você nota que ela está dando uma pequena lição ao filho que está prestes a nascer. "*The clouds that hang above us/ May be full of rain and thunder/ But in time they slide away/ To find the sun still there/ Lazy days and wild, wild flowers/ Will bring some joy into your heart*". E, para arrematar: "*And I will always love you/ I'll welcome you into this world*". O filhinho dela canta a última parte junto com ela. É um belo dueto entre mãe e filho.

A canção lembra, de certa forma, o lema em latim da minha antiga escola, a Liverpool Institute High School for Boys: *Non nobis solum, sed toti mundo nati* - "Não nascemos só para nós, mas para o mundo inteiro". É sobre o relacionamento entre mãe e filho/a, mas essa criança, quando crescer, tem que ganhar o mundo. E é justo aí que essas lições começam a ser úteis. Ainda aplico as lições de meus pais, como a de meu pai dizendo: "Faça agora mesmo". O lema escolar volta a aparecer em outras partes do oratório, nas palavras de "Non Nobis Solum", na abertura da seção "War".

Um dia desses, comecei a pensar nesta canção e me ocorreu que, de certa forma, é uma celebração à minha mãe, Mary, que trabalhava como parteira. Talvez seja por isso que a canção continua a me comover com uma força crescente.

① and the child...

ACROSS TOWN

The working MEN (all male) concerned more about the rights and wrongs of adultery.

MR. DINGLE advises **HIM** to relax, and go for a drink, where they can forget their troubles.

SHE ... has a child inside

⑦ CRISES. She comes through the traffic ... is home and sings a song to her unborn child as she sits in the bedroom.

He lurches home through traffic and enquires where his dinner is. SHE regrets the passing of childhood. HE too ...

THEY each have their ⓙ
own private worries and
an argument develops...
It is irrational but effective.
SHE reminds him she doesn't
need this.... she needs love
he isn't sure if she ever loved him.
CLIMAX.
As she leaves she breaks the news
that he is about to become a father.
SHE runs into street...
Dark, wind, rain umbrellas
car headlights and is knocked
down by a car. Slow motion
scene of her being taken to hospital
The nurse sings to her
as she sleeps, and assures
her she will look after her but
says she is not sure if the
baby is in danger... sleep.

Acima: Esboço para a arte da capa do álbum *Liverpool Oratorio*, 1991

À esquerda: Com Carl Davis. Sussex, 1990

À direita: *Dame* Kiri Te Kanawa. Catedral de Liverpool, 1991

Abaixo: Esboço do cenário para a performance do *Liverpool Oratorio*, 1991

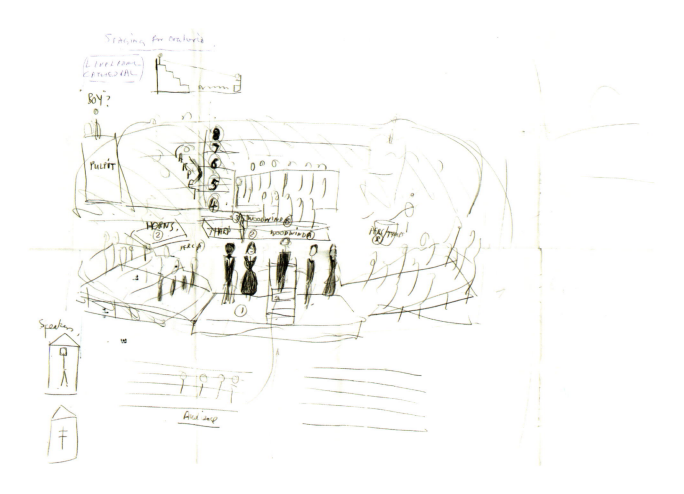

Y

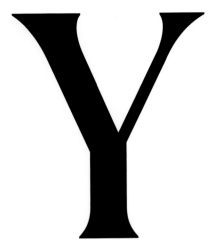

Yellow Submarine	830
Yesterday	836
You Never Give Me Your Money	846
You Tell Me	852
Your Mother Should Know	858

Yellow Submarine

COMPOSITORES Paul McCartney e John Lennon
ARTISTA The Beatles
GRAVAÇÃO Abbey Road Studios, Londres
LANÇAMENTO Single com duplo lado A: "Eleanor Rigby"/ "Yellow Submarine", 1966
Revolver, 1966

In the town where I was born
Lived a man who sailed to sea
And he told us of his life
In the land of submarines

So we sailed on to the sun
Til we found the sea of green
And we lived beneath the waves
In our yellow submarine

We all live in a yellow submarine
Yellow submarine, yellow submarine
We all live in a yellow submarine
Yellow submarine, yellow submarine

And our friends are all aboard
Many more of them live next door
And the band begins to play

We all live in a yellow submarine
Yellow submarine, yellow submarine
We all live in a yellow submarine
Yellow submarine, yellow submarine

As we live a life of ease
Every one of us has all we need
Sky of blue and sea of green
In our yellow submarine

We all live in a yellow submarine
Yellow submarine, yellow submarine
We all live in a yellow submarine
Yellow submarine, yellow submarine

TODAS AQUELAS BALADAS. "SIR PATRICK SPENS". "THE RIME OF the Ancient Mariner". Todas essas histórias de um homem ir para o mar. Sem falar em Lewis Carroll:

A Morsa disse: "É hora de falar
Sobre temas variados:
De sapatos... naus... goma...
Couves... e potentados!
Por que o mar está fervendo?
Por que os porcos são alados?"

O meu professor no ensino médio, Alan Durband, deu aulas sobre a tradição do *nonsense* e do absurdo na literatura inglesa. Ele estudou em Cambridge com F. R. Leavis, talvez o crítico literário inglês mais conhecido da época. Sei que já falei muito sobre Alan Durband ao longo dos anos, mas sinceramente não é demais frisar a influência dele em minha trajetória. Hesito em usar uma frase feita, mas ele foi genuinamente inspirador.

Boa parte do subtexto de "Yellow Submarine" era que nós, Beatles, já naquela época, estávamos vivendo em nossa cápsula própria. Em nosso próprio microclima. Em nosso próprio ambiente controlado. Foi o sr. Durband quem me ensinou palavras como "subtexto".

Outro fator que convém realçar é a incrível popularidade dos programas de televisão que retratavam o mundo subaquático na época. Por exemplo, os mergulhadores subaquáticos austríacos Hans e Lotte Hass. A Lotte era uma espécie de musa. A série *Aventura submarina*, com Lloyd Bridges, estava no ar nessa época. E *Flipper*, o seriado com o golfinho, fez sucesso entre 1964 e 1967.

Esse mundo subaquático tinha sua magia especial. E de algum modo acho que a sensação de possibilidades que ele abria coincidiu com nossas experiências do pós-guerra. Quando éramos crianças em Liverpool - "*In the town where I was born*" -, a realidade incluía bombas, racionamento e ruínas. Meu pai trabalhou como bombeiro, então falar de bombas incendiárias era algo corriqueiro. A nossa diversão costumava ser feita em casa. O entretenimento dos mais velhos era entoar canções. Você aprendia a se contentar com muito pouco. Então, quando conseguia um pouco mais, era como passar do preto e branco ao colorido.

Para os Beatles - embora não soubéssemos disso na época -, expressar nossa alegria por sair do mundo preto e branco realmente contribuiu para essa nova explosão multicolorida. Difícil de acreditar, mas desempenhamos um papel ativo nisso. Versos como "*Sky of blue and sea of green*" ajudaram a tornar o mundo mais vibrante.

Boa parte do subtexto de "Yellow Submarine" era que nós, Beatles, já naquela época, estávamos vivendo em nossa cápsula própria. Em nosso próprio microclima. Em nosso próprio ambiente controlado. Foi o sr. Durband quem me ensinou palavras como "subtexto".

À esquerda: Celuloide original de *Yellow Submarine*, 1968

Acima: Com Ringo Starr e George Harrison participando da cabine de imprensa do filme *Yellow Submarine*. Londres, 8 de julho de 1968

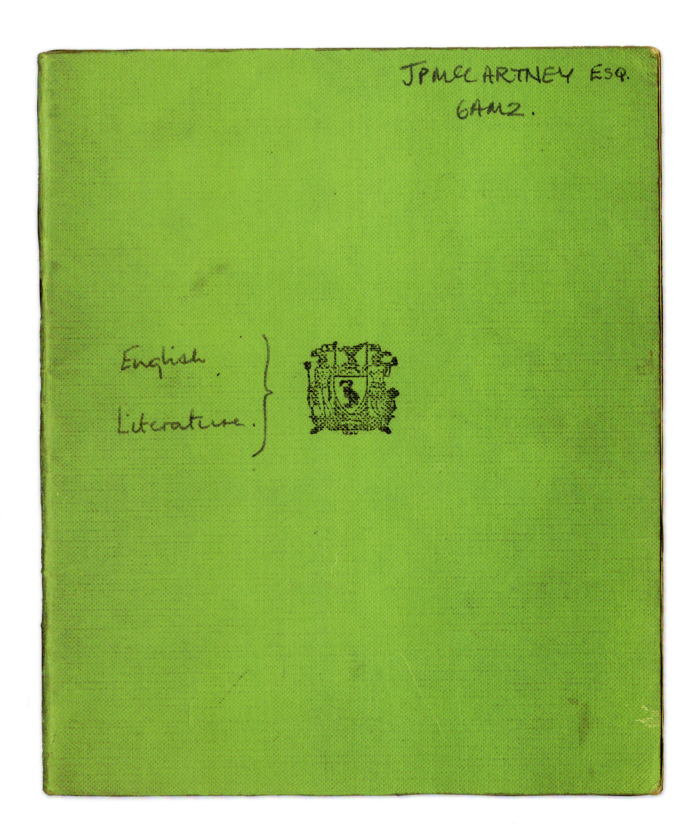

J P McCARTNEY ESQ.
6AM2.

English
Literature.

Acima: Trecho do ensaio sobre *O paraíso perdido*, de John Milton, no caderno escolar de Paul, com comentários do professor de literatura inglesa, Alan Durband

Yesterday

COMPOSITORES	Paul McCartney e John Lennon
ARTISTA	The Beatles
GRAVAÇÃO	Abbey Road Studios, Londres
LANÇAMENTO	*Help!* 1965
	Single nos EUA, 1965
	"Yesterday"... and Today, 1966

Yesterday
All my troubles seemed so far away
Now it looks as though they're here to stay
Oh, I believe in yesterday

Suddenly
I'm not half the man I used to be
There's a shadow hanging over me
Oh yesterday came suddenly

Why she had to go I don't know, she wouldn't say
I said something wrong, now I long for yesterday

Yesterday
Love was such an easy game to play
Now I need a place to hide away
Oh I believe in yesterday

Why she had to go I don't know, she wouldn't say
I said something wrong, now I long for yesterday

Yesterday
Love was such an easy game to play
Now I need a place to hide away
Oh I believe in yesterday

Acima: Vista do "sótão" da Wimpole Street. Londres, 1964

A CASA DA FAMÍLIA ASHER NA WIMPOLE STREET. UM QUARTINHO no sótão com janela. A mansarda. O ambiente ideal para um artista. Ali não havia espaço para eu guardar meus discos - muitos deles eram enviados para mim dos Estados Unidos antes de estarem disponíveis no Reino Unido. Eu tinha que deixá-los do lado de fora, no patamar. Mas, não sei como, cabia um piano ali - um pianinho com as pernas serradas, bem ao lado da minha cama. Em algum lugar de um sonho, escutei esta melodia. Acordei pensando: "Que melodia adorável! De quem será que ela é? Fred Astaire? Cole Porter? De quem é?".

Caí da cama e vi o piano bem ali ao meu lado. Pensei em tentar descobrir como a canção continuava. Achei que era um clássico que eu tinha ouvido anos antes e tinha me esquecido. Acabei de ouvir essa melodia e agora já tenho uns acordes. E para solidificá-la na cabeça, eu esbocei uma letra provisória: "*scrambled eggs, oh my baby, how I love your legs, scrambled eggs*". Eu não usava muito essas letras provisórias. Raramente eu fazia isso.

Então, eu tinha essa melodia, e acho que a primeira pessoa que eu vi naquela manhã ao sair de casa foi John. Perguntei: "Que canção é esta?". Ele respondeu: "Não sei. Nunca a escutei antes". Tive a mesma resposta de George Martin e de minha amiga, a cantora Alma Cogan, que tinha um conhecimento bem abrangente de canções populares. Semanas depois, ficou claro que ninguém conhecia a canção, e ela não existia, exceto na minha cabeça. Então, eu a reivindiquei e passei um tempo brincando com ela, desenvolvendo-a e aperfeiçoando-a. Era como encontrar uma nota de dez libras na rua.

Não muito tempo depois de a canção ter vindo até mim, estávamos trabalhando no filme *Help!* - embora na época o filme se chamasse *Eight Arms to Hold You*, mas não gostávamos desse título. O filme *A Hard Day's Night* (*Os reis do iê-iê-iê*) tinha feito tanto sucesso no ano anterior que nos pressionaram para fazer uma sequência, mas simplesmente não acertavam o roteiro. Acho que

Com Ringo Starr e George Harrison no set de *Help!* Bahamas, 1965

rejeitamos tantos roteiros que, quando decidimos concordar com um, tínhamos apenas acabado de folhear, sem levá-lo muito a sério. Começamos a entender os atores que falam: "Eu adoraria trabalhar, meu bem, mas simplesmente não acho um roteiro decente".

    Enfim concordamos com um enredo que envolvia recuperar o anel de Ringo. Era tudo um pouco confuso e não nos interessamos muito. Acho que naquela época estávamos mais interessados em fumar maconha. Decorar as falas não era uma prioridade. Às vezes, só líamos com atenção no carro, a caminho de filmar a cena! Para ser franco, estávamos começando a ir além dessas caricaturas "mop top" com as quais éramos rotulados. Mas uma coisa o filme tinha a seu favor. Se disséssemos algo como: "Podemos ir a um lugar legal para filmar esta parte?", eles diziam que sim. Pular de um lugar a outro pode não ter ajudado muito o filme, mas foi divertido. Dizíamos coisas como: "Nunca estive no Caribe. Pode incluir isso na história, por favor?". E eles incluíam. "Já esquiaram antes?". "Não!". "Ok, vamos colocar isso no filme também!"

    Tudo isso estava rolando durante a incubação de "Yesterday" e, quando havia uma chance, eu fazia questão de ter um piano por perto, para que eu pudesse trabalhar na canção. Acho que a parte do contraste foi composta no set. E chegou ao ponto em que o diretor do filme, Richard Lester, começou a se irritar quando ouvia a canção. Um dia ele gritou: "Se eu ouvir esse negócio de novo, eu mando levar embora o maldito piano!". Não ajudou muito o fato de ele ter me perguntado o nome da canção e ter ouvido como resposta: "Scrambled Eggs".

Fazer a música foi tranquilo, mas para a letra eu ainda só tinha o verso *"scrambled eggs, oh my baby, how I love your legs, scrambled eggs"*. Assim, durante uma pausa nas filmagens, Jane e eu fomos a Portugal tirar uma folga. Aterrissamos em Lisboa e pegamos a rodovia. Rodamos três horas e pouco - cerca de 290 km - até Albufeira, perto de Faro. Íamos nos hospedar na casa de Bruce Welch. Ele era um sujeito muito generoso da banda de Cliff Richard, The Shadows, e combinamos de nos encontrar lá para ele nos mostrar o apartamento que ia nos emprestar. Na estrada de Albufeira, e eu ali, no banco traseiro do carro, sem fazer nada. Fazia muito calor e tinha uma poeira no ar, e eu ali, entorpecido pelo cansaço. Uma das coisas que eu gosto de fazer quando me sinto assim é me esforçar para pensar. *"Scrambled eggs*, tan, tan, tan... O que pode funcionar aqui?". Comecei a experimentar as opções. Para manter a melodia, eu teria que encaixar as sílabas em torno dela. *Scram-bled eggs* - três sílabas. Você tem possibilidades como "*yes-ter-day*" e "*sud-den-ly*". Também me lembro de ter pensado: "As pessoas gostam de canções tristes". Eu me lembro de ter pensado que até eu gosto de canções tristes. Ao chegarmos a Albufeira, eu já tinha a letra completa.

Quando voltamos para casa, mostrei a canção à banda e, embora às vezes a tocássemos como um quarteto nos shows, na hora de gravar, Ringo disse: "Acho que esta canção não precisa de bateria". George acrescentou: "Também não tenho certeza se ela precisa de minha guitarra". E então John emendou: "Não consigo pensar em nada. Acho que você deveria fazer isso sozinho. É realmente uma canção solo". Veja bem, esse foi um fato bem significativo na época, porque nunca havíamos gravado assim antes. Sempre era a banda.

Após certa hesitação, decidi arriscar, e George Martin - que já era nosso produtor havia alguns anos e, embora ainda não tivesse quarenta anos, era alguém em quem confiávamos e que admirávamos - teve a ideia de colocar um quarteto de cordas para me acompanhar. Fiquei preocupado com aquilo; achei que soaria muito clássico. Mas, como sempre, ele disse em tom paternal: "Vamos só experimentar. Se você não gostar, é só tirar". Então fui à casa dele, tomamos uma xícara de chá e trabalhamos no arranjo das cordas. George achou que uma boa referência seria Bach. Tentando manter um ar moderno, eu quis introduzir umas notas que Bach não teria pensado em usar, então adicionamos a sétima bemolizada, também conhecida como uma "blue note", característica do blues, que expressa tristeza. Portanto, era um arranjo bem diferenciado.

Outra coisa que aconteceu nessa época é que percebemos que a canção soaria melhor na tonalidade de Fá. Mas eu a compus em Sol. Você pode se acostumar a tocar uma canção com certos acordes, e se tentar tocá-los diferente no violão, tem que reaprender a canção, e isso pode alterar a maneira como ela soa. Se você quiser algo mais agudo, pode usar um pequeno dispositivo chamado capotasto. Mas se quiser algo mais grave, nem sempre é tão fácil; pode faltar espaço. Então, o que fizemos aqui foi afinar o violão um tom abaixo. Ou seja, quando você está tocando a nota Sol, na verdade ela soa como a nota Fá. Hoje esses tipos de afinações diferentes são bastante comuns, mas na época afinar todas as seis cordas em um tom abaixo era uma novidade. Assim, na prática,

YESTERDAY.

Yesterday, all my troubles seemed so far away,
   now it looks as though they're here to stay,
         oh I believe in yesterday.

Suddenly, I'm not half the man I used to be
There's a shadow hanging over me
Yesterday came suddenly.

middle:
   Why she had to go, I don't know
         she wouldn't say,
      I said something wrong, now I long
            for yesterday......

Yesterday, love was such an easy game to play
   Now I need a place to hide away
      oh I believe in yesterday.

agora eu poderia tocar o violão do modo que eu compus a canção, mas no tom que a nosso ver soava melhor.

    Outra coisa interessante sobre "Yesterday" é que ela quase foi gravada como uma canção eletrônica de vanguarda. Quando tentávamos descobrir como gravá-la, eu andava muito interessado pelo intrigante trabalho de Delia Derbyshire. Pioneira da música eletrônica, ela trabalhava no BBC Radiophonic Workshop, e é provavelmente mais conhecida por seu trabalho na canção-tema do seriado *Doctor Who*. Anos antes, George Martin tinha feito uns trabalhos com o Radiophonic Workshop e produziu o primeiro lançamento comercial deles, com a canção "Time Beat", sob o pseudônimo de Ray Cathode. Encontrei-me com Delia, e ela me levou a uma cabana que tinha no jardim, uma espécie de laboratório. E conversamos sobre como ela trabalhava, mas no final concordamos com o arranjo de George.

    Quando o álbum *Help!* foi lançado, Dick Lester estava de férias, então enviei a ele uma cópia com um bilhete dizendo: "Espero que você goste de 'Scrambled Eggs'!" E a canção foi um fenômeno comercial. A gravadora quis lançá-la como single. Não os autorizamos a fazer isso no Reino Unido, afinal de contas, éramos uma banda de rock'n'roll. Mas foi lançada como single nos Estados Unidos porque não morávamos lá. E muita gente boa aproveitou para fazer covers; a de Marvin Gaye é uma das minhas favoritas. Margaret Asher também utilizou a canção como prova para seus alunos na Guildhall School of Music.

    Ainda é estranho para mim quando as pessoas me dizem que "Yesterday" é a música pop número um de todos os tempos. Ao que parece, a *Rolling Stone* a descreveu como a melhor canção do século 20. Tudo parece grandioso demais para algo que veio ao mundo de forma tão misteriosa.

    Certas pessoas acham difícil de acreditar que eu tinha só 22 anos quando eu compus "Yesterday". Cada vez que eu digo que não sou nem metade do homem que eu costumava ser ("*I'm not half the man I used to be*"), eu lembro que perdi a minha mãe cerca de oito anos antes disso. Quando me sugerem que esta canção é sobre "perder a mãe", eu sempre digo: "Creio que não". Mas, sabe, quanto mais penso neste verso - "*Why she had to go I don't know, she wouldn't say*" -, mais eu percebo que talvez isso tenha feito parte do pano de fundo, do inconsciente por trás dessa canção, afinal. Era tão estranho simplesmente nem termos discutido a perda de nossa mãe para o câncer. Mal sabíamos o que era câncer, mas hoje não me surpreende que a experiência toda tenha vindo à tona nesta canção, em que a doçura compete com uma dor que você não consegue descrever.

    Um tempinho atrás, alguém me perguntou se eu me relaciono de maneira diferente com as minhas canções à medida que envelheço. A gravação em si não se altera, mas é claro, continuamos a envelhecer e evoluir, e conforme você envelhece, a relação com a canção também pode evoluir. Quando eu compus "Yesterday", eu tinha acabado de me transferir de Liverpool a Londres e começava a vislumbrar um novo mundo de possibilidades se abrindo diante de mim. Mas todos os meus "*yesterdays*", meus dias de ontem, abrangiam um período bem pequeno naquele ponto. Agora a canção parece ainda mais significativa - sim, mais pungente -, por causa do tempo que se passou desde que eu a escrevi. Tenho que admitir: esse é um aspecto do processo de compor e tocar canções do qual eu gosto muito.

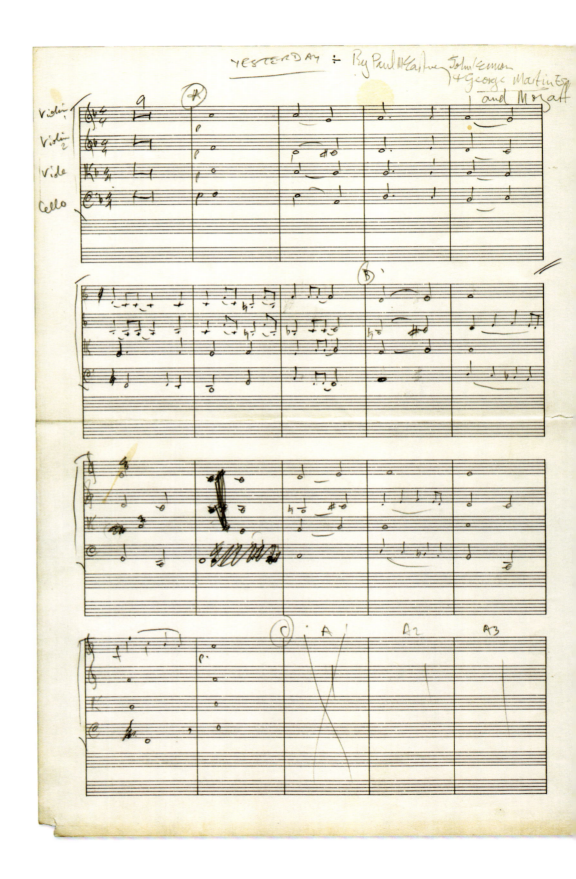

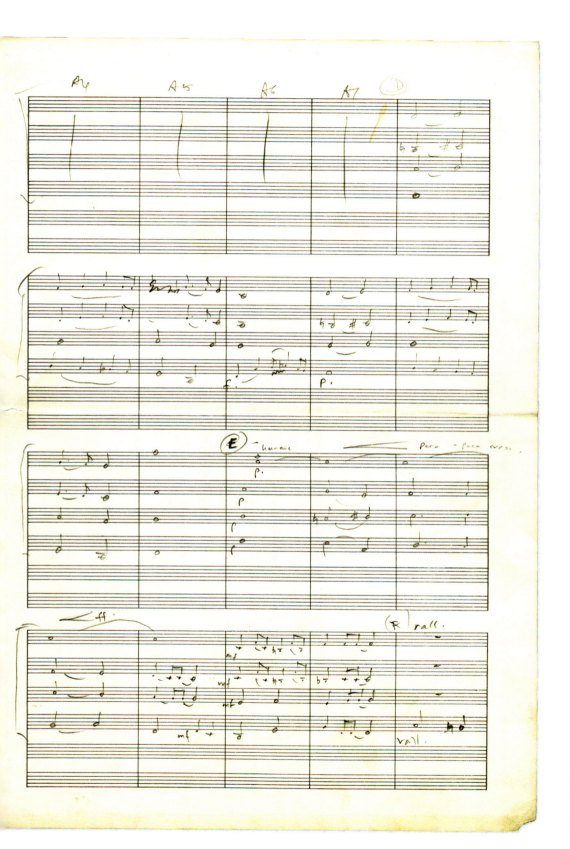

Partitura de "Yesterday" manuscrita por George Martin, assinada por Paul, John Lennon e "Mozart", 1965

À esquerda: Richard Lester. Londres, 1989

À direita: Filmando *Help!* Alpes austríacos, 1965

E chegou ao ponto em que o diretor do filme, Richard Lester, começou a se irritar quando ouvia a canção. Um dia ele gritou: "Se eu ouvir esse negócio de novo, eu mando levar embora o maldito piano!".

You Never Give Me Your Money

COMPOSITORES   Paul McCartney e John Lennon
ARTISTA   The Beatles
GRAVAÇÃO   Olympic Sound Studios, Londres; e Abbey Road Studios, Londres
LANÇAMENTO   *Abbey Road*, 1969

You never give me your money
You only give me your funny paper
And in the middle of negotiations
You break down

I never give you my number
I only give you my situation
And in the middle of investigation
I break down

Out of college, money spent
See no future, pay no rent
All the money's gone
Nowhere to go

Any jobber got the sack
Monday morning turning back
Yellow lorry slow
Nowhere to go

But oh, that magic feeling
Nowhere to go
Oh that magic feeling
Nowhere to go, nowhere to go

One sweet dream
Pick up the bags and get in the limousine
Soon we'll be away from here
Step on the gas and wipe that tear away
One sweet dream
Came true today

One, two, three, four, five, six, seven
All good children go to heaven

Toda a situação dos Beatles ficou muito pesada. Nessa época, a palavra "*heavy*" adquiriu um significado bem específico para mim. Significava mais do que opressivo. Significava ter que ir às reuniões e ficar sentado na sala da diretoria com todos os outros Beatles, com os contadores e com esse cara, Allen Klein. Ele era um vigarista de Nova York que tinha ido a Londres e conversado com os Rolling Stones a fim de convencê-los de que era o homem certo para eles. Antes disso, ele já havia persuadido Sam Cooke de que era o homem certo para ele. Algo não cheirava bem, mas os outros não perceberam isso, então brigamos e fui voto vencido. Tentei ser o sr. Racional e o sr. Sensato e dei com os burros n'água.

Era o início de 1969, e os Beatles já estavam começando a se separar. John disse que estava saindo, e Allen Klein nos pediu para não contarmos a ninguém, pois estava prestes a fechar um acordo com a Capitol Records. Por uns meses, tivemos que ficar calados. Vivíamos uma mentira, sabendo que John tinha deixado a banda.

Tanto Allen Klein quanto Dick James, que tinha vendido a Northern Songs e o catálogo de nossas canções sem nos dar a chance de comprar a empresa, faziam parte do pano de fundo desta canção. O pessoal que nos ferrou e ainda tentava nos ferrar. É fascinante o quanto isso fica óbvio na canção. Tínhamos sacado qual era a deles, e eles devem ter sacado que tínhamos sacado. Não poderíamos ter sido mais diretos em relação a isso. O fato é que na infância recebíamos dinheiro para pequenos gastos. Alguém nos dava uma graninha no fim de semana, e era assim que a vida funcionava. Continuávamos sendo um pouco assim. A primeira vez que recebemos uma bolada, tivemos que consultar os contadores, e eles nos perguntaram o que faríamos com a grana. Dissemos que íamos deixar no banco. Naquele tempo, você ainda ganhava dinheiro com os juros da poupança. Mas alertaram: "Não, não, não. Não é assim que se faz. Vocês têm que investir".

Eu não queria fazer isso, porque eu considerava esses investimentos muito arriscados. Sabíamos que esses ativos renderiam dividendos um dia, mas não entendíamos direito. Assim, toda essa ideia de dinheiro sem valor ("*funny money*") estava bem nítida em nossas mentes. Contratos eram escritos em papel sem valor ("*funny paper*"). Por trás da canção está a ideia de que o contrato é uma relação entre duas pessoas. As negociações são ao mesmo tempo negociações comerciais e negociações românticas. Estou pensando nos versos: "*And in the middle of negotiations/ You break down*". O colapso nas negociações também é uma espécie de colapso nervoso.

O problema era que, nessa fase, tudo estava em negociação, e ruídos na comunicação estavam na ordem do dia. Não fazíamos mais composições juntos. Cada um trazia um pedacinho aqui, outro ali. E todos nós sabíamos: aquela fase de nossas vidas, de sermos os Beatles, ia chegando ao fim. Estávamos trabalhando em um álbum e sabíamos que provavelmente seria nosso último lançamento. Embora *Let It Be* tenha sido lançado mais tarde, *Abbey Road* foi de fato o último álbum que gravamos em estúdio.

Mas tinha um lado positivo nisso tudo. Eu havia me casado com Linda, e o nosso relacionamento servia como trégua para essas sombrias lutas internas e questões financeiras. Os versos "*One sweet dream/ Pick up the bags and get in the limousine*" faziam alusão a como Linda e eu ainda conseguíamos sumir por um fim de semana no interior. Foi isso que me salvou.

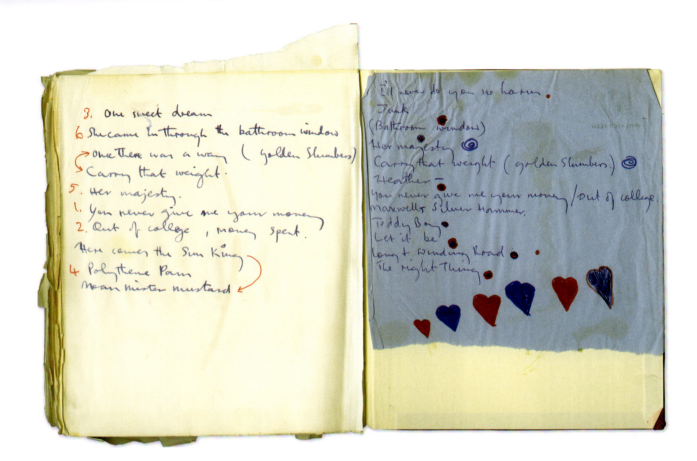

À direita: Dia do casamento, 1969

O problema era que, nessa fase, tudo estava em negociação, e ruídos na comunicação estavam na ordem do dia. Não fazíamos mais composições juntos. Cada um trazia um pedacinho aqui, outro ali. E todos nós sabíamos que aquela fase de nossas vidas, de sermos os Beatles, ia chegando ao fim.

Acima, à esquerda: Linda fotografada por Maureen Starkey. Escritório da Apple, Londres, 1969

Acima, à direita: Com John Eastman, John Lennon, Yoko Ono, Allen Klein, Maureen Starkey, Ringo Starr e Peter Howard. Escritório da Apple, Londres, 1969

You Tell Me

COMPOSITOR	Paul McCartney
ARTISTA	Paul McCartney
GRAVAÇÃO	Abbey Road Studios, Londres; e Hog Hill Mill, Sussex
LANÇAMENTO	*Memory Almost Full*, 2007

When was that summer when the skies were blue?
The bright red cardinal flew down from his tree
You tell me

When was that summer when it never rained?
The air was buzzing with the sweet old honeybee
Let's see
You tell me

Were we there, was it real?
Is it truly how I feel?
Maybe
You tell me

Were we there, is it true?
Was I really there with you?
Let's see
You tell me

When was that summer of a dozen words?
The butterflies and hummingbirds flew free
Let's see
You tell me
Let's see
You tell me

TEM AQUELA ANTIGA CANÇÃO DE MAURICE CHEVALIER, DO FILME *Gigi*, chamada "I Remember It Well", que diz assim: "*We met at nine, we met at eight, I was on time, no, you were late/ Ah, yes, I remember it well*". Eu amo isso. Uma ótima e pequena rotina. O homem da canção não se lembra muito bem, mas a mulher sim, e "You Tell Me" tem um pouco disso.

Isso é lembrança pura. Muitas vezes eu penso: "Meu Deus, eu conheci Elvis Presley de verdade. Estive mesmo na casa dele e foi um momento que aconteceu de verdade". Não há como questionar esse fato. Simplesmente aconteceu. Às vezes, eu me belisco e penso: "Sentei no mesmo sofá que Elvis, falando sobre essas coisas?". Quero me recordar disso com uma nitidez 300% maior. Quero recuperar aqueles momentos: "*Were we there, was it real?/ Is it truly how I feel?/ Maybe /You tell me*".

A canção pertence ao álbum *Memory Almost Full*. Pouco após o lançamento, me alertaram que o título do álbum é um anagrama perfeito de "*For my soulmate LLM*" ("Para minha alma gêmea, LLM") - o nome do meio de Linda era Louise. Isso não foi proposital, mas o mistério nisso me atrai. De fato, o título do álbum veio de um aviso no meu celular dizendo que eu tinha muita coisa nele. E pensei: "Hoje em dia, as nossas memórias estão sempre quase cheias; é tanta coisa rolando". Pareceu-me um jeito poético de resumir a vida moderna.

O pai de Linda tinha uma casa em Hamptons, e comecei a sair com ela por lá. Isso foi há mais de quarenta anos - talvez mais de cinquenta. Acho que foi lá também que escrevi esta canção, no princípio dos anos 2000, e talvez tenha sido essa a origem do verso sobre o cardeal-vermelho-do-norte ("*red cardinal*"), já que eles são comuns por lá. "*When was that summer of a dozen words?*". Quando tudo vai bem, ninguém precisa falar. Você fica ali, sentado, na companhia de alguém, lendo um livro ou um jornal, e ninguém precisa falar, porque não há necessidade; você está à vontade. "*When was that summer when it never rained?*". O que atrai nisso é que nem tento me lembrar qual foi o verão em que não choveu.

Eu me lembro de ter ouvido uma história. Foi na década de 1960, quando todos os olhares estavam voltados à Índia e ao misticismo indiano. Um cara foi visitar um amigo, entrou na sala e ficou lá sentado num cantinho. Um sequer dirigiu a palavra ao outro. A ideia por trás disso era que os dois eram tão bons amigos que só falavam se tivessem algo a dizer. Sem jogar conversa fora, sem coisas do tipo "Como é que foi o seu time no outro dia?". Um estava plenamente à vontade na presença do outro, não precisavam dizer nada. Só falavam se houvesse algo significativo a falar. Gostei da imagem de paz nessa sala.

David Gilmour e Paul Weller, dois músicos cuja opinião eu valorizo, me enviaram mensagens independentes, dizendo: "Uau, eu gosto desta". Queriam me dizer que, dentre as minhas canções, esta era uma de suas favoritas. O nosso principal feedback costuma vir dos críticos, então é bom receber um retorno de gente que ouviu a canção, especialmente músicos de verdade, e se comoveram a ponto de manifestar isso por escrito. Hoje em dia, é uma mensagem no seu telefone; atualmente pouca gente se dá ao trabalho de usar o belo e antigo papel de carta Basildon Bond e deixar os pensamentos se expandirem um pouco.

Já não escrevo tantas cartas de próprio punho, mas tenho que admitir que aprecio a arte da caligrafia. Eu curtia a prática de caligrafia na escola, e eu tinha uma letra "apropriada". Sinto falta dos antigos papéis de carta. Eu amo a

À esquerda: Com Paul Weller. AIR Studios, Londres, 1982

À direita, em cima: Ensaio escolar de geografia, 1956

À direita, embaixo: Fotografia familiar dos McCartney e Eastman. East Hampton, 1975

polidez de escrever cartas. George Martin sempre escrevia uma carta para me agradecer por seu presente de aniversário. Tínhamos feito "When I'm Sixty-Four" juntos, então eu sempre enviava uma garrafa de vinho de aniversário e ele me escrevia um bilhete muito elegante. Uma delícia de ler. Guardei a maioria desses bilhetes. A viúva de George, Lady Judy Martin, é igualmente sensível. Era assim que funcionavam as coisas na minha adolescência, mas escrever cartas era algo que nos fazia pertencer a uma classe. Não conheço muitos de meus amigos da classe trabalhadora em nossa rua que faziam isso, mas na minha família sim, e tive amigos mais tarde, que moravam em lugares como Hampstead, que abriam sua correspondência de manhã e a respondiam. Eles tinham um daqueles pequenos abridores de envelope e suas cartas eram bem organizadas: "Caro Henry, que surpresa receber notícias suas. Eu estava justamente pensando em você outro dia...". Eu aprecio a civilidade disso.

Sabe, para a classe trabalhadora, o equivalente das cartas era o cartão-postal. Era praxe escrever algo divertido. Você podia dizer, por exemplo, que no ar zunia a velha e doce abelha (*The air was buzzing with the sweet old honeybee*). Hoje temos o Instagram, mas o cartão-postal era o Instagram daquela época.

854

PERU:

Mainly mestizo & indian. Boundaries indeterminate. Until 1940's boundaries in dispute. Home of the Incas. An Andean country, including part of Pacific coast + pt. of Amazon Basin. ∴ varied features + climate.

Coastal Region. mostly no coast range. From 3°S to 18°S lat. Hot desert climate. Mechanism is same as N. Chile (Cold offshore current etc...) Condensation - fog; the "garua". Sufficient moisture for some drought resisting plants. Series of sea-bird inhabited islands — guano (droppings) for fertilizer. Deposits depleted by ruthless collectors. In 1919 the president of ~~this~~ Peru reorganised trade. Limited diggings etc... Important crops —

YOU TELL ME.

① When was that summer when the skies were blue,
the bright red cardinal flew down ~~from my~~ FROM THE (A) HIS tree
~~(lets see)~~ — you tell me.

② When was that summer when it never rained
The air was ~~humming~~ (buzzing) with the sweet old honey bee
~~lets see~~ — you tell me.
  lets see

M
I   ⎡ were we there, was it real
D   ⎢ is it ~~true~~ (TRULY), ~~(How)~~ I feel,
    ⎣ ~~maybe~~ — you tell me. / chord / repeat line.
      maybe

③ When was that summer when the air was still
       ocean breeze
  A fragrant ~~perfume~~ filtered from the sea.
SOLO ~~lets maybe~~ — you tell me

M
I   ⎡ were we there, is it true
D   ⎢ was I really there with you
    ⎣ lets see — you tell me.

   ⎛ When was ~~that summer~~ of the blazing heat
     The air was buzzing with the sweet old honey bee
maybe ~~lets see~~ — you tell me. (REPEAT)? ⎞

④ When was that summer of a dozen words
   The butterflies & humming birds (FLEW) ~~free~~ free
   lets see — you tell me
              (REPEAT) END.

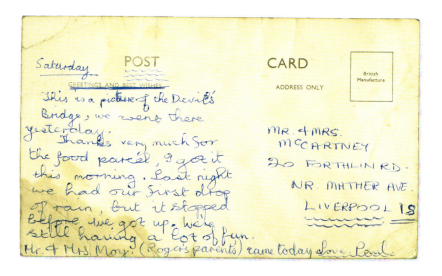

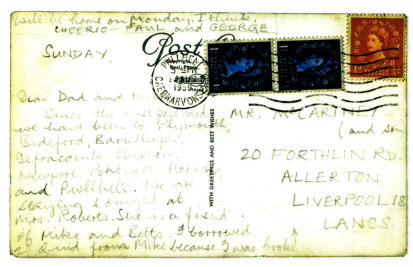

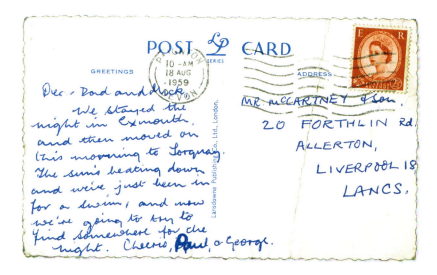

Cartões-postais de família
da década de 1950

Your Mother Should Know

COMPOSITORES	Paul McCartney e John Lennon
ARTISTA	The Beatles
GRAVAÇÃO	Chappell Recording Studios, Londres; e Abbey Road Studios, Londres
LANÇAMENTO	*Magical Mystery Tour*, 1967

Let's all get up and dance to a song
That was a hit before your mother was born
Though she was born a long, long time ago
Your mother should know
Your mother should know
Sing it again

Let's all get up and dance to a song
That was a hit before your mother was born
Though she was born a long, long time ago
Your mother should know
Your mother should know

Lift up your hearts and sing me a song
That was a hit before your mother was born
Though she was born a long, long time ago
Your mother should know
Your mother should know

Sing it again
Da, da, da, da, da, da, da, da, da
Da, da, da, da, da, da, da, da, da, da
Though she was born a long, long time ago
Your mother should know
Your mother should know

Q UANDO EU TINHA 24, 25 ANOS, A MINHA TIA JIN VEIO DE Liverpool para me visitar em Londres. O motivo? Falar comigo sobre o quanto era pecaminoso fumar maconha. Enviada pela família como emissária, o cognome dela era "Controle". Devia ter chegado a notícia de que o "nosso Paul" estava ficando um pouco doidão em Londres, então alguém precisava ir dar uma olhadinha como é que ele andava. Seja como for, ela veio me visitar na Cavendish Avenue, onde eu morava havia algum tempo. Quando você recebe visita de uma tia, faz algumas das coisas antigas que fazia quando era mais jovem. Fiquei por ali de boa, tocando um pianinho, tomando um drinque, jogando baralho e batendo um bom e prazeroso papo. Foi uma atmosfera carinhosa, e a canção surgiu desse sentimento de família.

A frase conhecida que assombra a canção é "mamãe sabe mais", e muitos de nossos fãs começavam a pensar que os pais deles eram só um bando de velhos idiotas sem noção sobre nada. Mas, de fato, uma parcela desses pais pode ter nutrido um sentimento bem intenso de que os Beatles eram perigosos. Isso não chegou a nos incomodar muito, porque sabíamos que não éramos perigosos, e o nosso trabalho é essencialmente muito otimista e muito bem-intencionado.

Sem dúvida, "Your Mother Should Know" se enquadra nessa categoria. É um pensamento muito simples, mesmo, que pode se traduzir facilmente no tipo de canção ao estilo *ragtime*, popular no tempo de meus pais. Na época, ninguém percebeu isso, mas sem dúvida éramos grandes fãs da música da geração de nossos pais. Reconhecíamos o impacto das melodias memoráveis e da estrutura de muitas dessas canções. Algo naquela estrutura – estrofe, refrão, estrofe, refrão, contraste, estrofe, refrão – tornava essas canções duradouras.

Hoje em dia, eu brinco com as pessoas quando estamos em um clube, restaurante ou academia e ouvimos uma batida monótona que se prolonga por quatro ou cinco minutos. Sempre imagino um compositor clássico como Cole Porter – que costumava compor nessa estrutura de estrofe-refrão-contraste – voltando e ouvindo esse tipo de "música". Provavelmente nem reconheceria essa bate-estaca como música de verdade.

Sei que estou correndo o risco de soar igualzinho ao pessoal que rotulou os Beatles como porcaria e vaticinou que nossas canções não iam durar. Lembro-me de que meu pai dizia que o pai *dele* reclamava da música que ele tocava, o jazz de Chicago – Jelly Roll Morton e Louis Armstrong –, dizendo que aquilo era "bateção de lata".

Mas tudo se resume ao que é popular na época, e suponho que a palavra "hit" ressoa. Afinal de contas, o nosso ramo era compor sucessos para os Beatles. Na verdade, hoje continuo nesse ramo. Não vejo problema algum em tentar compor sucessos. Você pode considerar a palavra "hit" de duas maneiras – comercialismo descarado ou tentativa de comover as pessoas. No fundo, sabíamos: aquilo que transformava uma canção em sucesso antes de sua mãe ter nascido ("*before your mother was born*") era justamente o que vai transformar uma canção em sucesso no presente e no futuro. Eu digo "justamente", mas na verdade o que nos une é uma qualidade intangível. É isso que nos torna uma comunidade mundial de ouvintes.

Abaixo: Com a tia Jin e a prima Cath. Liverpool, 1967

À direita: Com John Lennon no set de *Magical Mystery Tour*. RAF West Malling, Kent, 1967

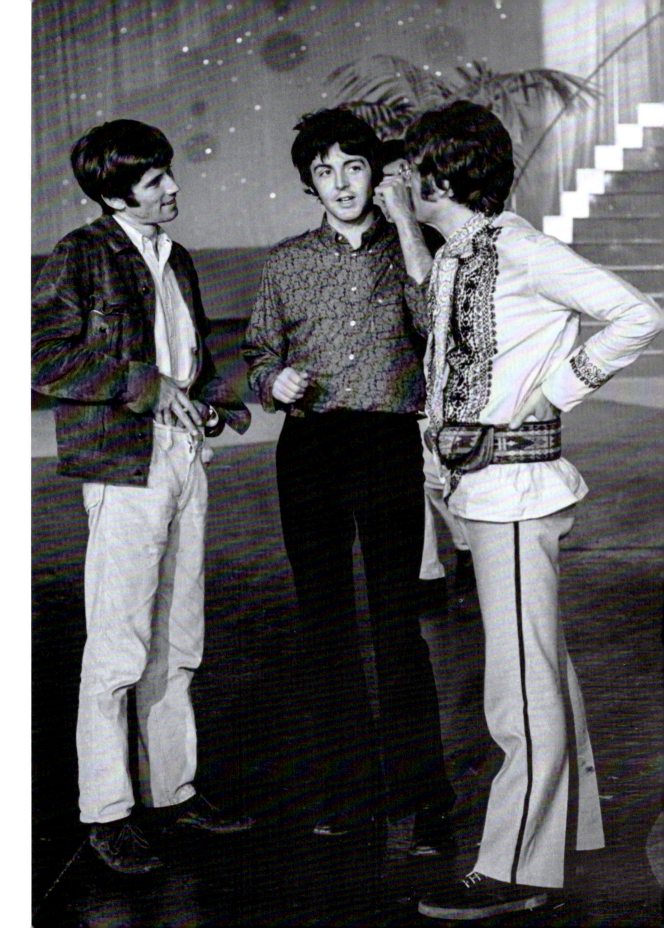

Agradecimentos

Agradecimentos especiais a Nancy, meus filhos e minha família amorosa, e também a John Eastman, Lee Eastman, Robert Weil e Stuart Proffitt.

MPL
Alex Parker
Aoife Corbett
Ben Humphreys
Issy Bingham
Mark Levy
Nancy Jeffries
Nansong Lue
Patricia O'Hearn
Richard Miller
Sarah Brown
Steve Ithell
E todos da MPL Londres

LIVERIGHT/W.W. NORTON
Anna Oler
Cordelia Calvert
Don Rifkin
Drake McFeely
Elisabeth Kerr
Elizabeth Clementson
Gabriel Kachuck
Haley Bracken
Joe Lops
Julia Reidhead
Nick Curley
Peter Miller
Rebecca Homiski
Stephanie Hiebert
Steve Attardo
Steven Pace
William Rusin

ALLEN LANE/PENGUIN PRESS
Alice Skinner
Isabel Blake
Jim Stoddart
Katy Banyard
Liz Parsons
Rebecca Lee
Sam Voulters
Thi Dinh

DESIGN
Triboro

Créditos

VOLUME 1
Capa e contracapa: Letras manuscritas de "Average Person" e "Band on the Run", cortesia de MPL Communications Inc/Ltd
Guarda de livro frontal: Fotografia de Linda McCartney. © 1982 Paul McCartney
Guarda de livro traseira: Fotografia de Linda McCartney. © 1969 Paul McCartney

VOLUME 2
Capa e contracapa: Letras manuscritas de "When I'm Sixty-Four" e "Penny Lane", cortesia de MPL Communications Inc/Ltd
Guarda de livro frontal: Fotografia de Linda McCartney. © 1979 Paul McCartney
Guarda de livro traseira: Fotografia de Linda McCartney. © 1978 Paul McCartney

FOTOGRAFIAS
Todas as fotografias de Linda McCartney © Paul McCartney ou do arquivo da MPL archive © MPL Communications Inc/Ltd, à exceção das seguintes:
Página 6 (em cima) © Getty Images / Bettmann Archive
Página 6 (embaixo) © Getty Images / Mirrorpix
Páginas 8 (em cima), 311, 356-357, 443, 586 (em cima) © Apple Corps Ltd.
Páginas 9, 11, 66 (embaixo à esquerda), 67, 213 (embaixo), 284, 435, 506, 509, 605, 619, 679 (embaixo), 718, 837 © Paul McCartney / Fotógrafo: Paul McCartney
Página 13 © Trinity Mirror / Mirrorpix / Alamy Stock Photo
Página 27 © Keystone Press / Alamy Stock Photo
Páginas 36 (embaixo à esquerda), 251, 261, 290-291, 482-483, 607, 811, 813 © Mary McCartney
Página 69 Cortesia de STUDIOCANAL / James Gillham
Páginas 106-107 © Getty Images / Larry Ellis
Página 136 © Pictorial Press Ltd / Alamy Stock Photo
Páginas 162 (em cima), 328, 329, 344-345, 349 (em cima), 349 (embaixo), 477 (em cima à esquerda e em cima à direita), 595, 652 (em cima), 653, 729 © Mike McCartney
Página 186 © Getty Images / V&A Images
Página 211 © Getty Images / Don Cravens
Página 213 (em cima) © Getty Images / Mirrorpix
Página 270 (à direita) © Getty Images / Express
Página 271 © 2018 PA Images / Alamy Stock Photo
Página 287 René Magritte pintura e pôster no segundo plano. Usado com permissão. René Magritte © 2021 C. Herscovici / Artists Rights Society (ARS), Nova York
Página 389 © AHDN, LLC, cortesia de Bruce e Martha Karsh
Página 555 © Getty Images / Manchester Daily Express
Página 556 (em cima) © Geoff Rhind
Páginas 556 (embaixo), 587 (embaixo) © Subafilms Ltd
Página 569 The Quarry Men © Getty Images / Michael Ochs Archives
Página 775 Rupert Bear Cortesia de Universal Studios Licensing LLC
Página 784 (embaixo) © Trinity Mirror / Mirrorpix / Alamy Stock Photo
Página 787 © Trinity Mirror / Mirrorpix / Alamy Stock Photo

RECORDAÇÕES
Todas as recordações do arquivo MPL © Paul McCartney / MPL Communications Inc/Ltd, à exceção dos seguintes:
Páginas 8 (embaixo), 107 (embaixo), 110 (embaixo à esquerda), 241 (embaixo), 273, 287 (em cima à direita e embaixo à direita), 289 (embaixo), 319, 428 © Apple Corps Ltd.
Página 68 - Disco "A World Without Love", Peter and Gordon © desconhecido
Páginas 128 (em cima e embaixo), 270 (embaixo à esquerda), 532, 563 pinturas © Paul McCartney
Página 187 © William Harry / Mersey Beat
Página 445 © Jeff Cummins
Página 471 (em cima) Donald Duck © Disney
Página 601 © Yoko Ono Lennon
Página 832 © Subafilms Ltd.
Páginas 842-843 "Yesterday", arranjo de George Martin, cortesia de George Martin / Airborn Productions Ltd.

LETRAS MANUSCRITAS

Página 159, "Eleanor Rigby", e Página 235, "Good Day Sunshine", cortesia de John Cage Notations Project Manuscript Scores, Northwestern University Music Library, Evanston, IL USA

Página 477, "Michelle", cortesia de Hunter Davies e The British Library, Loan MS 86/9

Página 840, "Yesterday", cortesia de Hunter Davies e The British Library, Loan MS 86/7

Todas as outras letras manuscritas cortesia de MPL Communications Inc/Ltd

CRÉDITOS DE CANÇÕES E POEMAS

"All My Loving", "And I Love Her", "Can't Buy Me Love", "Eight Days a Week", "A Hard Day's Night", "I'll Follow the Sun", "I'll Get You", "She's a Woman", "Things We Said Today": © 1963 a 1964 MPL Communications Inc e Sony Music Publishing LLC.
Administrados nos EUA por MPL Communications Inc e Sony Music Publishing LLC.
Administrados no mundo exceto EUA por Sony Music Publishing LLC.

Todos os direitos em nome de Sony Music Publishing LLC administrados por Sony Music Publishing LLC, 424 Church Street, Suite 1200, Nashville, TN 37219.
Todos os direitos reservados. Usado com permissão.

"Another Day", "Average Person", "Band on the Run", "Café on the Left Bank", "Country Dreamer", "Dear Friend", "Despite Repeated Warnings", "Do It Now", "Dress Me Up as a Robber", "Eat at Home", "Ebony and Ivory", "Give Ireland Back to the Irish", "Helen Wheels", "Hi, Hi, Hi", "I Don't Know", "I'm Carrying", "Jet", "Junior's Farm", "Let Me Roll It", "Magneto and Titanium Man", "Mrs. Vandebilt", "My Love", "Nineteen Hundred and Eighty Five", "No More Lonely Nights", "Picasso's Last Words (Drink to Me)", "Single Pigeon", "Spirits of Ancient Egypt", "Uncle Albert/Admiral Halsey", "Venus and Mars"/ "Rock Show"/ "Venus and Mars - Reprise": © 1971 a 2018 MPL Communications Inc.
Todos os direitos reservados. Usado com permissão.

"Anything Goes": Letra e música de Cole Porter. © 1934 (renovado) WB Music Corp.
Todos os direitos reservados. Usado com permissão de Alfred Music.

"Arrow Through Me", "Calico Skies", "Check My Machine", "Coming Up", "Confidante", "Cook of the House", "Distractions", "Getting Closer", "Ghosts of the Past Left Behind", "Girls' School", "Golden Earth Girl", "Great Day", "Here Today", "Hope of Deliverance", "House of Wax", "I Lost My Little Girl", "In Spite of All the Danger", "Jenny Wren", "The Kiss of Venus", "Let 'Em In", "London Town", "Mull of Kintyre", "My Valentine", "The Note You Never Wrote", "Nothing Too Much Just Out of Sight", "Old Siam, Sir", "Once Upon a Long Ago", "Only Mama Knows", "The Other Me", "Pipes of Peace", "Pretty Boys", "Pretty Little Head", "Put It There", "San Ferry Anne", "She's Given Up Talking", "Silly Love Songs", "Simple as That", "Somedays", "Temporary Secretary", "Too Much Rain", "Tug of War", "Warm and Beautiful", "Waterfalls", "We All Stand Together", "We Got Married", "When Winter Comes", "Women and Wives", "The World Tonight", "The World You're Coming Into", "You Tell Me":
© 1976 a 2020 MPL Communications Ltd, Administrados por MPL Communications Inc.
Todos os direitos reservados. Usado com permissão.

"Back in the U.S.S.R.", "Birthday", "Blackbird", "Carry That Weight", "Come and Get It", "A Day in the Life", "Drive My Car", "Eleanor Rigby", "The End", "Fixing a Hole", "The Fool on the Hill", "For No One", "Get Back", "Golden Slumbers", "Good Day Sunshine", "Goodbye", "Got to Get You into My Life", "Helter Skelter", "Her Majesty", "Here, There and Everywhere", "Hey Jude", "Honey

Pie", "I Will", "I'm Down", "I've Got a Feeling", "Junk", "Lady Madonna", "Let It Be", "The Long and Winding Road", "Lovely Rita", "Martha My Dear", "Maxwell's Silver Hammer", "Maybe I'm Amazed", "Michelle", "Mother Nature's Son", "Ob-La-Di, Ob-La-Da", "Oh Woman, Oh Why", "Paperback Writer", "Penny Lane", "Rocky Raccoon", "Sgt. Pepper's Lonely Hearts Club Band", "She Came in Through the Bathroom Window", "She's Leaving Home", "Teddy Boy", "Ticket to Ride", "Too Many People", "Two of Us", "We Can Work It Out", "When I'm Sixty-Four", "Why Don't We Do It in the Road?", "With a Little Help from My Friends", "Yellow Submarine", "Yesterday", "You Never Give Me Your Money", "Your Mother Should Know":
© 1965 a 1971 Sony Music Publishing LLC.
Todos os direitos administrados por Sony Music Publishing LLC, 424 Church Street, Suite 1200, Nashville, TN 37219.
Todos os direitos reservados. Usado com permissão.

"Bagpipe Music" de *Collected Poems* por Louis MacNeice (Faber & Faber):
© 1938 Reproduzido com permissão de David Higham Associates Ltd.
Todos os direitos reservados. Usado com permissão.

"Cheek to Cheek": Do filme da RKO Radio *Top Hat*. Letra e música de Irving Berlin.
© Copyright 1935 by Irving Berlin.
Copyright renovado.
Copyright internacional garantido. Todos os direitos reservados.
Reimpressos com permissão de Hal Leonard LLC.

"Every Night": Escrita e composta por Paul McCartney.
© 1970 Sony Music Publishing LLC.
Todos os direitos administrados por Sony Music Publishing LLC, 424 Church Street, Suite 1200, Nashville, TN 37219.
Todos os direitos reservados. Usado com permissão.

"Frankie and Albert": Letra e música de Huddie Ledbetter.
Coligido e adaptado por John A. Lomax e Alan Lomax.
TRO-© Copyright 1936 (Renovado) 1959 (Renovado) Folkways Music Publishers, Inc., New York, NY e Global Jukebox Publishing, Marshall, TX.
TRO-Folkways Music Publishers, Inc., controla todos os direitos para o mundo exceto EUA
Todos os direitos reservados. Usado com permissão.

"From Me to You", "I Saw Her Standing There", "I Wanna Be Your Man", "She Loves You":
© 1963 a 1964 MPL Communications Inc, e Gil Music Corp.
Administrados nos EUA por MPL Communications Inc e Round Hill Works em nome de Gil Music Corp.
Administrados fora dos EUA por Round Hill Works em nome de Gil Music Corp.
Todos os direitos reservados. Usado com permissão.

"How Do You Sleep?": Escrita por John Lennon.
© 1971 Lenono Music.
Todos os direitos reservados. Usado com permissão.

"I Want to Hold Your Hand": © 1963 MPL Communications Inc, Sony Music Publishing LLC e Songs of Universal Inc.
Administrados nos EUA por MPL Communications Inc e nos EUA e Canadá por Songs of Universal Inc.
Administrados fora dos EUA e Canadá por Sony Music Publishing LLC., 424 Church Street, Suite 1200, Nashville, TN 37219.
Todos os direitos reservados. Usado com permissão.

"I'm Going in a Field": Letra e música de Ivor Cutler.
© 1967. Todos os direitos reservados. Usado com permissão do Espólio de
Ivor Cutler.

"Live and Let Die": © 1973 MPL Communications Inc e Danjaq S.A., U.A Music Ltd.
Todos os direitos em nome de Danjaq S.A. e U.A. Music Ltd administrados por Sony Music Publishing LLC, 424 Church Street, Suite 1200, Nashville, TN 37219.
Todos os direitos reservados. Usado com permissão.

"Letting Go": Escrita e composta por Paul McCartney e Linda McCartney.
© 1975 MPL Communications Inc
Todos os direitos reservados. Usado com permissão.

"Love in Vain Blues": Letra e música de Robert Johnson.
© 1937 Standing Ovation e Encore Music.
Copyright renovado.
Todos os direitos administrados por Concord Music Publishing.
Todos os direitos reservados. Usado com permissão.
Reimpresso com permissão de Hal Leonard LLC.

"Love Me Do": © 1962 MPL Communications Ltd e Lenono Music.
Administrado nos EUA por MPL Communications Inc e Lenono Music.
Administrado no Reino Unido por MPL Communications Inc.
Administrado no mundo exceto EUA e Reino Unido por Sony Music Publishing LLC, 424 Church Street, Suite 1200, Nashville, TN 37219.
Todos os direitos reservados. Usado com permissão.

"Medicine Jar": Escrita e composta por Jimmy McCulloch e Colin Allen.
© 1975 MPL Communications Ltd, administrado por MPL Communications Inc.
Todos os direitos reservados. Usado com permissão.

"On My Way to Work":
© 2013 MPL Communications Inc e MPL Communications Ltd, administrados por MPL Communications Inc.
Todos os direitos reservados. Usado com permissão.

"Please": De Leon Robin e Ralph Rainger.
© 1932 Sony Music Publishing LLC.
Todos os direitos administrados por Sony Music Publishing
LLC, 424 Church Street, Suite 1200, Nashville, TN 37219.
Todos os direitos reservados. Usado com permissão.

"Please Please Me":
© 1963 MPL Communications Inc, Lenono Music e Universal / Dick James Music Ltd.
Administrados nos EUA por MPL Communications Inc e Lenono Music.
Administrados no mundo exceto EUA por Universal / Dick James Music Ltd.
Todos os direitos reservados. Usado com permissão.

"Say Say Say":
© 1983 MPL Communications Inc and Mijac Music.
Todos os direitos em nome de Mijac Music administrados por Sony Music Publishing LLC, 424 Church Street, Suite 1200, Nashville, TN 37219.
Todos os direitos reservados. Usado com permissão.

"Strawberry Fields Forever":
Escrita e composta por John Lennon e Paul McCartney.
© 1967 Sony Music Publishing LLC.
Todos os direitos administrados por Sony Music Publishing LLC, 424 Church Street, Suite 1200, Nashville, TN 37219.
Todos os direitos reservados. Usado com permissão.

"Tell Me Who He Is":
© MPL Communications Inc.
Todos os direitos reservados. Usado com permissão.

Índice remissivo

Os verbetes principais das canções não se repetem neste índice.
Os números das páginas em *itálico* referem-se às ilustrações.

Abbey Road (álbum) 79, 269
Abbey Road Studios 43, *107*, 243, 265, 801
Agnew, Spiro 805
AIR Studios, Montserrat 131, 132
"All My Loving" 549
"Along Came Jones" (The Coasters) 475
Amis, Kingsley 577
"Anything Goes" (Cole Porter) 273
Ao sul do Pacífico (*South Pacific*, musical) 663
Apple Corps *289*, 606, *608*
Apple Records 71, 79, 109, 237, 284, *287*, 427
Arlen, Harold 314, *325*
Asher, Jane 3, 11-13, *11*, *13*, 160, 175, 179-80, 335, *337*, 339, *339*, 639, 713, 782, 783, 818, 839
Asher, Margaret 12, 161, 335, 783, 841
Asher, Peter 12, 64
Aspinall, Neil *608*
Astaire, Fred XXVII, 299, 343
At the Speed of Sound (álbum) 95
Atkins, Chet 47, 228, 687, 689, *689*
Atkins, Leona *689*
Aventura submarina (*Sea Hunt*, seriado de TV) 831

Bach, Barbara 131, 517, *518*
Bach, Johann Sebastian 47
Back to the Egg (álbum) 197
Badfinger 79
"Ballad of John and Yoko, The" 110
Band, The 71
"Band on the Run" 116, 351
Band on the Run (álbum) 259, 383, 384
Bangor, Wales 175
Beach Boys, The XXVII, 35, *35*, 260, 273, 577
Beatlemania 4, 28, *211*, *213*, 606
Beatles, The: em Hamburgo XXX, 43, 211; em turnê 185, 299; fenômeno 618; formação 160; George Martin e 12-13, 121, 681; imagem 444, 651; influência do rádio XXVIII, 105; Maharishi 89, 175-76; no *Ed Sullivan Show* 4, 6-7; na Índia (1968) 695; origem do nome 443- 444, 570; primeira gravação 359-60; primórdios 569-72; proibidos na URSS 35; Rolling Stones 333; rompimento 89, 109-10, 193, 224, 413, 413-14, 618, 721-22, 847; Royal Variety Performance (1963) 28, 269; sessões de gravação 299; *With the Beatles* 3-4; *fotos:* cartão-postal (em torno de 1960) *703*; com Fats Domino *546-47*; com Little Richard *356-57*; com Pete Best (1961) *652*; com Roy Orbison e Gerry and The Pacemakers (1963) *186*; *Ed Sullivan Show* (1964) *6*; Hamburgo (1961) *45*; Las Vegas (1964) *245*; Liverpool (1961) *652*; Londres (1964) *783*; Londres (1969) *194-95*; Los Angeles (1964) *244*; no *Top of the Pops* (1966) *579*; recebendo as MBEs (1965) *270*; sessões de gravação no Abbey Road *300*, *301*; *With the Beatles 8*
"Beautiful Boy (Darling Boy)" (Lennon) 731-32
Beck 523
Bell, William 541
Belushi, John 805
Bennett, Cliff 243-44
Berio, Luciano 105
Berlin, Irving 227
Berry, Chuck 35, 135, 160, 259, 260, 541, 569
Best, Pete *652*
Bestall, Alfred *781*
Beverley Sisters 443
Big Three, The (banda) 570
Bioletti, Harry 583
Black, Bill 95, 811
Black Dyke Mills Band *763*
"Black Hills of Dakota" (Doris Day) 625
"Blackbird" 105, 279
Blake, Chrissy *453*
Blake, Peter 453, *453*, 454
Blakely, Colin 701
Bonham, John 132
Boone, Pat 3
Bowie, David 43, 453

Boyd, Pattie 43
"Boys" 331
Brambell, Wilfrid 389
Brel, Jacques 631
Broccoli, Cubby 427
Bron, Eleanor XXVIII, *162*, 163
Brown, Bryan 517
Brown, Peter 109
Burgess, Sally *207*
Burroughs, William S. 163, 559
Butlin's (colônia de férias) 577

"Caesar Rock" 160
Cage, John 105, 223
Callander, Peter 63
Campbeltown Pipe Band *493*, *494*, 495
Candlestick Park, São Francisco 299
Capitol Records 4, 63, 523
Carmichael, Hoagy XXVII, 325
Carroll, Lewis XIII, XXVI, 165, 265, 347, 463, 549, 831
Cash, Johnny 21, 434, 744
Cass and the Cassanovas 570
Castelo de Lympne, Kent 197, *199*
Catedral de Liverpool 203, *206*, *207*
Catedral de St. Paul (coral) 777
Cathy Come Home (programa de TV) 663
Cavern Club, The *349*, 518
Chaplin, Charlie 372, 727
Charles, Ray 35, 437, 655
Chaucer, Geoffrey 165
"Cheek to Cheek" (Fred Astaire) 343
Chester, Charlie 485
Chevalier, Maurice 631, 853
Churchill, Winston 60, 165
Clapton, Eric 43
Cliff Bennett and The Rebel Rousers 244
Coasters, The 475
Cochran, Eddie 158
Cocker, Joe 805, *809*
Cogan, Alma 837
Cole, Nat King 259, 299, 389, 480
Columbia Records 523
"Come Go With Me" (Del-Vikings) 318
"Coming Up" 731
Cook, Peter 163
Cooke, Sam 847
Cordell, Denny 805

870

Costello, Elvis 149
Coward, Noël 28
Craig, Daniel 270
Cramer, Floyd 228
Crickets, The 4, 443, 572
Crosby, Bing 171, 601
Cunningham, Merce 105
Cutler, Ivor 99

Dacre, Harry 389
"Daisy Bell" 389
Davies, W. H. 518
Davis, Carl 204-5, *207*, *523*, *826*
Davy Crockett (seriado de TV) 625
Day, Doris 625
"Day in the Life, A" 626
De Gaulle, Charles 54
De Villeneuve, Justin 237
Dekker, Desmond 537
Dekker, Thomas 227
Del-Vikings 318
Derbyshire, Delia 841
Derry, Irlanda 217
Derry and the Seniors 47, 570
Dickens, Charles XXVI, 79, 371, 389, 701
Dietrich, Marlene *27*, 28
Dodd, Ken XXVIII, 105
Domino, Fats 541, *546-47*
Donovan 339
Dryden, John 453
Dunbar, Geoff *776*, 777
Durband, Alan XVII, XXVII, XXVIII, 325, *325*, 413, 831, *835*
Dylan, Bob XXVII, 60, 71, *71*, 243, 244, 365, 384, 434, 437, 625, 677, 737

Eastman, John XIII, XXIX, *111*, *851*
Eastman, Lee 377, *378*
"Ebony and Ivory" 732
Eckford, Elizabeth 48
Ed Sullivan Show 4, 6, 7
Eddy, Duane 443
Edgar, Marriott 325
Edge, Walter 355
Edison, Thomas 463
Egypt Station (álbum) 315
Eight Days a Week (filme) 65, *69*
"Eleanor Rigby" XXVIII-XXIX, 15, 243, 518, 549
Electric Arguments (álbum) 530
Eliot, T. S. 122
Elizabeth, Rainha 269-70, *271*
EMI Records 105, 218, 705
English, Joe 54, *55*, *765*
Epstein, Brian 11, 12, 28, 63, 64, *66*, 109, 227, 651

Epstein, Harry 227
Establishment, The (clube) 163
Evans, Mal 79, 639
Evans, Tom 81
Everly Brothers, The XXVII, 407, 443, 577

Fair Carol (iate) *53*, *54*, *55*
Fassbender, Michael 453
Fender, Leo 135
Festival de Glastonbury 395, *398*, *399*
Fireman, The 529-30
Fischer, Clare 121
Fitzgerald, Ella 64, 75
Flaming Pie (álbum) 247
Fleming, Ian 427
Flipper (seriado de TV) 831
Ford, Henry 135
"Forget Him" (Bobby Rydell) 651
Frager, Arne *122*
Fraser, Robert 454, *455*
Freddie and the Dreamers 244
Freeman, Robert ("Bob") 4, *9*
Fury, Billy 570

Gaye, Marvin 841
Gentle, Johnny 570-71
Gerry and The Pacemakers *186*, 570, 651
Gershwin, George e Ira XXVII, 314, 325
"Getting Better" 500
Giant Haystacks (Martin Ruane) 517
Gilbert & Sullivan 63, 116, 379
Gilbert Scott, Giles 203
Gilmore, Voyle 63
Gilmour, David 517, 518, *519*, 853
Ginsberg, Allen 163, 530, 737
"Girlfriend" 635
Give My Regards to Broad Street (*Mande lembranças para Broad Street*, filme, 1984) 517-18
Gladwell, Malcolm 651
Glover, Martin *ver* "Youth"
"God Only Knows" (Beach Boys) 273
Goffin, Gerry 572
"Golden Earth Girl" 222-5
"Golden Rings" 135
Goon Show (rádio BBC) 147
Gréco, Juliette 631
Gretty, Jim 475
Guinness, Tara 626
Guns N' Roses 427-8

Ham, Pete 81
Hamburgo, Alemanha 43, 211, 651
Hamilton, Richard 454
Hammel, John *529*
Hanton, Colin 359, 360

"Hard Day's Night, A" 754
Hard Day's Night, A (*Os reis do iê-iê-iê*, filme) 64-65, 389
Harris, Ian *410*
Harrison, George: "And I Love Her" 12-13; *A Hard Day's Night* (filme) 65; "Blackbird" 47; como compositor 701; e o Maharishi 175; e The Rolling Stones 333; habilidade na guitarra 475; "Here Comes the Sun" 234; na escola com Paul 160; nos Beatles 570; rompimento dos Beatles 110; "Teddy Boy" 695; The Quarry Men 359-60; tocando cítara 243; "We Can Work It Out" 783; *fotos:* Abbey Road Studios (1968) *161*; Hamburgo (1960) *281*, *656*; Hamburgo (1961) *45*, *66*; Liverpool (1958) *162*; Liverpool (1960) *569*; Liverpool (década de 1950) *158*; Londres (1968) *625*, *833;* The Quarry Men *317*
Hartley, L. P. 651
Hass, Hans e Lotte 831
Help! (álbum) 121, 841
Help! (filme) 163, *179*, 837-38
Hendrix, Jimi 91
"Here, There and Everywhere" 433
"Here Comes the Sun" (Harrison) 234, 701
Herrmann, Bernard XXIX, 163
"Hey Jude" 403
Hockney, David 308
Hoffman, Dustin 589, *590*
Holloway, Stanley 325, 625
Holly, Buddy XXVII, 4, 142, 359, 437, 443, *445*, 541, 571-72
Hopkin, Mary 79, 237-38, *237*, *239*
Horn, Trevor 407, *410*
"How Do You Sleep?" (Lennon) 722
Howard, Peter *111*, *851*
Hutchinson, Johnny 569
Hynde, Chrissie 7, 185

"I Lost My Little Girl" XII, XXIX, 160
"I Remember It Well" 853
"I Saw Her Standing There" 131, 360
"I Want to Hold Your Hand" 4, 64
"If You Gotta Make a Fool of Somebody" 244
Igreja de São Pedro, Woolton 158, 318
"I'm Only Sleeping" 160
"Imagine" 347
"In Spite of All the Danger" (The Quarry Men) 358-60

Indica Gallery, Londres 223
Indra Club, Hamburgo 43, *656*
"It Won't Be Long" 247

Jackson, Michael 407, 635, *635*
Jackson 5 407
Jagger, Mick 283-84, *332*, 333
Jamaica 673
James, Dick 333, 847
Jarry, Alfred 293, 463
"Jealous Guy" (Lennon) 224
Jim Mac's Jazz Band XVI, *175*, 655, 763
Joel, Billy 7
Johnson, Robert 293
Jones, Quincy 635
Joyce, James 228, 467
"Julia" 224
"Junk" 388-90
"Just Walk On By" (Jim Reeves) 549

"Kansas City" 355
Kass, Ron 427
Kelly, Arthur *317*
Kennedy, John F. 4
King, Carole 572
King, Martin Luther, Jr. 48, 407, 408
King's Singers, The 777
Kinks, The 233
Kinnear, Roy *776*
Kinnock, Neil 205
Kintyre, Escócia 491
Kirchherr, Astrid 4
Klein, Allen 71, *73*, *111*, 721-22, 847, *851*
Klein, Eddie *529*, 732, *733*
Kooning, Willem de 126, 437, *441*, 559, *562*
Kuti, Fela *39*

Laboriel, Abe 304
"Lady Madonna" 645
Lagos, Nigéria 39
Laine, Denny 54, *54*, *55*, *765*
Larkin, Philip 663
Lead Belly (Huddie Ledbetter) 541, 811
Lear, Edward 577
Leavis, F. R. 831
Lennon, Cynthia 4, 109, 283, *284*, 787
Lennon, John: "A Hard Day's Night" 253; "All My Loving" 3; colaboração com Paul XII-XIII, XXVII, 63-64, 153, 248, 347, 365, 444, 523, 570, 601-2, 663; e o Maharishi 175; e The Silver Beetles 570; e Yoko Ono 223-24, 413; em *A Hard Day's Night* 64-65; em Paris (1961) 717-18; "How Do You Sleep?" 16; infância XVI-XVII, 347, 667; "Na cama pela paz" 141; primeira gravação dos Beatles 359-60; relacionamento com Paul XVIII, 83, 109, 158, 160, 224, 277, 279, 283, 459, 667, 731-32; rompimento dos Beatles 109, 193, 721-22; Royal Variety Performance (1963) 28; "The Ballad of John and Yoko" 110; *fotos*: Abbey Road Studios (por volta de 1968) *161*; Baltimore (1964) *66*; Birmingham (1963) *603*; Hamburgo (1960) *281*, *656*; Hamburgo (1961) *45*, *66*; Liverpool (década de 1950) *326*; Liverpool (1958) *162*; Liverpool (1960) *569*; Liverpool (década de 1960) *349*; Liverpool (1962) *328*, *329*; Londres (1964) *153*; Londres (1968) *278*, *281*, *625*; Londres (1969) *112*, *113*, *277*, *851*; *Magical Mystery Tour* (1967) *861*; Nova York (1968) *608*; no escritório da Apple (1969) *111*, *723*; Paris (1961) *67*, *718*; Santa Monica (1974) *110;* The Quarry Men *317*, *556*
Lennon, Julia 360
Lennon, Julian 283-84, *285*
Lennon, Sean 224
Lester, Richard 566, 838, 841, *844*
Let It Be (álbum) 414
Let It Be (filme) 695
Lewis, Jerry Lee 359, 541
Lichtenstein, Roy 453
Lind, Jenny 371
Little Fauss and Big Halsy (*As máquinas quentes*, filme, 1970) 744
Little Richard XXVII, 43, 355, *356-57*, 541, 655
Littler, Dennis *162*
Live Aid 413, 414
Live and Let Die (*Com 007 viva e deixe morrer*, filme, 1973) 427
Liverpool Institute for the Performing Arts 270, 359
Liverpool Institute High School for Boys XVII, 359, 413, 823
Liverpool Oratorio 203-9, 823-27
Livingston, Alan 63
Loach, Ken 663
Lockwood, Sir Joseph 218
London Town (álbum) *353*
Long John and the Silver Beetles *569*, 570
"Long Tall Sally" 355, 559, 655
Lord Woodbine (Harold Phillips) 47

"Love Me Do" 63, 185
Lovin' Spoonful, The 233
Lowe, John "Duff" 359, 360
"Lucy in the Sky with Diamonds" 347
Lynne, Jeff 234

MacNeice, Louis 791
"Maggie's Farm" (Bob Dylan) 384
Magic Alex (Yannis Mardas) *608*
"Magical Mystery Tour" 754
Magical Mystery Tour (filme) *177*
Magritte, René 284, 434, 687
Maharishi Mahesh Yogi 89, 175-76, *176*, *339*, 480, 801
Manley, Colin 47
Manson, Charles 265
Margary, Harry e Deirdre 197
Marley, Bob 673
Marsden, Gerry *ver* Gerry and The Pacemakers
Martin, George: AIR Studios, Montserrat 132, 147; arranjos e contribuições XXVIII, XXIX, 12-13, 105, 121, 163, 253, 427, 601-2; e "Yesterday" 837, 839-41; *Give My Regards to Broad Street* 517; redação de cartas 854; respeito de Paul por 681-82; sessões de gravação 63, 64, 153, 299, 777; *fotos*: *161*, *300*, *301*, *602*, *635*, *681*, *682*, *781*
Martin, Judy 854
Martineau, John 395
Mattacks, Dave 132, *132*
Maxwell, James Clerk 463
"Maxwell's Silver Hammer" 293, 705
"Maybe Baby" (Buddy Holly) 571-572
McCartney (álbum) 109, *391*, 695
McCartney, Heather (filha) 79, 95, *97*, *173*, *227*, 769, *769*, 788, 849
McCartney, James (filho) 769, *769*
McCartney, Jim (pai): XV, XVII, XX, 27-28, 125, 175, 555, 617-18, 645, 651, 681, 817-18; influência musical 227-29, 655, 763; Jim Mac's Jazz Band XVI, 655, 763; "Walking in the Park with Eloise" 228; *fotos*: *126, 227, 229, 595, 617, 619, 653, 698*
McCartney, Linda (*née* Eastman): álbum de recortes com letras XVIII-XIX; canções associadas com 95, 223, 224, 377-79, 500, 763; livros de culinária 141; na Escócia 141-42, 383, 491, 795; no Suzy and the Red Stripes 407; no Wings 21-22, 54,

872

197-98, 427; relacionamento com Paul 121, 467, 677, 737, 787-89, 847, 853; vegetarianismo 744; *fotos*: Antígua (1969) *470*; Barbados (1981) *769*; Escócia (1970) *473*, *745*, *766*, *767*; Escócia (1975) *223*; Escócia (1972) *501*; Heswall (1968) *227*; Jamaica (1972) *407*; Londres (1969) *182-83*, *225*, *472*, *788*, *849*, *850*; Londres (1973) *503*; Londres (1977) *96*; Londres (1978) *687*; Londres (1982) *269*; Los Angeles (1988) *122*; Marrakesh (1973) *678*; Nashville (1974) *688*; no Suzy and the Red Stripes *409*; no Wings *23*, *25*, *55*; videoclipe de "Hope of Deliverance" *304*

McCartney, Mary (filha) 21, *25*, 95, *229*, *247*, 377, *379*, *407*, *495*, 618, 769, *769*, 811

McCartney, Mary (mãe) XV-XVI, 317, 343, 403, *404*, *405*, 413, *416*, *479*, *617*, 645, *698*, 744, 823, *823*

McCartney, Mike (irmão) XV, XXVI, 27, 125, *126*, *349*, *479*, 505, 577, *577*, *617*, *744*

McCartney, Paul: aulas de piano 161, 227; *Blackbird Singing* (*O canto do pássaro-preto*, livro de poesias) 47; carpintaria 198, 427; carreira solo 15-16; casamento com Linda Eastman 787-89; colaboração com John Lennon XII-XV, XXVII, 63-64, 153, 233-34, 347, 365, *367*, 443-44, 523, 570, 601-2, 718; composição de letra e música 3, 59-60, 171, 180, 247-48, 343, 347, 499, 523, 565-66, 681, 713; drogas 71, 171, 243, 293, 421, 485, 577, 639, 744, 805, 859; e artes visuais XXVIII, 453-54, 645; e música clássica 203-5, 499; e Wings 21-22, 39, 54, 95, 197, 217-18, 259, 351, 377, 383, 434, 523-24, 754; educação XXVI-XXVII; em Paris com John Lennon (1961) 53-54, 717-19; encontro com Noël Coward 28; família XV-XVI, 53, 217, 227-28, 595, 617, 645, 695, 743, *744*, 859; *Give My Regards to Broad Street* (filme) 517-18; guitarras e violões 89, 91-93, *322-23*, *425*, 577, 655, 713, *715*; influência dos pais XV-XVII, XX, 27-8, 645, 681; interesses literários XVII, 165; morte da mãe XII, XXIX, 317, 403, 413, 841; na cadeia 485; na Escócia 99, *101*, 141-42, *143*, 259, 293, 377, 383, 437, *438-39*, 491, *492-94*, 795-96, *798-99*; nos Beatles 639, 651, 655, 701, 817-18; observação de pássaros 371, 677; "Piano Mágico" 283, *290-91*; Prêmio Gershwin (2010) 149, *508*; primeira turnê com os Beatles 4-7; primeiras influências musicais XXVII, 443; primeiro emprego 555, 557; primeiro encontro com John Lennon 158, 160, 318, 557; quadros 125-26, *128-29*, 141, *314*, 437, *563*; relacionamento com Jane Asher 11-13; relacionamento com John Lennon XVIII, 16, 83, 109-10, 223-24, 277, 279, 459, 475, 618, 667, 717-18, 721-22, 731-32; relacionamento com Linda XVIII-XIX, 21, 95, 141, 179, 223-24, 383, 467, 491, 677, 737, 763; relacionamento com Nancy Shevell 505-6; rompimento dos Beatles 89, 109-10, 413, 618, 847; sinestesia 645; sobre mudança climática 116-17, 372; vegetarianismo 99, 117, 744

McCartney, Stella (filha) 21, *25*, 95, *97*, *247*, *377*, *495*, 506, *731*, 769, *769*

McCartney II (álbum) 769-70

McCartney III (álbum) 796

McCulloch, Jimmy 54, *55*, 523, *526-27*

McCullough, Henry 218, *220*, 499, *499*

McDonald, Phil 79

McIntosh, Robbie *303*

McMillan, Keith 83, 596

"Mean Woman Blues" (Jerry Lee Lewis) 359

Meat Free Monday (Segunda-feira sem carne) 117

Meet the Beatles! (álbum nos EUA) 3-4

Melly, George 687, *687*

Memory Almost Full (álbum) 853

Mercer, Johnny 325

Miles, Barry 163

Milligan, Spike XXVIII, 147, *659*

Minnelli, Liza 467

Mitchell, Adrian 47, 48, 307

Mohan, Owen 217

Moog, Robert XXVIII, 463, 705

Moore, Scotty 91

Morning Phase (álbum) 523

Mortimer, John 577

Mortimer, Penelope 577

Moss Empires (empresa) 3

Mothershed-Wair, Thelma *48*

Motown XXVII, 437

MPL Communications 606

Muldoon, Paul XIII-XIV

Murphy, Eddie 149

Murray, Mitch 63

NEMS Enterprises *9*

Nova York 4

Nicholson, Hugo *529*

Nilsson, Harry 81

Nixon, Richard 384

North End Music Store (NEMS) 227

"Norwegian Wood" 135

Obama, Barack 149, 506

Obama, Michelle 506

"Ob-La-Di, Ob-La-Da" 529

O'Casey, Sean, *Juno e o pavão* 701

Off the Ground (álbum) 305

Ollie, Jack 203

"One After 909" 63

O'Neill, Eugene 253

Ono, Yoko 110, 141, 193, 223-24, 283, 413, 721-22; *fotos*: *111*, *112*, *113*, *194-95*, *723*, *851*

Opportunity Knocks (programa de TV) 79, 237

Orbison, Roy 3, 43, 185, *186*, 601, 651

Orwell, George 513

Owen, Alun 64

"Paperback Writer" 91

Pappy & Harriet's Pioneer Town Palace, Califórnia *307*, 308

Paris, França 53, 64

Parlophone Records 523

Parnes, Larry 570

Peel, John 99

"Peggy Sue" (Buddy Holly) 571

"Penny Lane" 149, 447

Percy Phillips (estúdio de) 359

Perkins, Carl 541, 569, 744

Petty, Tom 7

Piaf, Édith 475, 631

Picasso, Pablo 589

Pickett, Wilson 243

Pink Floyd 453, 523

Pinter, Harold 577, 583

Pipes of Peace (álbum) 517

"Please Please Me" 185

Porter, Cole 273, 314, 434, 859

Post Card (álbum) 238

Praça Vermelha, Moscou 35, *36*

Presley, Elvis 7, 500, 541, 570, 572, 639, 853

"Pretty Woman" (Roy Orbison) 185
Price, Vincent 307
Pride, Dickie 570
Prince 121, 308
Prince of Wales Theatre 28
Psicose (filme, 1960) XXIX, 163
Putman, Curly 384

Quarry Men, The 158, 160, *317*, *359*, *556*

Ramone, Phil 15
Real Filarmônica de Liverpool 204-5, 823
Reeves, Jim 549
Repass, Morris *122*
Revolver (álbum) 163, 243
Richards, Keith *332*, 333
Richardson, Ralph *517*, 518
Rimmer, Freddie 228
Rishikesh, Índia 175
Robbins, Betty 695, *698*, 718
Robbins, Mike 695, *698*, 718
Robbins, Ted 695
Rolling Stones, The 293, 333, 847
"Route 66" 259
Rowe, Dick 333
Royal Variety Performance (1963) 28
Rubber Soul (álbum) 273
Rupert Bear (Rupert, o Urso) 775-81
Ruscha, Ed 506
Rushes (álbum) 530
Russell, Bertrand 131
Rydell, Bobby 651

Sam & Dave 243
Scott, Jimmy 529, 530, 537
Secombe, Harry XXVIII
Seeger, Pete 60
Seinfeld, Jerry 325
Seiwell, Denny *499*
Sellers, Peter XXVIII, 147, 253
Service, Robert 625
Sgt. Pepper's Lonely Hearts Club Band (álbum) XXVIII, 43, 105, *107*, 163, 453, 454, 500, 639-42, 805
Shakespeare, William XXVI, 79, 165, 413, 805
"She Loves You" 64
"She's Leaving Home" 135
Shevell, Nancy 131, *132*, 259, 408, *408*, *435*, 505-6, *506*, *508*, *509*
Shirelles, The 331
Shotton, Pete 158, 318
"Silly Love Songs" 351
Silver Beetles, The 47, *569*, 570
Sing: quem canta seus males espanta (filme, 2016) 229

Smith, Keith *529*
"Something" (Harrison) 701
Sondheim, Stephen 499
Ao sul do Pacífico (*South Pacific*, musical) 663
Spirit of Ranachan Studio, Escócia *84*, *86-87*, 549
Springsteen, Bruce 7
Starkey, Maureen *111*, 175, 713, *851*
Starr, Ringo: "A Hard Day's Night" 253; "Boys" 331; drogas 243; *Give My Regards to Broad Street* 517, *518*; "Helter Skelter" 265; "Hey Jude" 283; na Índia (1968) 175; nas Ilhas Virgens 713; no filme *A Hard Day's Night* (*Os reis do iê-iê-iê*) 65; "Peace and Love" 618; rompimento dos Beatles 109, 110; "Why Don't We Do It in the Road?" 801; "With a Little Help from My Friends" 805; *fotos*: no escritório da Apple (1969) *111*, *851*; Londres (1964) *154-55*; Londres (1967) *806*, *808*; Londres (1968) *288*, *625*, *803*, *833*; Londres (2016) *69*
Steptoe and Son (programa de TV) 389
Sting 413
Stockhausen, Karlheinz 105
Strawberries Oceans Ships Forest (álbum) 529
"Strawberry Fields Forever" 705
Stuart, Hamish *122*
Sullivan, Ed 4, *6*
Sutcliffe, Stuart 45, 66, 109, *281*, *569*, 570, 655, *656*
Suzy and the Red Stripes 407, *409*

T. Rex 453
Tagore, Rabindranath 595
"Taxman" (Harrison) 91
Taylor, Paul *529*
Tchekhov, Anton 677
Te Kanawa, Kiri 205, *207*, 823, *827*
Tex, Joe 243
That Was the Week That Was (programa de TV) 204
"That'll Be the Day" (Buddy Holly) 359-60, 571
Thomas, Dylan, *Sob o bosque de leite* (*Under Milk Wood*) XVII, XXVIII, 583
"Those Were the Days" 237-38
Thunberg, Greta 117
Tighten Up (álbum) 673
"Till There Was You" 695
Tóquio, Japão 414
"Tomorrow Never Knows" 163

Tompkins, Peter 687
Top Ten Club, Hamburgo 45, *66*
Townshend, Peter 265
Trump, Donald XXVI, 116-17
"Twenty Flight Rock" (Eddie Cochran) 158, 318
Twiggy 237, 238

Ullman, Tracey 517

Vaughan, Ivan *158*, 160, 318, *321*, 475, *476*
Vaughan, Jan 475
Vaughan Williams, Ralph 480
Vesuvio Club, Londres 283
Vincent, Gene 158, 541
Visconti, Tony 238

"Walking in the Park with Eloise" (Jim McCartney) 228
Waller, Fats 3, 299
Warhol, Andy 454
"We Love You" (Rolling Stones) 333
Wednesday Play, The (programa de TV) 663
Weil, Robert (Bob) XIII, XXIX, XXX, 47
Welch, Bruce 839
Weller, Paul 853, *854*
West Side Story (*Amor, sublime amor*, musical) 663
Weston-super-Mare 4
Weybridge, Surrey 135, 153, 233
Wham! 518
White, Willard *207*
Whitfield, June *776*, 777
Who, The 43, 265
Wickens, Wix 304, 706
Wilde, Marty 570
Wilson, Brian 273
Wilson, Tony 491, *492*
Wimpole Street, Londres XIV, 11, 13, 161, 837
Wings 21-25, 39, 54, 83, 95, 197, 218, 228, 259, 351, *353*, 383, 434, 523, *668*, 754, *758*, *759*
With the Beatles (álbum) 3-4, *8*
Wonder, Stevie 147, *148*, 149
"World Without Love, A" 64, *68*
Wyvern Social Club, Liverpool *569*, 570

"Yesterday" 121, 163, 299, 559
"Youth" (Martin Glover) 529-30, *529*, *531*, *532*, *533*
"You've Got to Hide Your Love Away" 71, 121

Zapple (selo) 163